JN020886

英語ライティング
至高のテクニック36

A Complete Guide to Persuasive and Beautiful
English Writing

Ueda Ichizo 植田一三 [編著]

小谷延良・上田敏子・中坂あき子

ベレ出版

プロローグ

　早いもので、英文ライティングの指南書として、ロングベストセラーであった前著「発信型英語スーパーレベルライティング」が出版されてから15年の歳月が流れました。また、Let's enjoy the process!（陽は必ず昇る）をモットーに、英語のプロ・達人養成スクールアクエアリーズを発足して以来36年間で、英検1級合格者を約2400人、資格5冠（英検1級・通訳案内士・TOEIC満点・国連英検特A・工業英検突破者）を120名近く育ててきました。その間、最も痛切に感じたことは、日本人はライティング力が乏しいために、社会問題や人生哲学のトピックに関するスピーキングのレベルも低く、論理的に中身のある英語の発信をすることが苦手なために、英語の資格検定試験もパスしにくいということです。

　このように高度な英語の資格試験の「核」と言える英文ライティング力をUPさせることは、英語の発信力をUPさせたり、検定試験に合格するためだけではなく、国際ビジネスや学問の世界で成功したり、世界や人生の様々な問題を解決するのに重要な見識と洞察力、問題解決能力・判断力（critical thinking ability）を高めるのに非常に重要です。その意味で、この分野の充実した出版・教育は社会の繁栄のために非常に意義深いものです。

　私のミッションは、自分自身の絶え間ぬ努力と成長とともに、国際社会に貢献できる人間を1人でも多く育てることです。そういった願いを込めて作成した本書の構成は次の通りです。まず第1章で、英文ライティング力UPの概論を述べた後、第2章では、美しくて、リズムとインパクトのある英文を書けるようになるために、「主語統一」「パラレル」「修飾法」「倒置」などのテクニックを紹介し、英文特有のスタイル・バランス・リズム感覚を学び、それらを会得するためのトレーニングを行います。第3章では、英文ライティングを生まれ変わらせる語彙・表現力をパワーUPしていただくために、英和辞典の弱点を指摘した後、「書き言葉」と「話し言葉」の使い分けをはじめとする類語の使い分け、コロケーション力UPのための必須検索ツール活用法、心に響くライティングのためのイディオム・基本動詞・多義語・比喩表現、引き締まった英文を書くためのテクニック、他の語で言い換えるパラフレージングなどを、練習問題を交えて会得していただきます。第4章では、英文ライティングの「基礎力」をUPしていただくために、冠詞をブレなく使いこなすための極意、名詞の可算・不可算、英語の時制や仮定法、英語の文型・構文、前置詞、名詞化

テクニックをはじめとする「2文を1文に引き締めるテクニック」、英語の表記などを、練習問題を通して学んでいただきます。第5章では、英文ライティングの「核」である「論理力」を UP するために、関連性（relevancy）、段落（paragraphing）、正確な分類（categorization）、構成（organization）、強いアーギュメント（valid argumentation）、論理の飛躍（a leap in logic）、指示語・文のつながり（referencing / cohesion）、無生物主語、ヘッジング（語気緩和）、倫理にかなった議論などを、トレーニング問題を通して習得していただきます。第6章では、人生や社会について深く考える哲学的な人間となり、英文ライティング力を UP させる向上心を持ち続けるための英語学習の指針として、「英悟道ランキング」と「英悟道十訓」を紹介いたします。

　そして、最後の第7章では、テクニカルライティングと英検1級、TOEIC S&W、IELTS、TOEFL iBT、工業英検1級などの資格試験のライティング問題スコア UP のための極意を、模擬試験を通して会得していただきます。

　私は英語との格闘・求道を約40年歩んできましたが、そのプロセスで得られた教訓は「常に2ランク上を目指して精進すれば、幸せで心豊かな人生が歩め、社会に貢献できる」ということです。他人や過去との相対的比較ではなく、純粋に常に自分の今のレベルから努力することなので、他人や過去との比較で落ち込んだり、優越感に浸ってあぐらをかいたりするようなことにはなりません。つまり、学業、ビジネス、年齢で苦しむ人も、エリートや各分野での成功者も皆、頑張り続けることによってよりよい社会の形成に貢献できる人間になれるのです。

　英語の勉強の場合、「2ランク上を目指す」というのは、英検2級に合格したときには1級突破を目指し、準1級に合格したときには国連英検特A級突破を目指し、1級に合格したときには工業英検1級・IELTS 8.5突破を目指すということです。そして、「自己の絶え間ぬ向上」という意味で、最もチャレンジングで意義深いライフワークとも言えるものが「英文ライティングの道」です。本書はそのための指南書として非常に価値のある一冊であると信じています。

　本書の制作に当たり、惜しみない努力をしてくれたアクエアリーズスタッフの小谷延良氏（3章・4章・5章・7章執筆）、上田敏子氏（2章・3章・4章執筆）、中坂あき子氏（2章・4章・5章・7章執筆）、ミッチー里中氏（3章執筆協力）、田中秀樹氏（全体校正）に感謝の意を表したいと思います。それから何よりも、われわれの努力の結晶である著書をいつも愛読してくださる読者の皆さんには、心からお礼を申し上げます。それでは明日に向かって英悟の道を

Let's enjoy the process!（陽は必ず昇る！）　　　　　　植田 一三

CONTENTS

第3章　語彙・表現力を UP するテクニック

第4章　英文法編

第6章　世界情勢の見識・人生哲学力・向上心を高める

第7章　実践問題編

第1章
概　論

スピーキングとライティングの違い

英語のコミュニケーションというものをとらえた場合、メッセージの発信は、「日常会話」「スピーチやプレゼンテーション」「ライティング」の３つに分類されます。会話では、メッセージがわからなければ話者を中断させて質問ができますが、スピーチ・プレゼンではわからなくても最後まで聞かなければならず、ライティングも然りです。しかし、会話やスピーチ・プレゼンの発話は**一過性（fleeting）の音声情報**であるのに対して、書く前後に頭の中で思考・論理展開の試行錯誤を繰り返したりしながら生み出すライティングは、何度も読み直して理解することができます。そこで、英語のスピーキングとライティングのメッセージでは次の違いが起こってきます。

〈スピーキング〉

1. 1回聞いてわかるように、リスナーのレベルに応じて、普段使わないような聞きなれない文語的な表現や堅い言葉をあまり使わない。**一般的な語（general words）を用いて**誰でもわかるように配慮する傾向にある。
2. 一過性の音声情報なので、**意図的に繰り返す（redundancy）**ことによってメッセージを伝えようとする。
3. **強勢や抑揚やチャンキング（意味のまとまり部分を一息で言う）を用いて、音声情報**を明確で説得力のあるものに

〈ライティング〉

1. 読み返したり、辞書を引いたり、視覚情報であるので、**含蓄やインパクトのある格調高い文語的な表現や堅い言葉を**用いることができる。
2. 質問のできない一方通行のライティングでは、**意味の限定された specific words を**多く用いる。
3. 強勢や抑揚やジェスチャーなどのノンバーバルファクターで説得力やインパクトを出すことができないために、**インパクトや含蓄のある語・表現（ハイレベルな specific words であることが多い）**

しようとする。文法語法的精度よりデリバリーやアイコンタクトなどノンバーバルファクターが重要となる。

4. 対話は準備なしで起こり（naturally occurring）、また発話の途中でも質問がしやすいので、意味の多い基本語の使用、説明の不足、論理の矛盾、あいまいさに対する許容度がライティングやプレゼンよりかなり高い。

を用いる傾向がある。

4. 質問をはさむことができないので、論理の展開を明快にし、誤解を招くような文法・構文ミスは避けなければならない。**文法・語法の精度が要求される。**

5. 読み返すことができる分、**繰り返し（redundancy）を避け**、読者が読むのにかかる時間を短縮できるように**無駄のない英語でメッセージを伝える必要がある。**

　さらに英語の検定試験の場合は、スピーキングのテストは概して短いのでそれほど掘り下げなくてもよいのに対して、ライティングは概して理由を3つ述べて掘り下げるような**分析力・哲学力**が必要となってきます。

　このようにスピーキングとライティングはかなり違いがあるように見えますが、社会問題の討論やビジネスのプレゼンや学会発表のようなフォーマルなスピーキングの場合は、英語のスピーキングとライティングの差がなくなっていきます。つまり、録音に耐えられるぐらいきれいなwritten English を話すのが理想なので、日常会話のようなノリで「話すように書く」のではなく、「書くように話す」を目指す必要があります。

　そもそも英語の **"write"** とは、英英辞典（Oxford）では次のようにあります。

① **to produce something in written form so that people can read, perform or use it, etc.**（何かを文章の形で生み出し、人が読んだり実行したり使ったりできるようにすること）

② **to put information, a message of good wishes, etc. in a letter and send it to somebody**（情報やあいさつなどを手紙にして、人に送ること）

　つまり「読んでわかる文字情報を、手紙、本、記事などの形で生み出し、作品を作る」ということです。そして、記事、エッセイ（a short piece of writing on a particular subject）、論文（an academic article about a particular subject）に共通していることは、ある「特定のテーマ」について書くことです。

　また、① **technical writing**　② **journalistic writing**　③ **fiction writing** という３つの分類の見地から見ると、①はビジネスのメール、レポート、企画書、法律関係、特許、契約書、学校での作文やペーパー、学会論文などに用いられるライティング、②は『タイム』や『エコノミスト』など英字誌に見られるライティング、③は小説やドラマを作るときに行われるライティングです。

　①のテクニカルライティングというのは、いわゆる**3C**（**clear**「明確である」、**correct**「正確である」、**concise**「簡潔である」）を特徴とするもので、できるだけわかりやすく、しかも引き締まった英語で書きます。それに対して、②のジャーナリズムのライティングは、レトリックを用いたりしてインパクトを出したり、注意を引くためにカラフルなメタファーやイディオム、句動詞（例外を除く）を用いますが、メッセージはクリアかつ正確で言い回しも簡潔という要素もあるため①と重なっているところもあるので、奥の深いものです。それに対して③のフィクション・ライティングは、3C とは関係がなく、クリエイティブで想像力を働かせながら読ませるという、まさに芸術作品になります。

英語のライティング力を構成するものとは!?

　本章では、英語のライティング力を最も効果的に UP するために、英文ライティングのスキルを構成するものについて述べ、日本人の英文ライティングの問題点の分析に基づいて、それらをどうやって克服し、いかに効率よく英語のライティング力を伸ばすことができるかについて、その最短距離アプローチについて解説していきたいと思います。まず、英語のライティング力は大きく分けて次の4つの能力から成り立っています。

英語のライティング力とは!?

1. 英語描写能力

　これは「**事物描写力**」と「**状況描写力**」に分かれ、前者は物の外観、仕組み、利点、用途などを説明したり、映画、本、人物などについてどんなものであるかを説明する能力です。後者は、ビジネスレポートや論文であれば、数値的に状況を分析して、経緯や成長率・ポテンシャルなどを的確に描写したり、国際関係や人間関係などでは、たいていは複雑な状況を描写する能力です。これは次の「意見・感想表現能力」と異なり、**客観的に事実を描写する力**が求められます。

　このスキルに関しては、欧米人の方が日本人より勝っています。というのも欧米では、子どものときからの国語教育で「尊敬する人物、最も影響を受けた先生（歴史上の人物）、忘れられない経験、最も行きたい国、望ましい友人（上司）像、住みたい家の特徴、ホームタウンの長所と短所」などのトピックに関して、長めの課題作文を書く練習をしたりして鍛えているからです。日本では、このような練習をすることがあまりないために欧米で作られた英語の検定試験を受けるときに苦労する人が多いわけです。

　しかし、英語描写能力は、英語の資格検定試験で高得点を取るのに重要な能力で、実際、TOEIC SW の写真描写問題やビジネスレター問題、

IELTS のグラフ描写問題、工業英検のマニュアル・仕様書英訳問題などの他、英検や TOEFL iBT や国連英検特 A などのエッセイライティング問題での社会状況描写の際に重要なスキルです。この能力はこれから述べる他のスキルよりも、最も英語力自体が必要となるものです。

2. 英語の意見・感想表現能力

　何らかのトピックについて意見や感想を述べる場合、英語圏の文化では概して「～は…である」といった「判断」だけを述べるのではなく、その理由、証明を論理的に述べるようになっています。つまり、事物であれビジネスや国内外の情勢についてであれ、evidence（データ、証拠）に基づいて分析や予測をしたり、意思決定や問題解決策を文章で述べる能力が必要となります。さらに上級レベルになってくると、英語のレトリックを用いて説得力のある論理展開をすることが求められます。

　これは高度な英語の検定試験の「核」となっているもので、英検 1 級や TOEFL iBT、IELTS、国連英検 A 級・特 A などのライティング試験でテストされる、ロジカル（クリティカル）シンキングを文章を通して表すものです。この能力は英語表現力よりも論理的分析能力（critical thinking ability）の方が重要で、この logical argument はたいていの日本人が苦手とするものですが、効果的英語学習法とシステマティックトレーニングによって、**国際社会で通用する「論理的意見陳述能力」**を身につける必要があります。

3. 英文サマリー引き締め能力

　情報化社会で、膨大な情報を処理するに当たり、英文サマリーやアブストラクトを作る能力は極めて重要です。ビジネスの企画書であれ、学会論文であれ、ジャーナリズムであれ、最初に全体の短いサマリーをつけることが求められます。読者がこの短いサマリーを読んで興味がわけば、さらに全体の内容を読み進めるというのが慣例です。実際、TOEFL iBT、工業英検、TEAP や多くの大学入試英語問題で重要視されている能力で、無駄のない（pithy）英語で英文サマリーを作るスキルは、英語力とサマリー力の両方の力が必要となります。

4. 英語ストーリー制作能力

これは英語で物語やドラマの脚本やダイアローグを作ったり、IELTS のような検定試験で、経験のない事柄についての質問に対して、何らかの英語のストーリーを述べる力です。一般人にはあまり重要でないように思えますが、ある程度脚色すると面白くて説得力のある話をすることができるので、作家でなければ必要がないというものではなく、このスキルがあるのに越したことはありません。

これらが英語ライティングの4本柱で、一般的には特に重要なのは、「英語描写能力」「英語の意見・感想表現能力」「英文サマリー引き締め能力」の3つです。本書では、これら3つのスキルを UP するためのテクニックを述べ、そのトレーニングを行っていきます。

日本人の英文ライティングを UP するテクニック 36

本書で扱う英文ライティングを UP するテクニックは以下のとおりです。

---

① スタイル・バランス力面

1. 主語統一で意味を明確に伝え、パラレリズムにより、美しいリズムとスタイルの英文を書く。
2. 修飾法と構文を考えて、美しくバランスのとれた英文を書く。
3. 倒置表現を用いてインパクトのある英文を書く。

② 語彙・表現力面

4. 英和辞典の意味につられず、正しく英語の語彙を使う。

5. 文脈に応じて類語を効果的に使い分ける。

書き言葉（フォーマル・specific words）と話し言葉（インフォーマル・general words）を効果的に使い分ける。

フォーマル度を高める academic vocabulary をマスターせよ！

6. 正しい語彙・コロケーション力を UP するための必須検索ツールを活用する。

7. イディオム、基本動詞、句動詞の運用力を高め、心に響く言い回しをする。

8. ハイフン表現や接頭・接尾辞を駆使して、引き締まった英文を作る。

9. 英単語の意味の広がりをつかみ、多義語を効果的に使いこなす。

10. 和製英語につられず正しい英単語を使う。

11. 他の語で言い換えるパラフレージングのスキルを身につける。

12. 英語を生き生きとさせる時事英語比喩表現力を UP させる。

［コラム］性差別表現を避け、political correctness（PC）を実践する。

③ 文法・語法力面

13. 冠詞のコンセプトをつかみ、ブレなく使いこなす。

14. 名詞の可算・不可算をマスターする。

15. 英語の時制や仮定法を使いこなす。

16. ライティング力 UP のための5文型・構文をマスターする。

17. 2文を1文に引き締めるテクニックをマスターする。

名詞化（nominalization）テクニックを会得する。

18. ライティング力 UP 前置詞をマスターする。

19. 英語の表記をマスターする。

④ 論理力・発想力面

20. 関連性（relevancy）を持たせる。

21. 英語の段落づくり（paragraphing）をする。

22. 正確な分類（categorization）をする。

23. 構成（organization）を作る。

24. 強いアーギュメント（valid argumentation）をする。情報の出所（information sources）を明示する。

25. 5W1H を明確にする。

26. 論理の飛躍（a leap in logic）をしない。

27. 接続語や referencing で文のつながり（cohesion）をよくする。

28. 無生物主語の論理明快な力強い文にする。

29. ダブル・ミーニングと韻を用いてインパクト・説得力を出す。

30. ヘッジング（hedging）を効果的に使いこなす。

31. logos（論理性）、ethos（信憑性）、pathos（情）を駆使する。

32. 倫理にかなった議論（ethical and valid argumentation）をする

33. 能動態（active voice）、肯定形（affirmative forms）を用いる。

5 見識・哲学力・向上心面

34. 世界情勢や異文化、歴史に関する見識を深め、英文記事を書く practice をする。

35. 人生経験を積み、英文パッセージを書く practice をする。

36. 人生や社会について深く考える哲学的な人間となり、英文ライティング力を UP させる向上心を持つ。

1. スタイル・バランス力面

　英語は、日本語で言えば短歌や俳句のように、語呂やリズムを重視する音声言語（phonetic language）なので、英文のスタイルとバランスをよくするために、様々な工夫をします。その中には、一般に知られている「倒置」の他に、「主語統一」「パラレル」「修飾テクニック」などがあります。

　「**主語統一**」というのは、主語が2つにならないようにするテクニックです。これは「分詞構文」や「付帯状況」や「関係代名詞」などを用いて行う技で、スタイルがよくなり意味がクリアになるという利点があります。「パラレル」は「品詞や型を統一」するもので、✕ rice-growing countries, fish-producing countries, and countries that produce meat ではなく、◎ rice-growing countries, fish-producing countries, and meat-producing countries のようにハイフンを用いた形容詞の型で統一感を出すパターンです。

　この他、「**主部と述部のバランス**」や「**修飾語の挿入のバランス**」感覚も重要です。例えば、✕ A new type of industrial robots developed for space exploration and ocean research were used. のように主部が13語と長く、述部が were used のように短すぎるとバランスが悪く（top-heavy）なるので、◎ The researchers developed a new type of industrial robots for space exploration and ocean research. のように主語を変えバランスをとります。また、後述しますが、修飾語句を前と後ろのどちらに置くかのバランス感覚も重要です。

　なおインパクトのある英文を書くには、構文面では、様々な「倒置のテクニック」を使ったり、「強調構文」を使ったりし、語彙やレトリック面でも様々なテクニックを用いてパンチのある心に響く英文をクリエイトします。それらのテクニックはそれぞれの章で練習問題を通して会得していきます。

2. 語彙・表現力面

　ボキャビルで、一番の弊害は、「英和辞典」や「和英辞典」、「単語集」によって英単語の意味を誤解してしまうことです。英和辞典の単語の和訳は、元の英単語に意味的に近い日本語の equivalent を書いているだけで、英英辞典に見られるような説明的な単語の解説と比較すると、ずれがあるものが非常に多くなります。よって英和辞典に頼っていると、英単語を誤解したり、**英単語の意味の広がり（semantic field）**がつかめず、**語感（a feeling for the English language）**が養われず、どんどんと「英語音痴」になっていき、語彙を正しく運用することができません。

　このことは、自分では完全に知っているつもりなのでわざわざ辞書を引かないようなベーシックな単語で特に起こります。例えば、**appreciate the music** を「音楽鑑賞する」と機械的にとらえるのは危険で、**appreciate** は **"find good qualities in ～"** という意味なので、じっくりと良さを味わいながら聞く場合は OK ですが、単に楽しみのために聞くぐらいなら、**enjoy（the）music** で十分です。ちなみに **appreciate** は「感謝する」という意味がありますが、これは何か手伝ってもらったときなどに、「協力が素晴らしくて助かり→感謝する」といった「**英単語の意味の広がり**」から話者の心理をつかむ必要があります。

　次に重要なのが類語の使い分けです。ライティングでは文脈に応じて、類義語を使い分けすることは極めて重要です。例えば「解決する」という日本語に対する英語は、たいていの日本人英語学習者は受験英語で覚えた **"solve"** を思いつきますが、他にも **resolve、settle、work out** などがあります。**solve** は、英英辞典では **"find a way to deal with ～"** とあり、結果的なニュアンスがありますが完全に解決したわけではなく、「完全に解決した」場合は **settle** を用います。**solve** と **settle** の中間が **resolve** で、**work out** は意味が広く、検討し、計画して、解決策を打ち出し、難局を乗り越えるという「プロセス」を表す語で、それらを文

脈によって使い分ける必要があります。

　同様に「わかる」に相当する英語にしても、**understand** だけでなく、**find**、**learn**、**get**、**see**、**know**、**follow**、**notice**、**find out**、**figure out**、**identify**、**recognize**、**realize**、**appreciate**、**perceive**、**comprehend** などたくさんあって、それらを使い分けることが英語の発信力 UP には不可欠です。ノンネイティブとある程度語彙の豊富なネイティブとの違いは「シソーラス（類語辞典）」を引いたときに、何十とある類語の中から、ネイティブは語感で文脈に合う類語を選ぶことができるのに対して、英検準1級や1級程度のレベルのノンネイティブでは、ほとんどどれも同じに見えるのでそれができません。そこで、シソーラスを引かずとも即座に類語を選べるネイティブの一流作家レベルが無理としても、類語の羅列を見て培った語感で適語を選べるぐらいになってほしいと思います。

　次に、**written English**（書き言葉）と **spoken English**（話し言葉）の混同ですが、基本的に「話し言葉」は情報が fleeting（消えていく）で、「**動詞**」を使って口数が多くなるのに対して、「書き言葉」は紙面の関係や読み手が速く読めるようにとの配慮から「**形容詞**」を用いて言葉数を少なくする傾向があります。例えば、「**睡眠不足**」というのを話し言葉で言うと、**have［suffer from］a lack of sleep** となりますが、書き言葉でなら、**"sleep-deprived"** の1語で表現できます。

　また「赤い屋根の車」を英語で言うときに次の3つが考えられますが、

1. a car whose roof is red

2. a car with a red roof

3. a red-roofed car

1. はいわゆる受験英語で unnatural、2. は一般的な会話表現で、3. のハイフンを用いて形容詞的表現となっているのは technical writing、つまり書き言葉と言えます。同様に、

「意志が強い」**You have strong willpower.**

「コンピューターを使うのがうまい」**You have a way with computers.**

「無公害車」**This car does not cause pollution.**

を書き言葉で表すとそれぞれ、**You are strong-willed. You are computer-literate. This is a pollution-free car.** のようになります。

　英語の語彙を適確に幅広く運用することができるようになるためには、コロケーション（語と結びつくフレーズ）の知識も重要です。単語帳などでボキャビルしていると、意味上の違いや音声的な面からの「言葉のハーモニー」が悪くなるケースが多々あります。ノンネイティブは基本的に英語に接触する量（exposure）が少なすぎるために、それらをふまえた運用語彙が少ないという問題が起こっています。そこで英文を多読・音読したり、多聴・シャドウイングをしたり、英英辞典を活用したりする他、Google の画像検索を用いて、単語やコロケーションを入力して語感を鍛える必要があります。

　以下の Google 活用法を実践すると、語彙記憶が苦手な英語学習者でも、覚えられない単語が右脳ですぐに覚えられて、忘れることがありません。Google の画像検索ページで覚えにくい単語（できればコロケーションのフレーズ）を入力して、何百とある画像をどんどんとスクロールして豪速で見ていくと、その単語のイメージがつかめ、右脳記憶が定着します。どんな単語でも、そのイメージが感覚でわかるようになり、脳裏に深くイメージが刻まれ、語彙が定着するのです。この他、多くの語彙のコロケーションの頻度を一気に見られる Google Books Ngram Viewer など様々な語彙の検索ツールがあり、それらを効果的に使いこなすことがライティング力 UP につながります。

　また、ノンネイティブが苦手とするイディオム、基本動詞、句動詞は真剣に勉強する必要があります。英語運用のための語彙は基本10万語ぐらいあってそのうち2万語も覚えれば十分と言えますが、イディオムは100万ぐらいあり（hand のイディオムだけでも数十個ある）、そのうち1万表現覚えたところで大したことはありません。英語圏での生活や留学をしないで、洋画や英語のドラマもあまり見ず、日本で英語の資格試験対策勉強や堅い英語の勉強ばかりしている人は、ネイティブの子ども

でも知っているようなイディオムや基本動詞、句動詞を知らない、使いこなせないといったことがよくあります。

しかし、洋画やドラマだけでなく『タイム』『エコノミスト』のような英字誌やCNNなど、読者・視聴者を引きつけようとする読み物や放送は、イディオムや比喩表現を巧みに使っています。素晴らしい英語とは読み手（聞き手）が、イメージがぱあーっと湧くような**右脳に訴えるような（appeal to visual senses）英語**です。例えば「記憶力がいい」というのを、have a good memory と言う代わりに、**have a memory like an elephant、have a photographic memory[computer-chip memory]** と言った方が面白くて、インパクトがあります。それらを駆使できないと「生き生きとした感じ」が出せないし、また、『タイム』、洋書などでは基本動詞と句動詞を効果的に使って心の琴線に触れようとしているので、日本人にとって何としても乗り越えるべき課題です。

ハイフン表現力は、英文ライティング力がグーンとUPし、英文ライティングが数段楽になり、引き締まった英語を発信できるようになるために絶対に会得しなければならないスキルです。日本語の語順からすると、概して英語は「書き言葉」の方が日本人にとって運用しやすく、例えば「赤毛の少女」というものを書き言葉で **a red-haired girl** というのと、話し言葉で **a girl with a red hair** と言うのとどちらが言いやすいかを考えればわかるでしょう。前者は日本語の語順で言えるので圧倒的に楽ですが、後者は発想の転換をしなければいけないので熟練しないともたついてしまいます。また、日本語には「稲作地帯」「漁業国」のように漢字があって、引き締めて短く表すことができるのですが、英語でそれに相当するのが「**ハイフン表現**」の活用と「**接頭・接尾辞**」の活用です。ハイフン表現を用いた例は無限にあるので、自分で作れるようになるまで練習していきましょう。

次に、英語のライティング力をUPさせる上で重要なことは、「語彙の深さ」つまり「多義語」の知識を増やしていくことです。これは5000

語水準ぐらいまでの語、特に日本人が英語学習を始めてから高校2年くらいまでに習う3000語レベルまでの単語の意味・用法の知識を深めることで、「知っているようで知らない単語」の洗い直しです。洋書や洋雑誌などを読んでいて、単語は簡単であるのにわかりにくい場合は、多義語の2義、3義が使われているときがよくあります。

　これは英語の大きな特徴の1つである語彙の「**多義性（polysemy）**」を表しています。つまり、**line** や **order** のように非常に多くの意味・用法を持つ語が多く、**open** のように「動詞、名詞、形容詞」といった多くの品詞用法を持つ単語も多く、このことは特に中学や高校の低学年までに習う「基本2000語」に言えます。この英語の多義性は、「連想ゲーム」のように言葉の意味がどんどん展開していき、無数の意味・用法が生まれてきます。それゆえ、日本人は多くの単語を知っているように見えても、その理解は浅く、実際はそれらを使いこなせず、うまく読み書きができないといったことがよく起こってきます。

　次に英語に訳しにくい日本語表現というのは、文化の違いから英単語に相当する日本語がなかったり、日英の発想の違いから英訳が困難な場合が多く、それが英文ライティングの障害となっていることを意味します。例えば、**"integrity"** という語はシンボルがつかみにくく、英和辞典では「高潔、完全無欠」となっていますが、日本文化では完全のものは衰えていくと見なされているので、ぴったり合う訳語がなく、**I don't want to compromise my professional integrity.** の場合も、「プロとしての完全無欠な状態を妥協したくない」というより「プロとしての責任上、これは妥協したくない」のようにとらえる方が、**integrity** を使いやすくなります。

　アカデミックボキャブラリーに関しては、学問分野別語彙とペーパーなどで用いる学問分野ではない general な語彙があり、これらは後で詳しく述べていきます。また、外来語の「和製英語」の誤用に関しては、非常によく取り上げられるので言うまでもないでしょう。日本人の間で特に間違いの多いのが「アピール」と appeal、「チャレンジ」と challenge

の誤用で、この他にたくさん例があるので、要注意なものを後で問題練習を通して覚えていきます。

　最後に、他の語で言い換える「パラフレーズ」テクニックですが、これは「類語によって置き換え」たり、「品詞や文構造を変化」させたり、「定義」をしたりすることによって行います。これは単調さを避けたり、原文を引用すると長すぎる場合に短く言い換えたりする（サマリーではない）もので、英文記事やエッセイ、論文を書いたりするときに必要なスキルです。

3. 文法・語法力面

　英文法力が英文ライティング力を UP するのに非常に重要なのは言うまでもありません。重要なのは、「**時制**」「**冠詞**（限定詞：the、this、some、every など冠詞や代名詞など名詞を限定するもの）」「**名詞の可算・不可算**」「**前置詞**」や、**文型・比較・接続・分詞構文**などの「**構文（sentence structure）**」の運用力です。中でも「**時制**」「**前置詞**」「**可算・不可算性**」「**限定詞**」は日本語の発想にはないので、ノンネイティブは母語の干渉から来る文法ミスを非常に犯しやすく要注意です。

　まず、英語は「時」の概念（**tense**）、動作の起こった時間関係が明確ですが、日本語はアバウトで時を表す言葉で文脈的に「時」を表します。ゆえに英語の時制を学ぶことは哲学的・心理学的で、その深遠な時制を理解するためにはまず、文法用語がその理解を妨げ、誤解を招いているということを認識し、「発信型実用英文法」の見地から、真剣に時制を勉強し直し、その知識を実践で活かせるようにする必要があります。

　次に英語では、冠詞や名詞の「**可算性（countability）**」を重視しますが、日本語ではその考え方はなく、英語の可算性は日本の英語学習者を悩ませています。そして、英語は「**限定詞（determiner）**」、例えば代名詞の「**所有格（possessive case）**」が明確ですが、日本語は代名詞（pronominal reference）は省略することが多いのも頭痛の種です。

　ライティング力 UP に「**前置詞**」の知識が重要なのは言うまでもないでしょう。前置詞は「力と方向」を表す極めて重要で深遠な品詞で、それぞれの前置詞のコンセプトをつかんで駆使できれば、英語の表現力が数段 UP します。そして基本動詞と結びついた句動詞はこれまた奥が深く、生き生きとした躍動感のあるビジュアルに訴える英文ライティングをするために、ぜひとも会得してもらいたいものです。

　また、英文ライティング力を数段 UP させるには、「**文型**」をはじめとする様々な「**構文**」のスキルが重要です。文型に関しては、英語学習者は高校で英語の5つの文型を習い、大体わかったつもりでいる人が多いのですが、実際はもっと奥が深いものです。特に、「補語」を含んだ「第2文型（S＋V＋C）」や「第5文型（S＋V＋O＋C）」の運用力は重要です。例えば第2文型では、**end up［wind up］dead**（死ぬ結果となる）、**die a rich man**（死んだときに金持ちである）、**grow up strong and healthy**（強く健康に成長する）、**return alive**（生きて戻る）、**draw close［near］**（近づく）、**act normal**（普通に振舞う）、**bend low**（低くかがむ）、**plead guilty**（有罪を認める）などがあり、こういったものの運用力が英語の発信力を高めます。

　さらに比較・接続・分詞構文などの構文の運用力も、引き締まった洗練された英文を書くのに重要で、英語は「関係詞」や「接続表現」「分詞（構文）」などで修飾していくために、1文が長くなりがちです。これも2文を1文にするトレーニングなどを通して後で詳しく述べますので、そのテクニックを習得していただきましょう。

4. 論理力・発想力面

　英語は、日本語より**論理性（coherence）**にうるさく、特に英文ライティングではそれが重視されます。つまり、**各パラグラフは基本的に1つのポイントを述べて、そのポイントと関係ない内容ではなく、それを証明するサポートをし（relevancy）、また文と文も基本的に「接続語」を用いて論理的につながる（coherence）**ようにします。しかし、日

本語のライティングスタイルが染みついてしまっている人にはこれがなかなかできません。

　また、S＋V（＋C）構造（「なる」言語とよく言われる）が非常に多い日本語に対して、英語は、因果関係を明確に示した「**無生物主語のS＋V＋O構造**」（「する」言語とよく言われる）が非常に多いので、それに対して、**日英の発想転換**を心がける必要があります。その他、日本語は「省略的な言い方」が多いので、それらを英語の発想に転換したり、日本語特有の「**受動態**」や「**否定形**」を「**能動態**」や「**肯定形**」に発想転換する必要が多々あります。

　例えば、日本語では「仕事がたくさんあるんだ」と言うのを英語では、I have a lot of work <u>to do</u>. のように、日本語にない to do（すべき）を加えて表現します。また、「締め切りがあるんだ」も、I have a deadline <u>to meet</u>. のように to meet（間に合わすべき）を加え、「皆さんにお知らせがあります」も、I have an announcement <u>to make</u>. のように to make（報告すべき）が加わり、「その制度は日本の政治で重要な役割がある」というのも、That system has an important role <u>to play</u> in Japanese politics. のように、日本語ではいちいち言わなくてもすむ to play（果たすべき）が加わります。このような日本語では言わないけれど英語で言葉を補う例はたくさんあるので要注意です。

　このように日本語は、ライティングにおいても**文脈依存度が高く**（**high-context**）、主語、代名詞、時制、限定詞、接続詞といった文法的観点から見ても不明確で、「風が吹けば桶屋が儲かる」のような**論理の飛躍**（**a leap in logic**）が多いために、何を言っているのかわかりにくいといったことがよく起こるわけです。一方、概して英語は論理を追求し、それからはずれると It doesn't make sense. となり、**非論理的・曖昧なものへの受容力**が日本語より低い傾向があります。

　そこで、英文ライティング力を UP させるには、言葉や理屈より対人関係における調和を重んじる**日本語の言語文化・発想**（**a Japanese frame of reference, a Japanese "languaculture"**）と、個人主義

と理路整然としたアーギュメンテーションを重んじる**英語の言語文化・発想（an English frame of reference, an English "languaculture"）**の違いから起こるカルチャーギャップを乗り越える必要があります。

5. 見識・哲学力・向上心面

　人生や世界情勢に関する見識や想像力や豊富な人生経験がなければ書くネタがないので、いくら英語の表現力が優れていても英文ライティングはできません。おまけにアメリカの小中高大学の国語教育と違って、たいていの日本人は、人生哲学や世界情勢の分析に関するライティングを学校教育の国語の中で鍛えられていないので、最悪の場合は何も書けないか、書くのに無茶苦茶時間がかかってしまうといったことが起こってきます。

　そこで、検定試験を受ける場合も、単なる合格のためだけでなく、その対策勉強を、世界情勢や歴史や人生哲学などに関する教養・見識を増やすための手段として活用し、英字誌や洋書や百科辞典などを興味を持って読みましょう。「異文化体験」を多く持ち、カルチャーギャップの中で、自分や人生について深く考え、それを日記などで英文に表す練習をしましょう。

　「経験・体験」を表す **experience** を英英辞典（Longman）で調べると、"knowledge that you gain about life and the world by being in different situations and meeting different people, or the process of gaining this"（様々な状況を経験し、異なる文化の人と交流することで、人生や世の中について得られる知識とそのプロセス）とあります。そこで培われる wisdom こそがライティング力 UP に重要なファクターです。読書や人生経験を通して、人生・世の中について深く考え、視野や世界観を広げましょう。

　Let's enjoy the process!（陽は必ず昇る！）

第2章
スタイル、バランス、インパクトある
英文ライティングのテクニック

主語統一で意味を明確に伝え、パラレリズムにより、美しいリズムとスタイルの英文を書く！

　第1章で述べたように、英語は、日本語で言えば短歌や俳句のように、語呂やリズムを重視する音声言語（phonetic language）なので、英文のスタイルとバランスをよくするために、様々な工夫をします。本章では、その中でも特に重要なテクニックである「**主語統一**」「**パラレル**」「**修飾テクニック**」「**倒置**」のスキルを身につけましょう。用意はいいですか。まずは「主語統一」のテクニックからスタート！

　英語の、特に**3C**、つまり**正確**（**correct**）、**明確**（**clear**）、**簡潔**（**concise**）を重視するテクニカル・ライティングでは、パラグラフ内の各文はキーワードで主語を統一しなければなりません。また、主語を変える場合は、唐突にならないように既出の語句を主語にするというルールがあり、これは**英文は1つのパラグラフには1つのアイデアでな**ければならないという原則に基づいています。**主語を統一することでパラグラフのポイントがぶれることなく明確になり、読者に正確かつ簡潔に主題を伝えることができます。**また既出の語句を使用することで文と文のつながりが生まれ、旧情報から新情報へと話を進めることで話が飛躍せず、論理的で読者にとってわかりやすい文章となります。

　ここでは、日本語のライティングではなかなか意識することのない「**主語統一**」を身につけ、美しい英語らしいスタイルで文を書けるようにステップ・バイ・ステップで練習していきましょう。

STEP 1

まず、次の２つの英文を見比べてください。

① A fire broke out in the high-rise building, and 100 people got seriously injured.

② A fire broke out in the high-rise building, leaving 100 people seriously injured.

（高層ビルで火事が起き、100人が重傷を負った）

解説

①には "a fire" と "100 people" という２つの主語があり、状況は伝わりますが視点が移動することで火事と負傷者との因果関係が少しぼやける可能性があります。それに対して②では**主語が "a fire" １つ**なので、**火事が原因で負傷者が出たと明確に伝える**ことができ、しかも接続詞を使わずに**分詞構文を使うことで引き締まった英文**になっています。

STEP 2

では、次の３つの例題を STEP 1 の要領で主語統一してみてください。

〈例題1〉

③ A volcano erupted, and a huge crater was formed.

（火山が噴火し、巨大なクレーターができた）

解説

「火山」が噴火したことで「クレーター」ができたので、２者には因果関係があることがわかります。従って②と同様に**主語を "a volcano" に統一**し、**分詞構文を用いて引き締める**と次のようになります。

解答例

④ A volcano erupted, leaving a huge crater.

いかがですか。④の文は③と比べて語数が少ないにもかかわらず、「火山」に視点を定めることで内容が明確に伝わります。

〈例題2〉

⑤ Lightning appears first, and thunder occurs next.

（稲妻は普通、雷鳴の前に光る）

解説

　これは「稲妻」が初めに「雷鳴」は次に来るということがはっきりわかります。稲妻を主語にし⑥のように引き締めることができます。

解答例

⑥ Lightning is followed by thunder.

　"A is followed by B" は「**A** に続いて **B**」という意味になり、**日本語の順序と同じなのでわかりやすく、正確に伝えることができる便利な**表現です。

〈例題3〉

⑦ Twitter is a micro-blogging service, and traditional media outlets often spread news after Twitter.

（ツイッターはミニブログサービスで、従来の放送局はツイッターの後になってニュースを拡散することが多い）

解説

　⑦は "Twitter" と "the traditional media outlets" と主語が2つありますが、**キーワードは "Twitter"** であるとわかるので**主語にします。** さらに「ニュースを早く拡散する」ことがポイントなので "spread news" を述部にし、"a micro-blogging service" は**追加情報的なので同格挿入**させます。さらに主語を "Twitter" にそろえたことで「"traditional media outlet" の前に拡散する」の意味になるように "after" を "before" に変えると次のようになります。

解答例

⑧ Twitter, a micro-blogging service, often spreads news before traditional media outlets.

　⑦と比べて⑧はTwitterを主題にしていることがわかりやすい、ずいぶん簡潔で明確な文になりました。

　いかがでしたか。主語統一でスッキリした英文になることがおわかりいただけましたか。では次のステップに参りましょう。

STEP 3

　さて、ここからは少し応用編として**２文以上の主語統一の練習**をしましょう。２文以上の場合もこれまでと同様にキーワードを見極めて、主題がぶれない文を作成するトレーニングです。

　次の２つの問題文を主語統一し、簡潔な文にしてください。

〈問題１〉
⑨ Data were obtained from a clinical trial of drug therapy for the prevention of kidney failure in patients with diabetes. ⑩ A total of 800 patients with high blood sugar levels and decreased renal functions were evaluated.
（糖尿病患者の腎不全を予防するための薬物療法によるデータが得られた。全部で800人の高血糖値で低下した腎機能を持つ患者が診断された）

解説

　⑨では "data" が、⑩では "A total of 800 patients" がそれぞれ主語になっており、２文の関連性がぼやけています。また⑨の "data" はあまりにも一般的過ぎて、読者は少し読み進むまで主題がわからないので、**主語は "a clinical trial of drug therapy"** とします。また、**動詞を "provided"** にすることで能動態にでき、**因果関係がはっきりします。**⑩はデータの出所を説明した内容なので、**追加情報として分詞構文でつなげる**と次のようになります。

⑪ A clinical trial of drug therapy provided data on the prevention of kidney failure in patients with diabetes, evaluating 800 patients with high blood sugar levels and decreased renal functions.

　⑪では「薬物療法によるデータ」がこの文の主題であることが明確になり、受動態をなくし、⑩のような主語の長い形を解消して簡潔な文になりました。

　次の問題は少し応用編です。内容をよく読み、何を主語にすればよいか考えてください。

〈問題2〉

⑫ When a typhoon or an intense low-pressure system approaches or a cold front passes, air becomes unstable and may sometimes cause an intense updraft. ⑬ The updraft then draws a large volume of air from the surrounding areas, which spirals upward.

（台風または発達した低気圧の接近や寒冷前線の通過に伴って大気が不安定になると、急激な上昇気流が発生することがある。それによって周囲から空気がどっと流れ込み、渦を巻いて上昇気流に合流する）　　　　　〈工業英検2002年5月2級-V問題より抜粋〉

解説

　⑫は複文で、主語が "a typhoon or an intense low-pressure system" と "air" と2つ登場します。これでは視点がバラバラになっており主題がはっきりしません。そこで、例えば "atmospheric instability under the influence of cold fronts and approaching typhoons"（寒冷前線や台風接近による不安定な大気）などと**一般化して主語にする**ことができます。さらに⑬は "The updraft" が主語ですが、これは⑫の既出語なので関係代名詞を使って2文を1文にします。

解答例

⑭ Atmospheric instability under the influence of cold fronts and approaching typhoons sometimes generates intense updrafts into which a large volume of air is sucked and spirals upward.

　⑭では主語「不安定な大気」が「急激な上昇気流を生み出す」と文の主題が簡潔に伝わります。

英語は音が命

　英語は統一感とスタイルにこだわる言語です。これは英語が音節の区切りでの強弱アクセントを重視した「**音声的言語**」であるため で、平坦なリズムの日本語とは異なり、特有のリズムがなければ相手に意味が通じ難くなります。それゆえ、英文では文意をわかりやすく伝えるために、スタイルのよさを重視したリズムの整った語呂のよい形が好まれます。

　さて、ここでは「リズムの整った語呂のよい形」の英文を書くテクニックの１つである**パラレリズム（parallelism）**のテクニックをマスターしましょう。**パラレリズムとは文法的に対等であるものを文字通り並列に列挙や対比させることです。これにより、視覚的にも読みやすくなることで文意を正確に明確に、また語数が減ることで簡潔に伝えることができます。**さらに、パラレリズムを崩すと文法的に誤った文になり、文意が読者に正確に伝わらないこともありますので要注意です。

　では、次の２つの文を見比べてください。

〈例〉 ボブはウェブサイトの作り方とメモリーの保存方法を説明した。

× ① Bob explained how to produce a website, and storing the memory.

○ ② Bob explained how to produce a website and store the memory.

☞ この文の意図は「作り方」と「保存の仕方」を説明したというものな

ので、①では "produce" と "storing" の関係が並列になっておらず、文法的にも誤りです。②では "how to ..." が "produce" と "store" の２つの動詞につながることが明確で、意味の取り違えが起きない、きれいな**パラレル構造（parallel structure）**になっていることがおわかりいただけると思います。

パラレル構造文には主に次のようなパターンがあります。

【主なパラレルのパターン】

1. 動詞パラレル

   ③ I had dinner, watched TV and went to bed.
   （私は夕飯を食べ、テレビを見て、就寝した）

2. 形容詞パラレル

   ④ He is good-looking, intelligent and hard-working.
   （× and works hard）
   （彼はハンサムで知的でしかも働き者だ）

3. 名詞パラレル

   ⑤ Enough sleep, relaxation and moderate exercise are good for your health.
   （× and doing moderate exercise）
   （十分睡眠をとり、リラックスして適度な運動をすると健康によい）

4. 副詞パラレル

   ⑥ She danced beautifully, rhythmically and gracefully.
   （× and with grace）
   （彼女は美しく、リズミカルに優雅に舞った）

5. 不定詞・動名詞パラレル

   ⑦ I like studying English, playing tennis and listening to music.

（× and to listen to music)

（私は英語の勉強とテニス、音楽鑑賞が好きだ）

6. 句・節パラレル

⑧ Tell me <u>how you can do it</u>, not <u>what you want to do</u>.

（自分がしたいことではなく、どのようにできるかを教えてください）

パラレル英作文にチャレンジ！

では実際にパラレル構造の文を作る練習をしてみましょう。次に書かれた、パラレリズムにのっとっていない英文をパラレル構造になるようリライトしてください。

〈問題1〉メアリーは台所のドアを抜け、食卓を通り過ぎ、リビングに入った。

⑨ Mary walked through the kitchen door, past the dining table, and went into the living room.

(解説)

これはすべて "Mary walked" でまとめ、前置詞句 "through ～"、"past ～"、"into ～" をパラレルにできます。

(解答例)

⑩ Mary walked <u>through the kitchen door</u>, <u>past the dining table</u>, and <u>into the living room</u>.   **句パラレル**

〈問題2〉ゲートは、はっきり見るようにし、正しく調節し、障害物をどけてください。

⑪ The gate can be seen clearly, is properly adjusted, and there are no objects.

解説

　動詞に注目しましょう。"can be seen" や "is adjusted" と、助動詞あ りとなしのフレーズが混じり、さらに and 以下は、"there are" と、主 語が変わっています。この文の主題は「ゲート」なので "the gate" と統 一し、be 動詞でまとめると、⑫のようにすべて形容詞（過去分詞を含む） でパラレルにできます。

解答例

⑫ The gate <u>is</u> clearly <u>visible</u>, properly <u>adjusted</u>, and <u>clear</u> of obstructions. 　**(be) 動詞パラレル＆形容詞パラレル**

〈**問題3**〉彼はもっとよい仕事を見つけ、息子が大学に行けて、妻が ビジネスを拡大できるので都会に引っ越した。

⑬ He moved to the big city because he could get a better job, university for his son, and his wife's business expansion.

解説

　because 節の中の文がパラレルになっていません。すべて「○○が～ する」と形をそろえてパラレルにすることができます。"university for his son" の部分は "his son could go to university" と go を補い、"his wife's business expansion" は expansion を expand と動詞形にする と、すべて節で揃ってパラレルになります。

解答例

⑭ He moved to the big city because <u>he could get a better job</u>, <u>his son could go to university</u>, and <u>his wife could expand her business</u>. 　**節パラレル**

〈**問題4**〉人工知能（AI）は翻訳、情報検索、ゲーム、問題解決など複 雑な作業を請け負っている。

⑮ AI has undertaken complicated tasks such as language

> translation, information retrieval, playing games, and you can solve problems with AI.

解説

　"such as" 以下に注目してみましょう。"language translation" と "information retrieval" は名詞ですが、"you can solve problems with AI" は節なので、パラレルになっていません。この部分を名詞形 "problem solving" に揃え、冗長な部分 "with AI" は省きます。さらに "playing games" は、"translation" 及び "retrieval" が動作の名詞形になっている部分に揃え、"game playing" とします。これらのことを踏まえてリライトすると次のようなパラレルの英文になります。

解答例

⑯ AI has undertaken complicated tasks such as language translation, information retrieval, game playing, and problem solving.　　　　　　　　　　　　　　　**名詞パラレル**

上級編

　次の英文をパラレルになるようリライトしてください。

〈問題5〉超伝導物質は電気抵抗がなく、熱や音などのエネルギーを出さずに電気を流すことができる。
⑰ Superconducting materials can conduct electricity with no resistance, release no heat, sound, or without other energy forms.

解説

　この文はいかがでしょうか。with、no、without が入り交じり、読みにくい文になっています。パラレルにできる部分は 動詞 "conduct" と "release"、名詞 "heat" と "sound"、それと "other energy forms" です。このことから、動詞 は2つだけですので "conduct" と "release" を and

で接続し、"without 〜" を "any other energy forms" にリライトする
と次のようになります。

⑱ Superconducting materials can conduct electricity with no
　 resistance, and release no heat, sound, or any other energy
　 forms.

　⑰と比較してスッキリとわかりやすくなりました。ただし⑱は、"release
no heat, sound" だと "sound" に "no" がかからないので、or をつけ加
えます。"with no resistance" の部分を "without resistance" とよりス
ッキリさせましょう。

解答例

⑲ Superconducting materials can conduct electricity without
　 resistance, and release no heat or sound or any other energy
　 forms.　　　　　　　　　　　　　　動詞パラレル＆名詞パラレル

　次は少し長めの文に挑戦していただきましょう。日本語を参考にどの
部分をパラレルにすればよいか見抜いてください。

〈問題6〉切削油剤が木材部品を研磨したり、切削したり、孔あけする
ときに必要である。切削油剤は切削工具によって発生する摩擦を減らし、
また熱を取り去るほか木屑を洗い流す作用があるからだ。
⑳ Cutting fluids are necessary for grinding, cutting or bore
　 wooden parts because they reduce the friction and heat
　 generated by cutting tools and washing away the wooden
　 scraps.

解説

　まず "for" 以下に注目しましょう。"grinding" と "cutting" があるので
比較的簡単にパラレルにすべき箇所がおわかりになったのではないでし
ょうか。"bore wooden parts" を動名詞形にして "boring of wooden

parts” とリライトできます。もう１か所は because 節の主語と動詞部分です。ここは「切削油剤」は「減らし」、「洗い流す」という文構成なので “they” の動詞は “reduce” と “wash” です。ゆえに最後の行 “washing” を “wash” にリライトし、パラレルにします。⑳のままだと、“by cutting” とのパラレルだと誤解され、不正確な文になります。

(解答例)

㉑ Cutting fluids are necessary for grinding, cutting or boring of wooden parts because they reduce the friction and heat generated by cutting tools and wash away the wooden scraps.

動名詞パラレル＆動詞パラレル

修飾法と構文を考えて、美しくバランスのとれた英文を書くテクニックをマスター！

　美しくバランスのとれた英文ライティングを進める際に、ぜひ習得していただきたいのが、バランスのとれた修飾法と構文の選定です。ここでは、問題にチャレンジしていただきながら、いかに修飾表現をバランスよく配置させることができるか、どのように構文を決めて、美しくバランスのとれた英文を作るかを会得していただきましょう。

　まず、問題にチャレンジしていただく前に、修飾表現にはどんなパターンがあるのかを、まとめておきます。修飾パターンには、**形容詞、現在分詞、過去分詞、ハイフン表現**などを名詞の前に配置する「**前置修飾パターン**」と、**前置詞句、現在分詞、過去分詞、関係詞節**を名詞の後に配置する「**後置修飾パターン**」があります。

　前置修飾の一般的な順序は、

前置修飾パターン例

　　意見 → 大小 → 新旧 → 形状 → 色 → 起源 → 材料 → 名詞

例：lovely small　　old　square white French paper boxes
　（可愛らしい小さな古い四角の白いフランス製の紙箱）

が基本です。もちろん例外もあり、修飾される名詞と結び付きの強い修飾語は名詞の直前に配置することになっています。

　さらに名詞の後ろに、関係詞節や前置詞句、分詞を置いて、以下のように後置修飾をすることができます。

```
後置修飾パターン例

名詞 ＋ 関係詞節
boxes  that I bought in Paris（パリで私が購入した箱）
名詞 ＋ 前置詞句
boxes  with red ribbons on（赤いリボンのかかった箱）
名詞 ＋ 過去分詞
boxes  topped with a handwritten card
       （手書きのカードが上に乗った箱）
```

　難しい点は、この前置修飾と後置修飾のバランスをいかにとるかという点です。では以下の問題で、実際にバランスのとり方を体験していただきましょう。

問題1

「狛犬」を修飾表現のバランスに気をつけながら、英語で説明してみましょう。

解答＆解説

　狛犬は神社の入り口で鎮座する石の犬の像ですね。**英語では、まずカテゴリーを決め、それを前と後からバランスをとりながら、修飾語を加えて、特徴（材料・形状、目的など）を説明し、全体の意味を明確にする必要があります。**

```
修飾表現の前後のバランスに要注意！

修飾表現 ＋ カテゴリー ＋ 修飾表現

  ××× 　 ＋ 　 名詞 ＋ 　　 ＹＹＹ
```

　では狛犬の説明を作っていきましょう。

◎ Step 1：カテゴリーを決める！

まず、中心に据えるカテゴリーを決めます。「狛犬」の場合は、当然、「犬（dogs）」がカテゴリーです。

◎ Step 2：修飾語①「特徴（材料・形状）」を述べる！（前と後に説明を追加）

次に、上で決めたカテゴリーに、前後からバランスよく修飾語をつけて説明していきます。まず特徴（材料・形状）の説明です。狛犬は「何でできており（材料）、どのような形状をしているか？」を考えてみましょう。狛犬は、「石でできており」（made of stone）【後置修飾】、必ず神社の入り口に左右一対（a pair of）で置かれている【前置修飾】ので、

> **a pair of** dogs **made of stone**

と説明できます。stone dogs と言っても通じますが、少し語呂が悪いので、**dogs made of stone** にしましょう。また、より正確には、狛犬は「石に彫られた一対の犬」なので、a pair of dogs **carved out of stone** となりますが、これはワンランク UP の表現です。

◎ Step 3：修飾語②「目的」を述べる！　後置修飾

次に狛犬を置く「目的」は、「魔除け」です。ここでの魔除けとは「災い（不幸や邪悪な力）から神社を守る（**protect a shrine from evil**）」ことなので、不定詞を使う場合は、後ろから修飾し、

> a pair of dogs made of stone **to protect a shrine from [against] evil**

となります。この「悪霊」は evil が最もよく使われますが、その他に、強調したければ **the evil** や **evil spirits** で言い換えることもできます。また from の代わりに **against** を使うと、悪霊に「対抗する」意味合いが強まります。guard を使って、**to guard against evil** と言うことも可能です。また「悪霊を追い払うため」**to drive away evil** も定番の表現です。

　これまで紹介したのは**動詞中心の話し言葉的**な言い方でしたが、格調高い**形容詞中心の書き言葉**で言い換えてみるとどうなるでしょうか。 to ～ の部分を、**guardian**（[形] 守護する）とし、 made of [carved out of] stone（石でできた [彫られた]） の部分を stone-carved（[形] 石で彫られた）を使い、stone-carved guardian dogs と引き締まった格調高いバージョンができました。まとめると、

> ◎話し言葉的（動詞中心の修飾）
>
> 　**dogs made of *stone to drive away evil***
>
> ◎書き言葉的（形容詞中心の修飾）
>
> 　**stone-carved *guardian dogs***

となります。さらに、置かれる場所を追加し、a pair of stone-carved guardian dogs at the Shinto shrine とバランスのとれた表現が完成しました。

問題2

> 「鶯張り」を修飾表現のバランスに気をつけながら、英語で説明してみましょう。

解答&解説

　鶯張りは、よく a nightingale floor[corridor]、a squeaking floor、a singing floorboard などと訳されていますが、初出の場合、これらの英訳ではわかりにくいので、もう少し丁寧に説明する必要があります。以下の手順で説明文を作ってみましょう。

◎ Step 1：カテゴリー

　鶯張りのカテゴリーは「床（floor）」です。

◎ Step 2：修飾語「特徴（材料）」 前置修飾

　材料は「木」なので、前に修飾語句を置き、a wooden floor とします。

◎ Step 3：修飾語「特徴（目的）」 後置修飾

鴬張りの特徴（目的）ですが、これはずばり、**床の上を歩くのに合わせて、まるで鳥が鳴いている（sing like a nightingale to people's footsteps）**かのような音を立てることです。このことを後置修飾で表すと、以下のようになります。

> **「鴬張り」の説明バリエーションはこれだ！**
> a *wooden* floor that sings like a nightingale to people's footsteps
> 　材料 ＋ 名詞 ＋ 目的の順！

問題3

> 「お守り」を修飾表現のバランスに気をつけながら、英語で説明してみましょう。

解答＆解説

◎ **Step 1：カテゴリー** 前置修飾 ＋ 名詞

「お守り」とは「災難を逃れるため身につける」もので、ずばりカテゴリーは charm です。charm とは「首からぶら下げたり、ブレスレットとして身につけ、幸運を呼ぶもの」なので、ぴったりですが、charm は多義語で、まず「魅力」という意味を思い浮かべるため、クリアにするために good-luck を前につけます。

◎ **Step 2：修飾語「特徴（材料・形状）」** 後置修飾

お守りは、小さな布袋の中に小さな紙や木、布が入っていますので、made of a piece of paper, wood, or cloth in a small cloth pouch となります。今回は後ろに修飾表現を置きます。

◎ **Step 3：修飾語「特徴（目的）」** 後置修飾

お守りの目的は、邪気を寄せつけないこと（病気、事故・災難などから人々を守ること）なので、to ward off evils[to protect people from illness, accidents and disasters] を、今回は一番最後につけます。まとめると、

「お守り」の説明バリエーションはこれだ！

a ①good-luck[lucky] charm ②*made of a piece of paper, wood, or cloth in a small cloth pouch* ③to ward off evils [③to protect people from illness, accidents and disasters]

名詞 ＋ 材料 ＋ 目的の順！

となります。短いバージョンは、a lucky charm または a good-luck charm となります。

　では、今度はちょっと長めの英文の修飾表現のバランスをチェックしてみましょう。

問題4

次の文を修飾表現のバランスに気をつけながら、美しい英語に直してください。

① For the upcoming international sports events and the continuous super-aging society after that, improving a barrier-free environment is an urgent issue. ② Since the enforcement of the Barrier-Free Act, equipment for wheelchairs, mainly multifunctional toilets, has been improved.

(解答)

① It is an urgent task to improve barrier-free environment for the upcoming international sports events in the super-aging society. ② **Since** the enforcement of the Barrier-Free Act, there has been an improvement in multifunctional toilets for wheelchairs.

(2の別解)

② **Thus**, there has been an improvement in multifunctional toilets for wheelchairs **since** the enforcement of the Barrier-Free Act.

（①近く開催される国際スポーツ大会とその後も続く超高齢化社会に向けて、バリアフリーの環境向上が急務である。②バリアフリー法が施行

されて以来、車椅子のための多機能トイレが開発されてきた）

解説

　①は主語の前の修飾句である For から that までの副詞句が非常に長く、また主語の後の V ＋ C が is an urgent issue と非常に短く、アンバランスな英文となっています。そこで、**形式主語を使った構文 It is ～ to do** で書き換え、for ～の副詞句をその後に置くことで、すっきりとした英文に変身させています。また、and the continuous super-aging society after that（その後も続く超高齢化社会）の部分は、前の国際スポーツ大会と and でつないで並列にしていますが、もたついた印象を与えています。大会期間中も超高齢化社会だと英文からわかるので、the upcoming international sports events in the super-aging society とわかりやすくリライトしましょう。

　同様に、②は、主語の前の修飾句（Since the enforcement of the Barrier-Free Act）と主語（equipment for wheelchairs, mainly multifunctional toilets）の双方が長い一方で、述部（has been improved）が極端に短く、頭でっかち（top heavy）でバランスを欠いています。そこで、**top heavy な英文を回避するための、2つのテクニックをマスターしていただきましょう。

top heavy な英文を回避するための2つのテクニックとは？

　1つめは、**there has been 構文**を用い、実際の主語を後ろに移動させバランスをとる術。もう1つは、**接続副詞 Thus**（ゆえに）を用いて次の文への transition（移行）をスムーズにしつつ、**there has been …** を前に出し、修飾語句である **since ～**を後置し、英文のバランスをとる術です。このように、構文を変えたり、前後の修飾語のバランスをうまくとる工夫をして、美しい英文ライティングを目指しましょう！

　最後に、修飾語句を置く位置により、どのように文のニュアンスが変わるかを次の問題で体験していただきましょう。

問題 5

下線部の修飾表現の位置により、各文にどんなニュアンスの変化があるかを考えてみてください。

1. <u>Located in Osaka</u>, this 39-story hotel offers the latest facilities and superb hospitality.
2. This 39-story hotel, <u>which is located in Osaka</u>, offers the latest facilities and superb hospitality.
3. This 39-story hotel offers the latest facilities and superb hospitality, <u>which is located in Osaka</u>.

解答＆解説

　下線部「大阪に位置する」という修飾表現を文の冒頭に置くか、真ん中に置くか、最後に置くかにより、ニュアンスはかなり変わってきます。1. のように **Located in Osaka** で始めた場合、非常にドラマチックで、次にどんな内容が現れるのか、待ち遠しく、**読み手をじらし、注目させる効果があり、PR 文などにはぴったりの表現**です。2. のように真ん中に置くと、ドラマチックな効果は薄れますが、「39 階建てのホテル」という主語が最初に見え、何のことを述べるのかがすぐにわかり、ロケーションを真ん中に挿入することで大阪という「地の利」もセールスポイントとして押し出すことができます。3. のように下線部を最後に置く場合は、場所は単なる付け足し情報で、あまり重要ではなく、ホテルの一番の売りは「最新設備と最高のおもてなし」となります。

　文のバランスからいうと、1. や 2. の修飾表現の位置が美しい文といえますが、**情報のどの部分を強調したいかによって、どこに修飾語句を置くかを決めることも重要**です。

POINT!
文のバランスと強調したい情報により、修飾表現の位置を決めよ！

倒置表現を用いてインパクトのある英文を書く
テクニックをマスター！

　「倒置」とは、本来の英語の語順とは異なる順番で文を作ることです。動詞の格変化がほとんどない**英語にとって鉄壁である**「語順」、つまりあの5つの文型の**オキテ破り**をしてまで表現したいときに用いられるのですから、当然書き手や話し手の「強い思い」を伴います。その分、**倒置表現を使うと、ドラマチックな文章となり、無駄が省かれ、引き締まった表現**になります。ここでは、日本語と同じ語順で使いやすくもあり、かつインパクトのある引き締まった英語を書くためのテクニック「倒置」をマスターしていただきましょう。

＊まず、次の2つの文のニュアンスがどのように違うかを考えてみてください

> **例題**
> 1. Thomas, an evil neuroscientist was **lurking in the shadow**.
> 2. **Lurking in the shadow** was Thomas, an evil neuroscientist.

解答

　1. は通常の配列、2. は倒置の文ですが、1. の「邪悪な神経科学者トーマスが影に潜んでいた」に対して、2. の倒置文では、「陰に潜んでいたのは、邪悪な神経科学者トーマスだった」となり、通常の文より**読者を引きつけてインパクトがあり**、「トーマスが影に潜んでいた」ことが**思いがけない事態である**というニュアンスが出てきます。このように、**倒置構文は、読者にワクワク感を与える効果**があります。小説などでよく出てくる手法です。

ドラマチックで引き締まった文のための倒置用法をマスター！

　では、実際にどのような倒置用法があるのかまとめてみましょう。大きく分けて主に次のようなパターンがあります。

主な倒置のパターン9

1. There、Here が文頭にくる倒置パターン

（「存在」「出現」を表す動詞が使われる）

There lived an old man in the village.（ある村におじいさんが住んでいた）

There is a tendency toward deflation.（デフレ傾向にある）

＊ただし代名詞の場合は倒置せずＳ＋Ｖの語順！

2. 目的語が長い場合の倒置パターン

英語はたとえ、書き言葉であってもリズムを重要視する言語です。従って構文中の次の要素（補語や目的語）までなかなかたどり着けないような文は好まれない傾向にあります。このような場合、**長くなる目的語を後回しにする**というテクニックを使う、つまり**倒置させること**があります。ここでは練習問題を通してどのような倒置になっているかを見ていきましょう。

＊次の英文の下線部は**目的語**が非常に長くなっています。カッコ内の日本語を参考にして、倒置構文で書き換えてみましょう。

問題１

It takes a tougher soul to label the desire to lessen parasitic infestation by purifying irrigation canals "illegitimate."

→（よほど凝り固まったタイプでない限り、灌漑用運河を浄化することによって寄生虫を減らそうとする要望に「不法」のレッテルを貼っ

たりはしないであろう）

解答＆解説

It takes a tougher soul to **label "illegitimate" the desire to lessen**
　　　　　　　　　　　　V　　　　C　　　　　　　O

parasitic infestation by purifying irrigation canals.

label＋O＋C は「O に C のレッテルを貼る」ですが、問題文の下線部
は、目的語 **the desire 〜 canals** が非常に長くなっており、リズムが
悪くなっていました。このような長い目的語のある場合、英文のリズム・
スタイルをよくするためのテクニックとして、通常の S＋V＋ O（長い
目的語） ＋C の語順を、S＋V＋C＋ O（長い目的語） のように倒置
します。

＊その他の長い目的語倒置のパターンには次のようなものがあります。

☐ **introduce to** ＋ 間接目的語（A） ＋ 長い直接目的語（B） 　（Bを
A に紹介する）

　例：He introduced to *the world* a way of thinking about life
　　from a purely naturalistic world view.
　　（彼は世界に純粋な自然主義の世界観から人生をいかに考える
　　かを紹介した）

☐ **attribute to** ＋ 間接目的語（A） ＋ 長い直接目的語（B） 　（Bを A
のせいにする）

　例：They attributed to *the researcher* the adoption of state-of-
　　the-art agriculture.
　　（彼らは最先端の農業の導入をその研究者のおかげとした）

☐ **share with** ＋ 間接目的語（A） ＋ 長い直接目的語（B） 　（BをA
と共有する）

　例：The president want to share with *you* a common aim of
　　persuading employees to accept the organization's values
　　and interests as their own.

（会長は貴殿と、組織の価値観と利益を自分のものと思うように従業員たちを促すという共通の目的を共有したいと思っています）

3. 補語・目的語が文頭にくる倒置パターン

　これは本来の英語の語順ではなく、言いたいことや**強調したいことを初めに伝えたいとき**に用いられる、日本語と同じ語順でわかりやすい表現方法です。

　補語＋動詞＋主語　目的語＋動詞＋主語 のように倒置します。

　ⅰ）補語が文頭の場合

Even more important is their cooperation.
　　　　　　C　　　　　　V　　　S

　さらに重要なのは、彼らが協力し合うことだ。

　ⅱ）目的語が文頭の場合

This book I find interesting.
　　O　　　S　V　　C

　この本が、私は面白いと思うのです。

　（＊本来の語順　I find this book interesting.）

4. 否定表現が文頭にくる倒置パターン

　否定を強調したいときに **never、seldom、only**[＊]といった否定を表す副詞（句）を文頭に書き、後に続く文は 否定語句＋助動詞＋主語＋動詞 と倒置させます。否定を表す副詞（句）には次のようなものがあります。

（＊only は「～しかない」というニュアンスなので否定語扱いしています）

□ **under no circumstances**（どんな状況であっても〜ない）
□ **hardly、rarely、scarcely、seldom、never、little、neither、nor only** ＋ 副詞（句）
□ **no sooner 〜 than** …（〜するとすぐに…）
＊特に **only、not**（**only 〜 副詞（句）**）で始まる文はうっかり倒置にするのを忘れやすいので要注意です。例文を見てみましょう。

■ **Only** after an operation <u>will he be able to</u> walk again.
（手術後初めて、彼はまた歩けるようになるでしょう）

■ **Not only** <u>did they ignore the protest</u>, but also they lied to the press.
（彼らは抗議者を無視しただけでなく、報道陣に嘘をついた）

■ **Not** a（single）word <u>did he say</u>.（彼は一言も発しなかった）

■ **No sooner** had I left the office **than** it started raining.
（オフィスを出るとすぐに雨が降り始めた）

■ **Neither**（**Nor,**）<u>can I</u>.（私もできない）

　ではこの倒置パターンを使って日本語のニュアンスを出すような英文に書き換えてみましょう。

問題2

1. I found the book two years later.
　→（2年後になって初めてその本を見つけた）

2. I have never seen such a mess.
　→（こんなに散らかっているのを見たことがない）

3. He will enter this house again under no circumstances.
　→（どんなことがあっても彼は再びこの家に入らないだろう）

解答

1. **Only** two years later <u>did I find</u> the book.
2. **Never** <u>have I seen</u> such a mess.

3. **Under no circumstances** <u>will he enter</u> this house again.

解説

　1. は「2年経ってからしかその本を見つけられなかった」という "only" の否定的ニュアンスです。2. と 3. は共に否定を表す副詞 "never" と "under no circumstances" を文頭に出してその後の文を倒置させます。

5. 場所を表す副詞句が文頭にくる倒置パターン

　これはパターン3のように**強調したいことを初めに伝えたいとき**に用いられる、日本語と同じ語順でわかりやすい表現方法です。

　 場所を表す副詞句 ＋ 動詞 ＋ 主語 のように**倒置**し、動詞は be 動詞の場合が多いですが stand、rise のような一般動詞も使えます。

　Behind [**On**、**Under**、**Beyond**、**etc**] this lies a gold mine.
　（この下に金鉱がある）

　（＊本来の語順　A gold mine lies behind this.）

6. than、as のあとの倒置パターン

　これも重要で than / as 以下の主語が長い場合に倒置します。

〈例〉

　He can run faster than can all his classmates.
　（彼は全同級生よりも速く走ることができる）

　She traveled to Europe as did most of her friends.
　（大部分の友人がしているように、彼女はヨーロッパ旅行に行った）

7. 仮定法倒置パターン

　これは高校などの文法の授業でおなじみの仮定法での倒置です。かたい文語表現ですが、接続詞 if を使わずに、**文を引き締めてスッキリさせる効果**があります。

〈例〉

　Had he known about it, ～（もし彼がそれについて知っていたなら～）

　　＊本来の語順　If he had known about it, ～

Should I fail, ～, / Were he to come, ～

　＊本来の語順 If I should fail, ～（万一私が失敗したら～）

　　　　　　　If he were to come, ～（万一彼が来たら～）

8. 分詞が文頭にくる倒置パターン

　これは読者に「次に何が起こるのだろう」と思わせ、次の展開を知りたくさせる「じらし効果」を出すことができます。**現在分詞・過去分詞を文頭に置き、その後の文を** 分詞 ＋ 動詞 ＋ 主語 **の順で倒置させます。**

　早速ですがこの倒置パターンを使って日本語のニュアンスが出るように次の英文を書き換えてみましょう。

問題3

1. Our uncle was sitting at the kitchen table.

　　→（キッチンテーブルに座っていたのは叔父だった）

2. This beautiful Tudor-style hotel is nestled in the forest.

　　→（森の中にたたずんでいるのは、この美しいチューダー様式のホテルだ）

【解答＆解説】

1. Sitting at the kitchen table was our uncle.

　　現在分詞で始まる表現 **sitting at the kitchen table** を文頭に出すことでV＋Sの倒置になっています。倒置後の英文は、「キッチンテーブルに座っていたのは」で始めることで、読者に次の展開を知りたくさせる、まさに「じらし効果」が出ていますね。

2. Nestled in the forest is this beautiful Tudor-style hotel.

　　過去分詞で始まる表現 **nestled in the forest** が文頭に来ることでV＋Sの倒置になっています。こちらも、読者に森の中に何があるんだろう？と考えさせた後で答えを伝えるという、じらし効果があり、インパクトを与える英文に変身しています。

　　ちなみに、この２つの文は、場所を表す副詞句がなければ倒置に

できません。次の文は文法的に間違いとなりますので、注意しましょう。

（×）*Sitting* was our uncle.

（×）*Nestled* is this beautiful Tudor-style hotel.

9. 程度・比較を表す語句が文頭にくる倒置パターン

　日本語の「あまりにも〜」「ずっと〜」に相当する表現で、**"so"** や **"such"** のついた語句を文頭に置き、その後の文は 程度・比較を表す語句＋動詞＋主語 の語順で**倒置**させます。少し堅い文体になりますが筆者の気持ちを強調し、インパクトを出すテクニックです。では、程度を表す副詞（句）が文頭に来た場合の、倒置の例文を見てみましょう。

□ **So much** had she changed that I couldn't recognize her.
　（あまりにも彼女が変貌してたので彼女だとわからなかった）

□ **Such** was my fright that I ran away.
　（あまりにも怖かったので逃げ出した）

　ではこの倒置パターンを使って日本語のニュアンスに合うような英文に書き換えてみましょう。

問題4

1. His manner was so absurd that everyone laughed at him.
　→（彼の振る舞いがあまりにも馬鹿げていたので、みんな彼を見て笑った）

2. His younger brother was even more mischievous.
　→（彼の弟はもっとお茶目だった）

【解答＆解説】

1. **So absurd** was his manner that everyone laughed at him.

　　程度を表す語句 **so absurd** が文頭に出ることで、 程度を表す語句＋動詞＋主語 の語順で倒置になっています。

2. **Even more mischievous** was his younger brother.

比較を表す表現 even more mischievous が文頭に来て、 比較
を表す語句＋動詞＋主語 の語順で倒置になっています。

いかがでしたか。以上で第2章は終了です。主語統一、パラレル、修
飾法、倒置などのテクニックを駆使し、バランスのとれた、インパクト
ある英文ライティング力 UP を目指してください。

Let's enjoy the process!（陽は必ず昇る！）

第3章
語彙・表現力を UP する テクニック

英和辞典の意味につられず、正しく英語の語彙を使う！

　英語を発信する上で大きな弊害の1つは、英和辞典や和英辞典、単語集に書かれた**英単語の和訳（英訳）で理解する**ことによって、**英単語の意味を誤解したまま使ってしまう**ことです。英和辞典の単語の和訳は、元の英単語に意味的に近い日本語の equivalent を書いているだけで、しかも「数撃ちゃ当たる式」にたくさん載せているので、英英辞典に見られるような説明的な単語の解説と比較すると、ずれがあるものが非常に多くなります。よって英和辞典に頼っていると、英単語を誤解したり、英単語の意味の広がり (semantic field) がつかめず、語感（a feeling for the English language）が養われず、どんどんと「英語音痴」になっていき、語彙を正しく運用することができません。

treat は「治療する」か、relative は「親戚」か？

　例えば **treat** を英和辞典の意味を妄信して「治療する」と覚えると、cure と混同してしまい誤用する可能性があります。「治療」という日本語はあいまいで、**cure** は「**完治させる**」のに対して、treat は「治療を施しただけで直ったとは言っていない」ので使い方要注意です。

　また、**relative** を「親戚」をとらえている人がたまにいますが、この語は「**親族**」の意味で、両親は一番濃い親族（relative）です。これはたまに TOEIC などでこのことを知らない受験者を狙ったひっかけ問題に使われています。

persuade は「説得する」か、persuasive は「説得力がある」か？

　persuade はすべての英和辞典では「説得する」とありますが、両者にはずれがあります。説得するというのは、「納得させて何かを accept させたり、何かを信じさせる」という意味で、アクションへのパワーに

欠ける語ですが、persuade は、話し合いの中で反対されても「正当な理由」を述べて、It makes sense.（それは言えてる）と相手に思わせたり、「しつこくお願いする」ことによって、何かをさせたり、何かを決断させて実行させたりするという「結果」に重点が置かれた力強い語彙です。この意味で、「説得する」は、相手を信じさせることに重点が置かれている convince に近く、アクションへの誘導が一番に来る persuade とは意味のずれがあります。

　同様に、persuasive も「説得力がある」というより、「理屈と口の上手さで人に何かをさせたり、信じ込ませる」という意味で、和訳すれば「人を動かす力がある、口の上手い」という表現に近くなります。

education は「教育」か、learn は「学ぶ」か？

　education は英和辞典では「教育（＝教え育てること、知識を与え個人の能力を伸ばすこと）」と、教師からの一方的な指導の意味になっていますが、英英辞典では "the process of receiving and giving systematic instruction[the process of teaching and learning], especially at a school or university" となっていて、「**体系的に教えたり学んだりすること**」で一方的な指導ではありません。同様に **learn** も、英英辞典（Longman）によると、"to gain knowledge of a subject or skill, by experience, by studying it, or by being taught"、つまり「**経験から学んでもいいし、独学であってもいいし、教わってもいいし、とにかく有益なスキルや特質を身につけていくこと**」です。それに対して、「学ぶ」は広辞苑によると「教えを受ける、習う」とあり、意味のずれがあることがわかります。

sincere は「誠実な」か、modest は「謙遜した」か？

　sincere も、ある英和辞典にあるような「誠実な、まじめな」でとらえていると、英語では trustworthy、reliable となって誤解します。英英辞典では "honest and says what they really feel or believe" となっていて「裏表のない、正直な、真心こめた」という意味を持つ語です。

　同様に **modest** と「謙遜した」の間にもニュアンスのずれがあります。

「謙遜」は基本的に「卑下して、実際より自分を下目に言う」という意味なので **humble** に近くなりますが、**modest** は "unwilling to talk proudly about your abilities and achievements"、つまり「自分のことを自慢げに言わない」だけです。

embarrass は「当惑・困惑させる」か？

　embarrass も、その日本語訳「当惑させる」がわかりにくくて誤解のもとです。英英辞典（Longman）では、"to make someone feel ashamed, nervous, or uncomfortable, especially in front of other people / cause someone to feel awkward, self-conscious, or ashamed" で、「恥ずかしい思いをさせたり不安がらせたりして困らせる」の意味です。

　このように英和辞典の意味を鵜呑みにしていると、正しく運用することができなくなるので、必ず、よく知っていると思っている基本単語も英英辞典でその意味をチェックするようにしましょう。

　また、英和辞典と英英辞典のギャップは、意味だけでなく、単語の堅さにも表れてきます。例えば、英語でよく使われる refer to は英和辞典によく記されているような「言及する」といった文語的な語ではないし、statement も「陳述」ほど堅くはなく、approve と「是認する」もフォーマル度にずれがあります。success と「成功」、progress と「進歩」、assassinate と「暗殺する」、administer と「（薬を）投与する」、extend と「供与する」、contribute と「貢献する」、supply と「供給する」などは堅さの意味では近いと言えます。

　また意味の広さにもギャップが現れてきます。例えば、日本語の「言う」は意味が非常に少ないのに対して、英語の say は "The clock says three o'clock.（時計は3時を示している）" というように show の意味があり、日本語と英語では1対3ぐらいの意味の多さの比率があります。同様に develop は「発展する」の約5倍、contribute、provide はそれぞれ「貢献する」「提供する」の約4倍ぐらいの意味の多さがあります。

文脈に応じて類語を効果的に使い分ける！

　英文ライティング力をUPするのに「運用語彙力」UPは不可欠ですが、特に重要なのは、文脈に応じた「類語の使い分け」です。その中で最も重要なグループは、因果関係を表す「引き起こす」「示す」「する」「なる」「与える」「作る」「含む」「良くする」「わかる」「認める」の**10カテゴリー**でしょう。というのは、英語は「**する言語**」と言われ、S＋V＋O構造で「**因果関係**」を明確にしようとするので「**引き起こす**」グループは極めて重要です。

　また、会話ならsay、show、giveなどで済ませることができるのに対して、ライティングではそういったgeneralな語彙ではなく、**say**なら**argue、mention、discuss、state、report、claim**などを使ったり、**show**なら**reveal、demonstrate、illustrate、reflect、indicate、suggest**のように使い分けたり、**give**なら**offer、provide、supply、grant、extend**などを用いて意味を明確にしていきます。

　その理由は、ライティングでは会話と違ってジェスチャーが使えず、読者が発信者に質問できず、また紙面を節約する必要性（特にジャーナリズムの世界で）から、意味を明確にできる**specific words**が好まれるからです。getやgiveを始めとする**general words**は意味が広くて**文脈依存度が高い**ので、意味がぼやけやすくなるのに対し、specific wordsは意味用法が少ないので、意味がはっきりし、しかも短く引き締め効果があるのです。

　そういった類語の使い分けをうまく行うにはまず次の6段階の**フォーマル・インフォーマル度**（**the degree of formality**）を知ることが重要です。

| ① 文語 (literary) | ② 正式語 (formal) | ③ 一般語 (standard) |
| ④ 口語 (colloquial) | ⑤ 俗語 (slang) | ⑥ 卑語 (taboo) |

これらのフォーマル度（degree of formality）を図にすると次のように表すことができます。

低 ━━━━━━━━━━━━━━━━━━━━━━▶ 高

| Taboo Slang | Colloquial Standard | Formal Literary |

①の**「文語」**というのは、文学作品などでよく使われる語句のことで、厳密にはこれに詩語（poetic）というのが加わります。例えば "redoubtable"（恐るべき）、"forlorn"（孤独な）、scintillate（きらめく）などはその例で、こういった単語を日常の会話で使うと浮いてしまいます。何らかの効果を狙って意図的に用いる場合もありますが、日常会話ではもちろんのこと、フォーマルな状況においてもあまり用いず、格調高い文学作品の中で用いられ、その効果を発揮する語彙です。②の**「正式語」**は public speaking やアカデミックなディスカッション、専門文献を含むフォーマルなライティングなどで用いられる語句のことで、たとえば先ほどの "redoubtable" の正式語に相当する語は "formidable、awesome、awe-inspiring" などです。また③の**一般語**の "spread" に当たる②の「正式語」には "disseminate、propagate" などがあります。こういった堅い語彙を英文ライティングで使うと意味が明確となり重みが出て、知的な印象を与えます。

④の**「口語」**と⑤の**「俗語」**ですが、④は英英辞典で "informal"、英和辞典（Genius）で（略式）と表示されている、くだけた書き言葉・話し言葉で、⑤は slang（俗）と記されている非常にくだけた話し言葉のことです。これらはよく『タイム』などで何らかの効果を狙って意図的に用いられる場合がありますが、使い方要注意です。⑥の**「卑語」**は swear word（罵り文句）、four-letter word など一般的に使ってはいけない NG の表現です。

次に「語調」についてですが、これは次の5つに分かれます。

① **appreciative**（誉めて）	② **derogatory**（けなして）
③ **jocular**（おどけて）	④ **euphemistic**（婉曲に）
⑤ **figurative**（比喩的）	

　例えば "fat" は② derogatory ですが、同意語である "plump" は① appreciative です。また "skinny" は② derogatory ですが、"slender" は① appreciative です。③ jocular の例には、"name" の意味の "dub"（〜と呼ぶ）があります。また、④ euphemistic の例としては、"fat" の同意語である "stout"、"big" や、"die" を言い換えた "pass away" などがあります。

　最後に、⑤ figurative の例としては "devastate", "an avalanche of letter"（手紙の殺到）、"a window of opportunities"（絶好のチャンス）などが挙げられます。"devastate" の文字通りの意味は、「(国土などを) 荒廃させる」ですが、比喩的には「挫折・失望させる」の意味でよく使われます。英文ライティングでは説得力を出すためにも誤解を生まないためにも、こういった単語の使い分けに注意しましょう。

　また類語の使い分けにおける重要な要素に「**語と語のコンビネーション（collocation）**」があります。例えば日本語で「固い」と一言で言っても、英語では何が固いかによって、"hard（岩が）"、"tough（肉が）"、"firm（筋肉・信念が）" とコロケーション的に使い分けます。また「わかる」にしても、何をわかるかによって "recognize" か "realize" か変わってきます。この collocation は英文ライティングでは非常に重要です。

書き言葉（フォーマル・specific words）と話し言葉（インフォーマル・general words）を効果的に使い分ける！

　ここではこれらの明確な使い分けについて理解を深めていただくために、単語の **register**、いわゆる **formality**（フォーマル度）について問題にチャレンジしていただきましょう。

Q. 下線部の general words を文意に合うように適切な specific words に書き換えてください。

（1）Smoking has a <u>bad</u> effect on health, leading to the development of cancer.

（2）Studying or working in a different country can be a <u>good</u> experience.

（3）The most important <u>thing</u> when choosing a job is fringe benefits.

解答&解説

（1）の bad は「悪い」ですがどのように悪いかが曖昧です。ここは「健康に有害」ということですので、**harmful**（健康全般に有害な）、**damaging**（身体に有害な）、**detrimental**（harmful のよりフォーマルな語）などの形容詞が適切です。

（2）の good もどのように「良い」かを明確に表現する必要があります。ここでは experience と相性が良いポジティブな形容詞が適当で、例えば **valuable**（貴重な）、**rewarding**（得るものがあって有益な）、**meaningful**（重要で意義のある）などが考えられます。

（3）については、thing は多くの名詞を指す際に使える便利な表現ですが、意味が曖昧です。フォーマルなライティングでは thing は使わないので、ここでは例えば **factor**（要素）や **consideration**（考慮事項）といった名詞が適切です。特に thing はコンテクストに合わせてカテゴリーを表す語を選択しなければいけません。これは p. 241にある **head noun** 一覧を見ていただければおわかりのように、ほとんどの場合 thing に変わる名詞を選択できますので、こちらを活用してください。

formality（フォーマル度）を理解し、適切な語彙を選択せよ！

日本語と同じように英語にもフォーマル度があり、コンテクストに合

わせた語彙の選択が重要です。例えばＥメールで I am sorry for my late reply.（返信が遅れてごめんね）と書くとかなりくだけた響きですが、I apologize for my tardy response.（返信が遅くなりましたことにお詫び申し上げます）のように書くと改まった表現になります。つまり各単語や表現にはフォーマル度があり、コンテクストにより適切な語を選択する必要があります。次の表は代表的な語のフォーマル度を３段階に分類した一覧です。

	Informal	Neutral	Formal
動詞	get	obtain / gain / collect	acquire / secure
	start	begin	commence / initiate
	do harm to	threaten / damage	endanger / jeopardize
	make ～ better	improve	enhance / ameliorate
	make ～ worse	worsen	exacerbate / deteriorate
形容詞・副詞・前置詞		main / major	primary / principal
		wrong	incorrect / improper
	big	large / significant	substantial
	hard	difficult	complex / complicated
	nowadays / lately	recently / today	
	all in all	to sum up	in summary [in conclusion]

	having said that	but	nevertheless / however
		because of / due to	owing to
	plus / besides	also	moreover / furthermore
名詞		ability / skill	competence / capability
	positive / pro	advantage / benefit	positive aspect
	negative / con	disadvantage / drawback	negative aspect
	try	effort / attempt	endeavor
	goal	aim	objective

　ライティングではくだけた informal な語彙を避け、neutral か formal な語を選択するようにしましょう。

フォーマル度を高める academic vocabulary をマスターせよ！

　academic vocabulary とは「アカデミックなコンテクストで使われる語彙や表現」のことを指し、論文をはじめとしたアカデミックなエッセイを書く上で不可欠です。ただし academic vocabulary といっても複数の要素で構成されているので、まずは基本的な分類からレクチャーを進めていきます。それでは早速まいりましょう！

academic vocabulary の分類とは!?

academic vocabulary を含めた vocabulary そのものは大きく分けて次のように 2 つに分類されます。

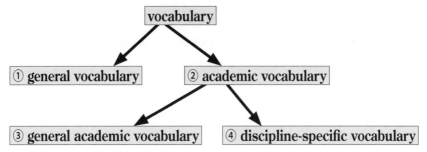

　まず①の general vocabulary とは日常会話を中心に使われる「**一般語彙**」のことを指し、conversational English や everyday English などのように表現されることもあります。例えば、I や you などの代名詞から、get、make、library、flower などの基本語彙が含まれ、おおよそ2800語からなります。一般的にネイティブスピーカーが日常会話で用いる90%はこの2800語で構成されているといわれており、会話力を高めるためにはまずはこの一般語彙をマスターすることが最重要です。

　次に②の academic vocabulary ですが、これは③ general academic vocabulary（一般アカデミック語彙）と④ discipline-specific vocabulary（分野別語彙）に分かれます。前者は「**専門分野にかかわらずアカデミックなコンテクストで幅広く使われる語彙**」のことです。この語彙を掲載したものがニュージーランド・ビクトリア大学の Averil Coxhead 氏により作成された Academic Word List と呼ばれる570語からなる語彙リストで、世界中で幅広く用いられています。これらは Sublist という表記で 1 から10に分かれており、見出し語と派生語、関連語が一緒に記載されています。例えば "sufficient" が見出し語にあれば、

　▫sufficiency　　▫insufficient　　▫insufficiently　　▫sufficiently

のように書かれています。

　④ discipline-specific vocabulary は「**学問分野別語彙**」のことで、学問分野別の technical term（専門語彙）のことを指します。例えば次のような語彙です。

> **contingent liability、diminishing value、
> dishonored check、month end、non-discretionary、
> residual value、tangible assets**

　おそらくすべての語の意味が理解できた方は少ないでしょう。これらは finance や accounting の分野で用いられる専門用語で、いずれかの関連分野を専攻しない限り出合うことはまれであり、かつ意味がわからなくとも授業に参加したり、エッセイを書く上で支障はありません。

　まとめると、まずは基礎となる general academic vocabulary（一般アカデミック語彙）をマスターし、そしてご自身の専攻に合わせて必要な discipline-specific vocabulary（分野別語彙）をおさえておくことがアカデミックなコンテクストで必要な語彙を身につけるための効果的な方法です。それでは次に academic vocabulary の重要な要素の一つである academic phrasal verb（アカデミック句動詞）について学習していきましょう！

academic phrasal verb をマスターせよ！

　phrasal verb（句動詞）とはインフォーマルな会話で好まれ、アカデミックライティングを含めたフォーマルなコンテクストで使用されることはまれです。例えば次のような表現はアカデミックライティングでは不適切とみなされます。

✘ This research aims to **find out** the causes of social problems prevalent in South America.

下線部の find out（〜を突き止める）はインフォーマルな句動詞のため不適切です。ここは句動詞ではなく次のような動詞1語に変えるとアカデミックライティングで適切な語彙になります。

○ This research aims to **investigate** the causes of social problems prevalent in South America.

　このようにほとんどの句動詞には1語で表現できる動詞が存在し、アカデミックライティングではそちらが好まれます。では、これらをもとに早速問題にチャレンジしていただきましょう。

Q. 次の句動詞が含まれる英文を読みその個所をどのようなフォーマルな動詞に変えればよいかを考えてください。改善すべき箇所は4つあります。

The world today is facing a number of challenges due largely to significant population growth that the 21st century has seen. For example, environmental problems caused mainly by urbanization have posed serious threats to all the living creatures. While pollution levels related to water, noise and air are rising, the number of plants and animals are going down because of destructive human activity performed in natural habitats. In order to work out these problems, each country must not only keep on taking collective action but also come up with more efficient and practical solutions with the help of technology.

　該当箇所とそれに代わる単語は思い浮かびましたか。それでは1つずつ確認していきましょう。

解答例

　1つ目は6行目の **are going down** で、**are decreasing** や **are declining** にする必要があります。2つ目は8行目の **work out** で **solve** や **address** に、3つ目は9行目の **keep on** を **continue** に、そして4つ目は **come up with** を **devise** や **produce** などに変えてください。

　このようにほとんどの句動詞はアカデミックなコンテクストでは使用不可ですが、1語で表すことができる相当語句を持っています。次のページに句動詞と動詞の対応表を挙げておきますので、句動詞の使用は避け、コンテクストに合わせて適切な動詞1語で書くようにしましょう。

意味	✕ （不可）	○ （適切）
増加する	go up	increase / rise / grow
減少する	go down	decrease / fall / decline
〜に耐える	put up with	endure / bear / tolerate
〜を発見する	find out	discover / identify / detect / locate
〜の解決に取り組む	work out	solve / address / resolve
〜を理解する	figure out	understand / comprehend
〜を放棄する	give up	renounce / relinquish
〜を消し去る	get rid of	remove / eliminate / eradicate
〜を調査する	look into	investigate / inspect / scrutinize
〜を始める	set up	establish / found / create
〜を分類する	sort out	categorize / classify

　句動詞の使い分けの概要はつかめましたか。では、ここからは本題である **academic phrasal verb**（アカデミック句動詞）を見ていきましょう。

academic phrasal verb の運用力を高めよ！

　先に触れたように句動詞は原則的に使用不可ですが、アカデミックライティング、または法律文書などでも使われる **academic phrasal verb**（アカデミック句動詞）というものが存在します。例えば「研究を行う」という表現をどのように英語で書くかを考えていきましょう。

「研究を行う」：**do** research／**carry out** research／**conduct** research

この3つの表現の違いを formality（フォーマル度）の観点から見ていきます。

✖ do research［インフォーマル］

    ☞ 話し言葉なのでアカデミックライティングでは原則不可。

○ carry out research［ニュートラル］

    ☞ インフォーマルなライティング、アカデミックライティングの両方で可。

◎ conduct research［フォーマル］

    ☞ フォーマルでアカデミックライティングに最適。

このように carry out は句動詞ですが、アカデミックライティングでも使用可能です。よって、インフォーマルな句動詞なのか、あるいはアカデミックなコンテクストでも使用可能な句動詞なのかを使い分ける力が重要です。それでは少しチャレンジングですが、これらを踏まえたうえで早速問題にトライしていただきましょう。

Q. (1) ～ (3) の英文中の下線部の動詞をアカデミック句動詞に変えてください。

---

(1) The lecturer will <u>present</u> a theory which is likely to prove controversial.

(2) It is important for foreign tourists to <u>follow</u> the local rules when they visit other countries.

(3) When choosing a job, people usually <u>consider</u> a number of factors, including salary, location and promotion opportunities.

解答例

(1) の **present** は「～を示す、出す」という意味なので句動詞の **put forward** に、(2) の **follow** は「（ルールや規則に）従う」という意味

なので **conform to** や **abide by** に、そして最後の（3）の **consider** は「〜を考慮に入れる」を表す句動詞の **factor in** や **allow for** などに変える必要があります。

　このような **academic phrasal verbs**（アカデミック句動詞）はほとんどの場合ニュートラルな響きがあり、スピーキングでも用いることができます。まとめると、一般的にアカデミックライティングでの phrasal verb は使用不可、ただし academic phrasal verb は可、ということがいえます。

　使用頻度の高い academic phrasal verb の一覧を挙げますので、インフォーマルな句動詞との区別をし、運用力を高めておきましょう。

academic phrasal verb 一覧

句動詞	意味
focus on	〜に焦点を当てる
put forward	（提案などを）出す
point out	〜を示す
engage in	〜に従事する
dispose of	〜を処分する
look to	〜を真剣に考える
defer to	〜の決定に従う
stem from / result from	〜が原因である
depend on / hinge on	〜に依存する
elaborate on / expand on	〜について詳しく説明する
factor in / allow for	〜を考慮に入れる
refer to / allude to	〜に言及する

draw on / capitalize on	〜を利用する
contribute to	〜の一助となる
consist of / account for / make up	〜で構成されている
comply with / abide by / conform to	（規則、法律）を守る

さて、類語の使い分けは、「受信」では3000、うち必須は300、「発信」では30のグループを押さえておく必要があります。ここでは特に重要なものを、練習問題を通じて会得していただきましょう。

「わかる」の類語使い分け問題にチャレンジ！

Q1（　　　）内に入る適切な語彙を下の選択肢から選んでください。

① I don't (　　　) what you are saying in English.
（あなたが英語で話している内容がわかりません）

② I keenly (　　　) how important education is.
（いかに教育が大切であるかを痛切に実感した）

③ Consumers (　　　) the high quality of our products.
（消費者たちは我が社の高品質な製品の良さがわかる）

④ I couldn't (　　　) your face in the dark.
（暗闇で君の顔がわからなかった）

⑤ We can't (　　　) the best solution to the problem.
（我々はその問題の最善の解決法がわからなかった）

[appreciate / figure out / realize / recognize / understand]

解答&解説

① **understand**
「状況、人の気持ち、物事の意味、仕組み、理由などを理解する、了

解する」という意味。

② **realized**

「今まであやふやであったものが、現実のものとしてリアルにはっきりわかる」という場合に用いる。

③ **appreciate**

「ものごとの価値や良さを正しく理解する・評価する」という意味。

④ **recognize**

「知ってる、聞いたことがある、見たことがある」という用法と「物事の存在や事実を認める」という用法がある。

⑤ **figure out**

「考えて答えや解決策を見つけ出す」という意味。

「引き起こす」の類語使い分け問題にチャレンジ！

Q2（　　　）内に入る適切な語彙を下の選択肢から選んでください。

① The military invasion（　　　）the start of World War II.
（その軍事侵攻が第2次世界大戦の開始につながった）

② The latest film has（　　　）a lot of excitement in the public.
（その最新映画は国民に多くの興奮をもたらした）

③ His invention（　　　）a great advance in science.
（彼の発明は科学に大きな進歩をもたらした）

④ Obesity generally（　　　）chronic disease such as diabetes.
（肥満は一般に糖尿病などの慢性病を引き起こす）

[**bring about / generate / lead to / cause**]

解答&解説

① **led to**

「一定期間後に結果を引き起こす、ある状態に向かう」の意味で、ある物事のきっかけからその結果へのプロセスに視点がある。

② **generated**

感情系の語を目的語にとり、「興味・利益・エネルギーなどを生み出す」の意味。

③ **brought about**

ある状況に「変化」をもたらす場合に用いる。

④ **causes**

因果関係を強調して、主に「悪いこと」を引き起こす場合に用いる。

《その他の「引き起こす」の重要類語の使い分けはこれだ！》

□ **contribute to**　物事が起こる一助・一因になるというニュアンスを持つ言葉で、良いことだけでなく、悪いことにも使うことに要注意！

Excessive smoking can **contribute to** health problems.

（過度の喫煙は健康問題の一因になる）

□ **result in**　「結果的に〜をもたらす、〜に終わる」

His reckless driving **resulted in** the traffic accident.

（彼の無謀な運転がその交通事故をもたらした）

□ **give rise to**　不愉快で意外なことを引き起こす場合に用いる堅い表現。

Her speech **gave rise to** a bitter argument.

（彼女の発言は激しい論争を引き起こした）

□ **raise**　ある特定の感情や反応を引き起こす場合に使われる。

raise doubts / fears / a question / an issue「疑念／懸念・不安／疑問／問題を引き起こす」

「含む」の類語使い分け問題にチャレンジ！

Q3（　　）内に入る適切な語彙を下の選択肢から選んでください。

① Nothing may be（　　　）in this letter.

　（この手紙には何も同封できません。⇒中に含むことができません）

② Are taxes（　　）in this price?

　（これは税込の値段ですか。⇒税金も含まれていますか）

③ This job（　　）a great risk.

　（この仕事は大きな危険を伴う。⇒大きな危険を含んでいる）

④ His new book（　　　）a wide range of topics from education to welfare.

　（彼の新刊には教育から福祉まで広範な話題が含まれている）

[**contain / cover / include / involve**]

解答＆解説

① **contained** 「大きな器の中などに実際に物理的に含む」

「容器などの枠の中の内容物として包含する、含有する」という意味の他に **contain one's anger**（怒りを抑える）のように「封じ込める」という意味がある。

② **included** 「頭の中の概念として含む」

「あるものが全体の一部分として含まれる」ということで、**頭の中の概念として含む**」という意味。

③ **involves** 「必然的な条件、当然の結果として含む」

「必然的な条件として含む、当然の結果として伴う」という意味。

④ **covers** 「話題やテーマなどとして含む」

「範囲などを含む、網羅する、〜に及ぶ」という意味で、**This rule covers all cases.**（この規則はあらゆる場合に当てはまる）のように使える。

この他、**accommodate**「建物などに収容する、乗り物などに乗せる」

がある。

例：**This room can accommodate up to fifty people.**（この部屋には50人まで入れる）

「妨げる」の類語使い分け問題にチャレンジ！

Q4（　　　）内に入る適切な語彙を下の選択肢から選んでください。

① We should take new measures to（　　　）the accident immediately.

（事故を防止するために直ちに新たな措置を講じなければならない。⇒事故の発生を未然に妨げる）

② Don't（　　　）me while I'm talking.

（私がしゃべっているときに口を挟まないでくれ。⇒会話の進行を妨げる）

③ He（　　　）the class with his constant questions.

（彼は絶えず質問して授業を妨害した。⇒平穏な授業の運営を妨げる）

④ What's（　　　）traffic ahead?

（この先どうして車が通れないの。⇒車の通行を妨げる）

[**block / disturb / interrupt / prevent**]

解答＆解説

① **prevent**　「阻止する」

「人の行為や物事が起こるのを前もって完全に妨げる、予防する」という意味。

② **interrupt**　「進行中の出来事を邪魔する」

「話や仕事や交通などの流れを遮断する」という意味。

③ **disturbed**　「平和や秩序など安定した状態を乱す」

「平穏さや注意力をかき乱す」という意味。

④ **blocking**　「障害物を置いて塞ぐ」

「何か障害物を置いて物事の流れを止める、遮断する」という意味。

《その他の「妨げる」の重要類語の使い分け》

☐ **disrupt** 「活動や通信や交通などを一時不通にして混乱を生じさせる」
The power service was **disrupted** for hours by the earthquake.
（地震のため何時間も停電した）

☐ **distract** 「注意などをそらす」
The noise outside **distracted** him from his study.（外の騒音が
うるさくて彼は勉強に集中できなかった）

☐ **interfere** 「干渉する、介入する」
Don't **interfere** with my private concerns.（私のプライベートに
口出ししないでください）

☐ **hamper** 「束縛・足かせにより、進行、発展、過程などを妨害する」
hamper the progress / development / process「進行／発展／
経過を妨害する」

☐ **hinder** 「一時的に事柄の進行や人の行為を遅らせたり止めたりする」
Tax hike will **hinder** economic growth.（増税は経済成長を妨げ
るだろう）

☐ **frustrate** 「挫折させる」
Illness **frustrated** his plan for the trip.（病気で彼の旅行の計画は
挫折した）

☐ **inhibit** 「行動や活動を抑圧したり、成長や発達を遅らせたりする」
inhibit the function of the brain「脳の働きを阻害する」

「悪い」の類語使い分け問題にチャレンジ！

Q5（　　）内に入る適切な語彙を下の選択肢から選んでください。

① I carry a good-luck charm to ward off (　　) spirits.
（私は悪い霊を払うために（魔除けに）いつもお守りを持っている）

② Those remarks are really (　　　) to women.
（その発言は女性にとって非常に侮辱的である）
③ This wine leaves a (　　　) aftertaste.
（このワインは後味が悪い）
④ The (　　　) politician is held responsible for the secretary's death.
（汚職まみれの政治家はその秘書の死に対して大きな責任を問われている）

[**nasty** / **evil** / **offensive** / **corrupt**]

解答&解説

① **evil**　「邪悪・非道」系で、「人を傷つけるのを楽しむような、悪質な」という意味。
② **offensive**　「不快」系で、「非常に不快で失礼な」という意味。
③ **nasty**　「ひどく不快で嫌な、趣味が悪い、扱いにくい」で、He has a **nasty** habit of scaring small children at night.（彼には夜に幼い子どもを怖がらせるという悪趣味がある）のように使う。
④ **corrupt**　「政治などが腐敗した、立場を利用して私腹を肥やす」などと表すときに使う。

《その他の「悪い」の重要類語の使い分けはこれだ！》
□ **wicked**　「意図的に計画して害を与える、意地の悪い」
The little girl was sick and tired of her **wicked** stepmother.
（少女は意地の悪い義理の母にうんざりしていた）
□ **outrageous**　「あきれるほどひどい、許せない」で、**outrageous price**（法外な値段）の他、**outrageous hair**（奇抜な髪型）のように「斬新な、インパクトが強い」という意味もある。
□ **heinous**　「極悪・凶悪で憎むべき」（主に犯罪に使われる）
□ **vicious**　「卑劣で凶暴な、敵意のある」

Cyber-bullying is becoming more **vicious** among school children.
（ネットいじめは生徒の間でますます悪質になってきている）

「結果・影響」の類語使い分け問題にチャレンジ！

Q6（　　　）内に入る適切な語彙を下の選択肢から選んでください。

① He worked very hard and gets good (　　　).
（彼はとても熱心に働き、良い結果を得た）

② It is said that there is a strong cause-and-(　　　) relationship between recent abnormal weather and global warming.
（最近の異常気象と地球温暖化には強い因果関係があると言われている）

③ As a natural (　　　), the party broke up into two factions.
（自然の成り行きとして、その政党は2派に分裂した）

④ His speech made a profound (　　　) on us.
（彼の演説は私たちに深い影響を与えた）

⑤ In the (　　　) of the recession, many people have lost their jobs.
（不況の影響で、多くの人が仕事を失った）

[**aftermath / consequence / effect / impact / result**]

【解答＆解説】
① **results** 「試験・試合・競争などの結果」を表す一般的な語。ふつう良い結果についていうことが多い。

② **effect** 「ある原因に対してすぐに現れる結果や影響」「治療の効き目」という意味。

③ **consequence** 「ある出来事が発生したことに伴って生じる結果」を表し、深刻なものが多い。

④ **impact** 「同時に、あるいはすぐに起こる強い影響や衝撃」を表し、

influence は「長期的で間接的な影響」を表す。the **influence** of Western civilization on Japan（西洋文明が日本に与えた影響）のように用いる。

⑤ **aftermath** 「戦争・災害・大事件などの余波や悪影響」を表す。「長期的で気がつきにくい好ましくない影響」には、**ramifications** of radioactive contamination on human health（放射汚染の人体への悪影響）、「突然のネガティブな影響」には、**repercussions** of the collapse of a major bank（大手銀行倒産の悪影響）、「将来予想される影響」には、significant **implications** for the prosperity of the country（国の繁栄への重要な影響）を用いる。

《その他の「結果・影響」の重要類語の使い分けはこれだ！》

□ **outcome** 「物事の成り行きや結末」
the **outcome** of the election（選挙の成り行き）

□ **by-product** 「予期せぬ副産物」
Pollution is a **by-product** of high economic growth.（公害は高度経済成長の副産物だ）

□ **corollary** 「自然に生じる結果、自然に導き出せる結論」
Is social inequality the inevitable **corollary** of capitalistic economic system?（社会の不平等は資本主義経済体制の避けられない結果なのだろうか）

□ **aftereffect** 「余波、名残、後遺症」
aftereffect of deforestation（森林伐採の影響）

いかがでしたか。類語の使い分けはなかなかチャレンジングでしょう？ここでは紙面の都合でほんの一部しかご紹介できませんが、詳しくは、私の著書『発信型英語　類語使い分けマップ』をぜひご覧いただき、類語の使い分けをマスターしてください。

正しい語彙・コロケーション力を UP するための 必須ツールとは?

　英文ライティングに困ったとき、参照する英文ライティング必須ツールといえば、「**weblio**」や「**英辞郎**」をあげる方も多いでしょう。weblio は例文数が多く、出典が明示されているため、用途によって出典を選んで参照するなどの注意が必要です。また、英辞郎を和英辞典として参照すると、あまりにも訳語が多すぎて、どれを使ったらいいか困る場合もあるでしょう。

　しかし、英辞郎の「全文検索」という機能はいっきに例文が出てくるので、コロケーションがすぐにわかるというメリットがあります。ここでは正しい語彙・表現を使っているかをチェックするために、以下の英文ライティングに必須の① **Google 検索**、② **Google Books Ngram Viewer 検索**、③ **Google 画像検索**に絞って、効果的な使い方をご紹介しましょう。

1. Google

　コロケーションやその他の言い回し、冠詞などのチェックに **Google** は欠かせません。使い方は簡単で、検索したい表現を **double quotation marks(" ")** でくくって検索するだけです。たとえば、動詞「**破壊する**」の対訳は **destroy、ravage、annihilate、dismantle、raze、obliterate、shatter、devastate、disrupt、eradicate** などたくさんありますが、「戦争によって破壊された国」と言いたい場合、どの動詞で表現するのが一番よいでしょうか。これを調べる際に、まず Google で次のように入力して、件数の比較をしてみましょう。

"country (　　　) by war"

　空所にそれぞれ過去分詞を入れてヒット件数を見てみると、多い順に

1位	"country **ravaged** by war"	4万件
2位	"country **devastated** by war"	2.6万件
3位	"country **destroyed** by war"	1万件
4位	"country **shattered** by war"	0.5万件

となっており、その他の単語は、1桁から2桁台の件数でほとんど使われていないことがわかります。また、ハイフン表現にすると、

1位	"**war-ravaged** country"	32.8万件
2位	"**war-shattered** country"	1.6万件
3位	"**war-devastated** country"	1.1万件

という結果で、これらを総合判断すると、war の場合は、**ravage** が最も結びつきが強く、This country was **ravaged**［**devastated**］by World War II. や、a **war-ravaged** country（戦争で荒廃した国）のような表現がよく使われることがわかります。

　Google による件数比較は、いろいろな形（例えば、過去形、現在形、受動態）に変えてそれぞれ比較してみるなど、調べる対象に応じて、複数の検索をかけ、慎重に判断する必要があるのは事実です。英語力と長年の経験の蓄積がものを言う世界でもありますが、皆さんも、いろいろ形を変えてリサーチ比較をする習慣を身につけてください。そこから様々な発見があると思います。

2. Google Books Ngram Viewer

　Google Books Ngram Viewer とは、Google が保有する数千冊規模の書籍デジタルデータを使って、任意の単語・フレーズの出現頻度を年ごとに表示してくれる便利なツールです。日本語は現状では対象外ですが、英語はもちろん、フランス語、ドイツ語、スペイン語、ロシア

語、簡体字中国語などに対応しており、2010年12月から正式サービスとして提供されています。

このツールの利点は、

① 出典が書籍限定のため、Google に比べ、信頼度の高いソースである。

② 1回につき1つのコロケーションしか調べられない Google と違って、複数のコロケーションを一気に調べ、件数がグラフで比較でき、効率が良い。

③ 時代別によく使われる頻度がわかる。

特に、①と②は注目すべき点です。例えば、先ほどの「破壊する」のベストコロケーション上位4つをこのツールで比較してみましょう。**https://books.google.com/ngrams** の検索窓で、以下のように country **ravaged** by war, country **devastated** by war, country **shattered** by war, country **destroyed** by war と4つのコロケーションを**カンマで区切る**だけで一気に入力し、検索することができます。

以下が結果の一部です。

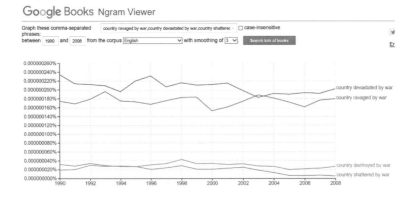

Google Books Ngram Viewer のグラフの結果では、1位 **devastated by**、2位 **ravaged by** と通常の Google 件数とはトップ2つの順位が入れ替わっていますが、2003年のように **ravaged** が1位になっている時期もありトータルとしてこの2つは断トツの1位と2位で使われていることがわかります。これらは Google 検索結果とも一致しています。

　また、次のハイフン表現のコロケーションも一気に、**war-ravaged** country, **war-devastated** country, **war-shattered** country, **war-destroyed** country と検索窓に入力し、比較してみると、destroyed はグラフに現れず（つまり **war-destroyed** country の形では使われていないことを示す）、**war-ravaged** country だけが圧倒的によく使われていることがわかります。

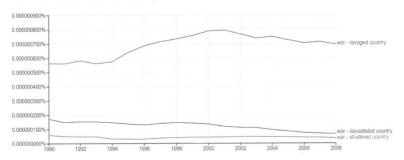

ここがポイント！

◎ **Google Books Ngram Viewer** のメリット：一気に複数のコロケーションを1つの検索窓で入力でき、結果がグラフ化されることで、時代による変遷や、使われる頻度をビジュアルですぐに比較でき、かつソースが書籍のため信頼できる可能性が高いです。

◎ **Google Books Ngram Viewer** のデメリット：E データ化した書籍のデータ1900年から2000年までが基本設定で、2008年くらいまでは伸ばすことができますが、それ以降の**最新データが反映されていません**。

3. Google 画像検索

　Google 画像検索は、Google や Google Books Ngram Viewer ほどではありませんが、**文字情報でははっきりとわからない情報を画像で確認し、語彙表現力を UP する**という点で、英文ライターにはなくてはならないツールです。以下、例を挙げながら使い方をご説明しましょう。

① 文字では確認しづらい情報を Google 画像検索ツールで確認する！

　まずは、「天守閣」を英語でどう表現するかを考えてみましょう。和英辞典などを見ると、**keep** や **castle tower** や **donjon** などがよく訳語として挙げられていますが、いきなり **keep** と言っても動詞の keep と混同してしまう可能性があるので、コミュニケーション的には、文脈の不確かな1回目は **a main keep** と表すようにしましょう。頻度的には、**Google** 件数を比較すると、"**main keep**" が8万2000件なのに対して、"**castle tower**" は168万件で21倍、"**donjon**" は1120万件で135倍多く現れる表現ですが、件数の多さだけで採用するのは危険です。そこで、それぞれを **Google 画像検索**してみると、"**main keep**" では日本の「天守閣」の画像がずらりと並ぶのに対し、"**castle tower**" や "**donjon**" では、西洋の城の棟の画像が並ぶところから、日本の天守閣を連想させるには、**a main keep** を使うのが、最も適切であることがわかります。2回目以降は、a [the] keep と簡略化してもよいでしょう。

　ちなみに日本語の「城」と英語の "**castle**" にも意味上のギャップがあって要注意です。「**城**」は堀を含んだ広大な敷地全体を指しますが、**castle** は城の建物そのものだけを表します。

② 語彙表現力ＵＰのための Google 画像検索ツールの使用法とは？

　語彙がなかなか覚えられないというのは、英語学習者に共通する悩みですが、Google 画像検索を使った次の方法なら、なかなか覚えられない単語もあっという間に覚えられて、しかも忘れることはありません。その方法とは Google の画像検索ページで覚えにくい単語やフレーズを

入力して、画像を見ることです。何百とある画像をどんどんとスクロールして見ていくと、その単語のイメージがつかめ、右脳記憶が定着します。どんな単語でも、そのイメージが感覚でわかるようになり、脳裏に深くイメージが刻まれ、語彙が定着するのです。理想を言えばそのときに、その単語がよく使われるフレーズを音読すれば運用語彙にもなります。例えば、次の例をご覧ください。

いかがでしたか。これらはそれぞれの単語のピクチャーを1枚見ただけですが、それでも数段覚えやすいはずです。こうすれば、『タイム』や『エコノミスト』などの雑誌をエンジョイするのに必要な英検1級レベル以上の難しい語彙も効率良く増やすことができます。私が主宰するアクエアリーズ・スクールのサイト（http://aquaries-school.com/gate_e-learning.html）では、ボキャブラリービルディングについて、私が画像を用いて解説する動画を公開していますので、こちらもぜひご覧ください。

イディオム、基本動詞、句動詞の運用力を高め、心に響く言い回しをする！

　ボキャビルに励んでいる上級英語学習者は多いですが、基本動詞と句動詞（特に句動詞）は勉強しにくくて苦手という人は多いようです。しかし、実際は語彙は比較的とっつきやすく、一般の辞書で収録されている8万語のうち、**2万語ぐらい覚えれば大体 OK** です。

　これに対して、基本動詞と前置詞を組み合わせた句動詞はとらえどころがなく、様々な動詞と on、off、down、over、in、out、along、with、up、through、by、away のような前置詞とが組み合わさって、無限の句動詞表現が生み出されています。このため、ボキャビル教材は数多く市販されていますが、句動詞やイディオムに特化したものは種類が非常に少なく、どのように勉強すればいいのかわからないまま投げ出してしまう人も多いようです。例えば、**check、check on、check out、check though、check into** はすべて「調べる」という意味で理解して違いがわからない人が多いようですが、「人が大丈夫か様子を見てくる」場合は **check on** を、「真相を突き止める」場合は主に **check into**、「〜がないかを調べる」場合は **check for**、「仕事の進行具合いを調べる」場合は **check up on** を使います。

　このように、**句動詞は生き生きとした表現を作り**、CNN 放送や洋画や英字誌でも頻繁に使われており、その知識を身につけ、運用できるようになることは英語の総合力 UP に欠かせないものです。例えば、decorate the room（部屋を装飾する）と言う代わりに、**jazz up the room** と言うと、ジャズ音楽のように生き生きと部屋を華麗にするイメージが湧いてきますし、gather support（支持を集める）と言う代わりに、**drum up support** と言うと、ドラムをたたいて鳴り物入りで宣伝してどんどん支持を集める躍動感が出てきます。また、strengthen security（警

備を強化する）を **beef up security** と言うと、牛肉を食べて盛り盛りパワーアップする勢いが出てきますし、increase the price（値段を上げる）を **jack up the price** と言うと、ジャッキでグイッと価格を吊り上げる勢いが表現できます。さらに flatter（お世辞を言う）を **butter ~ up** と言うと、バターをベタベタと塗りまくるように、お世辞をベタベタ並べ立てる様子が生き生きと表現されます。

　そこでこのセクションでは、英語の発信力 UP に非常に重要な核となる基本動詞と句動詞の知識をクイズにチャレンジしながら覚えていただきましょう。

　それでは、非常によく使われる基本動詞の1つである hold とその句動詞を例に挙げて、句動詞の勉強をすることにします。

基本動詞 hold ＋ その句動詞をマスター！

　hold のコンセプトは「**（一時的に）押さえておく**」です。「**一時的状態**」を表すので、**have a book**（進行形は不可）「**本を所有している**」に対して、be **holding** a book (in one's hand) は「**一時的に（手に）本を持っている**」ことを表します。また、「手」ではなく「家」に持っている場合は、**have [keep]** a book in one's house のように、**have** や **keep** を使います。このコンセプトから hold には次のような5つの分類が生まれてきます。

1.「捕まえておく」グループ
grasp（つかむ）、**grip**、**hug**、**embrace**（抱擁する）、
detain（拘留する）、**imprison**、**occupy**、**absorb**（魅了する）
2.「所有する」グループ
have（所有権がある）、**possess**（完全に所有する）、
own（法的所有権がある）、**accommodate**（収容する）、
contain（含む）
3.「支える・持つ」グループ
support（支える）、**sustain**、**carry (on)**、**bear**、**last**、

continue、remain（続く、残る）

4.「思う」グループ

consider、think、believe、harbor（悪い感情を抱く）

（「心に抱く」から「思う・見なす」となった用法）

5.「開く」グループ

（会などを）convene（招集する）、call、run、conduct（「一時的に持つ」から「主催する」となった用法）

hold の主な用例には次のものがあります。

The bridge **holds** more than five tons.（その橋は5トン以上に耐える）

Hold your **head** high!（胸を張って堂々と顔を上げなさい！）

Please **hold** the line.（電話を切らずにそのままお待ちください）

Hold the elevator!（エレベーターを止めておいて！）

hold tight to the rope（ロープをしっかり掴む）

hold the rifle still（銃をじっと構える）

hold the glass visor to one's eyes（グラスバイザーを目に装着する）

hold ～ responsible for the mistake（～にミスの責任を取らせる）

hold a grudge against ～（～に恨みを持つ）

hold の重要な句動詞とは!?

（hold の句動詞頻度）

ランク1　**hold on**: on（継続）から「①（少しの間）待つ、②しがみつく：**Hold on** tight!（しっかりつかまって！）、③（難しいことを）頑張って続ける：**hold on** for victory（勝利に向かって頑張る）」などの意味がある。

ランク2　**hold in**: in（中に）から「①（感情を）抑える：**hold in** anger（怒りを抑える）、②（体の生理現象や匂いなどの物理現象が出ないように）抑える：**hold in** a cough[sneeze]（せき［くしゃみ］をこらえる）」などの意味がある。

ランク3　**hold up**: up（完全に、終わって）から「①支える、②持ち上げる、③（手を挙げさせることから）強盗に入る：**hold up** a shop、④妨げる（遅らせる）：The train was **held up**.、⑤持ちこたえる：**hold up** well under difficult circumstances（困難な状況でも持ちこたえる）」などの意味がある。

ランク4　**hold back**: back（後ろへ）から「①（進行などを）妨げる、②（感情を）抑える：**hold back** one's tears（涙をこらえる）、③（事実などを）隠す：**hold back** the truth（真実を隠す）、④控える、ためらう」などの意味がある。

ランク5　**hold out**: out（外にとことん）から「①（手などを）差し出す、②持ちこたえる：**hold out** against the attack（攻撃を持ちこたえる）、③（希望を）抱く：**hold out** much hope」などの意味がある。

ランク6　**hold down**: down（下に、ダウン）から「①（物価などを）低く抑える：**hold down** prices、②（反乱などを）抑制する：**hold down** the rebel forces、③（頭・体などを）低くしておく：**hold** one's head **down**」などの意味がある。

ランク7　**hold onto**: onto（〜の上へ）から「①（離れないように物などを）しっかりつかんでおく：**hold onto** one's position（地位にしがみつく）、②（ある物事を）信じ続ける：**hold onto** an idea（ある考えにしがみつく）」などの意味がある。

ランク8　**hold over**: over（越えて）から「（物事を）延長［延期］する：**hold over** the meeting（会議を延長させる）」などの意味がある。

ランク9　**hold together**: together（一緒に）から「（困難な状況でも）団結する［させる］：**hold** one's family **together**（家族を団結させる）」などの意味がある。

ランク10　**hold off**: off（離れた）から「①（意図的に物事を）遅らせる：**hold off** making a decision、②（雨や敵など災難を）防ぐ：**hold off** an enemy attack（敵の攻撃を防ぐ）」などの意味がある。

さていかがでしたか。hold 単体でも奥が深いですが、これに前置詞や副詞が加わった句動詞はもっととらえどころがないでしょう。それでは今度は、英語の発信力 UP に欠かせない、必須基本動詞の運用力をクイズを通して高めていただきましょう。

英語発信力 UP「必須基本動詞」クイズにチャレンジ！

（　　　）内に入る適切な動詞を下の選択肢から選び、適切な形に変えてください。選択肢を見ないですぐに 8 割以上正解できた人は、「基本動詞」の使い方が大体わかっている人です。しかし、選択肢を見ても 5 割以下しかわからない人はまだ基本動詞の知識が非常に欠けると言えるので要努力です。

1. My memory doesn't （　　　） that far. （そこまでは覚えていません）
2. This flower （　　　） the room. （この花があるから部屋が引き立つ）
3. Personality analysis according to blood types doesn't （　　　）.
   （血液型性格判断は当たらない）
4. What do you （　　　） in this picture? （この絵のどこがいいの？）
5. The woman （　　　） a bath for her family.
   （女性は家族のために浴槽に湯を入れた）
6. Her singing （　　　） professional singers to shame.
   （彼女の歌はプロも顔負けである）
7. Adults need to （　　　） a good example for children.
   （大人は子どもたちに良いお手本を示す必要がある）
8. The class will not （　　　） tomorrow. （明日の授業はありません）
9. The loan （　　　） 1.5% interest. （ローンは 1.5% の金利がつく）
10. The new product （　　　） the market. （その新製品は市場に出た）
    [**carry / go / hit / make / meet / run / see / work / put / set**]

【解答&解説】

1. **go**：「記憶がそんなに遠くまで行かない」から来た表現。
その他 I can't **go** any further.（これ以上はお話しできません）、**go** too far（やり過ぎる）、**go** public（公開される）、**go** to court（裁判にかける）なども重要。

2. **makes**：make は「決め手となる重要なものを作り出す」で、この他 Wine can **make** the dinner.（ワインで夕食が決まる）、**make** news in the small town（その小さな町で話題になる）、**make** the destination on time（定時に目的地に到着する）なども重要。

3. **work**：「働く」ではなく「目的にかなって機能する」と発想する。
その他 This medicine **works**.（この薬はよく効く）、**work** wonder [miracles]（奇跡を起こす）、**work** one's way through college（苦学して大学を卒業する）、**work** out a solution（解決策を出す）、**work** off stress（ストレスを発散する）なども重要。

4. **see**：この **see** は「価値を見出す」という意味で、What do you **see** in him?（彼のどこがいいの？）という表現が可能。
その他 **see** if the answer is correct（その答えが合っているか確かめる）、The 18th century **saw** the American Revolution.（18世紀にアメリカ大革命が起こった）なども重要。

5. **ran**：run は「走る、走らせる」と発想する。
その他 **run** a marathon（マラソンに出場する）、**run** on batteries（電池で動く）、**run** for the Presidency（大統領に立候補する）、**run** a red light（信号を無視する）なども重要。

6. **puts**：put は「あるものをある所・状態に置く」と発想する。
その他 **put** the incident behind us（その事件を忘れる）、**put** one's name on the paper（書類に名前を書く）、**put** the baby to bed（赤ちゃんを寝かせる）、**put** that in writing（書面にする）、**put** the team together（チームをまとめる）、**put** her up to it（彼女を陰で操る）なども重要。

7. **set**：set は「ある状態・場所に固定する」と発想する。

その他 **set** a new record（新記録を樹立する）、**set** a date for the meeting（会議の日取りを決める）、The broken bone will **set** in a month.（折れた骨は1か月でくっつくだろう）

8. **meet**：**meet** は「出会う」で、「クラスの生徒が出会う」と発想する。その他 **meet** the deadline（締め切りに間に合う）、**meet** the demand [needs]（要求を満たす）、**meet** the conditions[requirements]（条件を満たす）、**meet** the tight schedule（きついスケジュールをこなす）なども重要。

9. **carries**：**carry** は「何かを持って運ぶ」「伝導する」と発想する。その他 **carry** men's clothes（紳士服を置いている）、**carry** a disease（病気を伝染させる）、I can't **carry** a tune.（私は音痴だ）、Your voice **carries** well.（君の声はよく通る）なども重要。

10. **hit**：**hit** は「すばやく至る・達する」「あるものにぶつかる」と発想する。その他 **hit** the road（出発する）、**hit** the brakes（急ブレーキをかける）、**hit** a record high（過去最高記録を出す）なども重要。

ハイフン表現や接頭・接尾辞を使えば、楽して引き締まった英語が発信できる！

　ハイフン表現や接頭・接尾辞は、引き締まった英文ライティングを目指すためには、ぜひとも駆使していただきたいテクニックです。特にハイフン表現は、赤毛の少女（a red-haired girl）のように、日本語の語順で表せるので英語の発信力が楽に UP します。例えば、「運動不足で、食べてばっかりでお腹が出てきたよ」を話し言葉で表現すると、**I haven't been doing enough exercise and I've been eating too much, so I've got a little potbelly.** と「動詞中心」の表現となりますが、書き言葉の場合は、**I've been a big-eating, underexercised potbelly lately.** といったように、「形容詞中心」**big-eating**、**underexercised** となり、ハイフン表現を使って文を引き締め、かつ知的でおどけた印象を与えることができます。また、「運動不足」は **haven't been doing enough exercise** を、接頭辞（**under-**）付きの単語 **underexercised** 1語で表現しており、究極の引き締まった英文となっています。この項では、引き締めライティングの重要スキルであるハイフン表現と接頭・接尾辞をマスターし、キレる英語で発信できるようにトレーニングしましょう。

1. ハイフン表現で英語を引き締めるテクニックをマスター！

　まずは、ハイフンを駆使すると、どれだけ英文が引き締まるかを体感していただくため、以下の問題にチャレンジしていただきましょう。

問題1 以下の英文をハイフン表現で引き締まった英語に直してください。
1. I have a car whose roof is red.

2. He is an entrepreneur who has strong willpower.

3. You have a way with computers.

4. This car does not cause pollution.

解答&解説

1. 問題文はいわゆる受験英語で、**I have a car with a red roof.** が自然ですが、ハイフンを使った **I have a red-roofed car.**（赤い屋根の車を所有している）が引き締めの基本です。

2. 「意志が強い」という場合、**strong-willed** というハイフン表現を使います。**He is a strong-willed entrepreneur.**（彼は意志の強い起業家だ）と引き締めます。

3. 「コンピューターを使うのがうまい」をテクニカルライティング調に直すと、**You are computer-literate.** とハイフンで引き締まります。**-literate** は「（特定の分野に）通じている、知識がある」という意味ですが、**film-literate**（映画への造詣が深い）、**food-literate**（食への造詣が深い）、**health-literate**（健康への造詣が深い）など、ハイフン表現でよく使われます。

4. 「この車は無公害車です」は、テクニカルライティングでは **This is a pollution-free car.** となります。

　こういった引き締まった英語を発信するために効果的なハイフン表現で、便利なものが **self-** と **well-** です。これらを使って、ハイフン引き締めトレーニング問題にチャレンジしていただきましょう。

問題2 以下の日本語をハイフン表現を使って引き締まった英語に直してください。
1. 我々には、長期計画を立案でき、自己に厳しいワーカーが必要だ。
2. 会社は従業員の自己実現を進める手助けをするべきだ。

解答&解説

1. **We need self-disciplined workers capable of long-term planning.**
2. **The company should encourage workers to pursue self-actualization.**

　それぞれ、「自己に厳しい」は **self-discipline**、「自己実現」は **self-actualization** を使って引き締った英文にしています。

　self-（自分で〜する）のハイフン表現は様々なシーンで活躍します。以下の例をご覧ください。

☐ **self-employed** workers（自営業者）
☐ a **self-help** book（自己啓発の本）
☐ a **self-imposed** assignment（自らに課した課題）
☐ **self-paced** learning（自分のペースで進められる学習）
☐ a **self-published** book（自費出版本）
☐ a **self-reported** health status（自己申告の健康状態）
☐ a **self-motivating** team（自主的なチーム）
☐ **self-inflicted** damage（自ら招いた損害）
☐ a **self-proclaimed** writer（自称作家）

　では今度は、**well-** のハイフン表現を使い、英文を引き締めてみましょう。

問題3　以下の日本語をハイフン表現を使って引き締まった英語に直してください。
彼女は自力で財を築いた広い人脈を持った実業家です。

解答&解説

She is a well-connected self-made entrepreneur.

　「広い人脈を持った」は know a lot of powerful important people

となるところが、well-connected というハイフン表現を使うと1語で表すことができ、引き締め効果が出ています。では、その他の **well-** の必須ハイフン表現を見てみましょう。

- □ **well-intentioned**［**well-meaning**］advice（善意から出たアドバイス）
- □ **well-spent** money（有益に使われたお金）
- □ a **well-dressed** gentleman（身なりの良い紳士）
- □ a **well-thought-out** speech［plan］（考え抜かれたスピーチ［計画］）
- □ a **well-bred** child（育ちの良い子ども）⇔ **ill-bred** child（育ちの悪い子ども）
- □ a **well-proportioned** body（均整の取れた身体）
- □ a **well-targeted** mailing list（対象を絞り込んだメーリングリスト）
- □ a **well-ventilated** room（換気のいい部屋）

　いかがでしたか。どれもハイフンで、すっきりしていますね。では、その他のハイフン表現を①**過去分詞型**、②**現在分詞型**、③**名詞型**、④**形容詞型**に分けてみてみましょう。

①過去分詞型

　過去分詞形は主に受身形「〜に…された」という意味のハイフン表現です。

- □ **TV personality-turned** politician（元テレビタレントの政治家）
- □ **college-bound** students（大学進学希望生徒）（「東京行き列車」は **Tokyo-bound train**、「革装本」は **leather-bound** book）
- □ **deep-rooted** island nation mentality（深く根づいた島国根性）
- □ the **Internet-driven** economy（インターネットによって駆り立てられた経済）
- □ **like-minded** people（同じような考えの人たち）
- □ **one-sided** love（片思い）
- □ a **water-filled** tank（水のいっぱい入ったタンク）

- □ **means-tested** benefits（資産調査に基づいた給付）
- □ a **New York-born, Harvard-educated** professor（ニューヨーク生まれハーバード大卒の教授）
- □ an **inflation-linked** pay raise（インフレに見合った昇格）
- □ an **education-centered** society（学歴偏重社会）
- □ **Israel-occupied** Arab territories（イスラエルに占領されたアラブの領土）
- □ a **long-cherished** dream（長年の夢）（「長く放置された車」は a **long-abandoned** car）
- □ a **widely-traveled** businessperson（旅慣れたビジネスパーソン）

②現在分詞型

このタイプは主に「〜を…する」という意味のハイフン表現です。

- □ a **coffee-drinking** companion（茶飲み友達）
- □ **job-seeking** students（求職学生）
- □ a **Novel prize-winning** author（ノーベル賞受賞作家）
- □ a **time-and-money-consuming** project（時間とお金のかかるプロジェクト）（「お金と時間の節約になる」なら **time-and-money-saving**）
- □ a **fund-raising** campaign（資金集めのキャンペーン）
- □ **then-existing** laws（当時の法律）
- □ **risk-taking** entrepreneurs（リスクに立ち向かう企業家）
- □ **bar-hopping** drinkers（はしご酒する人）

③名詞型

comparison-shop（比較買いをする）、**test-market**（テスト販売する）のように名詞を組み合わせて作るハイフン表現も便利で引き締まっています。

- □ a **cat-and-dog** life（けんかばかりの生活）
- □ a **bread-and-butter** letter（歓待に対する礼状）

□ a **carrot-and-stick** policy（アメとムチ政策）
□ **milk-bottle** glasses（度の強いメガネ）
□ a **fifty-minute** hour（50分単位の1時間）
□ a **personal-advice** column（身の上相談）

④形容詞型

　oil-poor countries（石油が乏しい国）のようなパターンで、これも便利です。
□ a **would-be** singer（歌手志望者）
□ a **joke-rich** conversation（ジョークいっぱいの会話）
□ a **high-risk** gamble（危険性の高い賭博）
□ a **gas-stingy** car（低燃費の車）
□ a **love-hungry** man（愛に飢えた男）
□ **quick-fix** solutions（即効的解決）
□ **rapid-fire** questions（矢継ぎ早の質問）
□ a **safety-conscious** driver（セーフティードライバー）
□ a **media-shy** politician（マスコミ嫌いの政治家）
□ a **clean-desk** person（机の上がきれいな人）

⑤その他

　これは非常に面白く、しかも語数のカウントではハイフンでつながれた語は1語となるので、語数指定のサマリーに有効なタイプです。
□ a **to-do** list（すべき仕事のリスト）
□ a **post-party** party（二次会）
□ a **laugh-a-minute** guy（他人をすぐに笑わせる）
□ a **help-the-needy** campaign（恵まれない人を助けよう運動）
□ his **I-don't-care** attitude（どうでもいいといった彼の態度）
□ her **I-love-everybody** tone（みんな大好きという彼女の口調）
□ a **be-kind-to-animals** week（動物愛護週間）
□ a **do-everything-at-once** policy（すぐやる主義）

2. 接頭・接尾辞で英語を引き締めるテクニックをマスター！

　「接頭辞・接尾辞」は格調高い英語で発信するのに非常に効果的です。例えば「テクノロジーの進歩によって、電気自動車が**普及した**」というのを、Due to technological advancement, electric cars have become popular. と表すのでは間延びしてしまいます。**S＋V＋O構造**を用いて、Technological innovation has **popularized** electric cars. と引き締まった格調高い表現で発信するとよいのです。この -ize は非常にパワフルで、様々な表現に使えます。それではここで、-ize を用いた動詞を使って、引き締まった英文ライティングのトレーニングをしましょう。

問題（　　　）内に適切な英語を入れてください。
1. Computerization（　　　　　　　）.
　　コンピューター化により社会は人間性を失っていく。
2. This method will（　　　　　　　）.
　　この方法は教育に大変革をもたらすだろう。
3.（　　　　　　　）your tasks.　仕事に優先順位をつけなさい。

解答＆解説

1. **dehumanizes our society**
　　dehumanize は「人間性を失わせる、残忍にする」という意味で、War **dehumanizes** people.（戦争は人々を残忍にする）のように使えます。

2. **revolutionize education**
　　revolutionize は「革命的に変化させる」という意味で、**revolutionize** a distribution system（流通システムに革命をもたらす）のように使えます。

3. **Prioritize**
　　prioritize は「優先する、優先順位をつける」という意味で、**prioritize** economic problems（経済問題を最優先する）のように使えます。

いかがですか。引き締まった英文になっているでしょう？　以下の表現もぜひ使いこなし、引き締まってかっこいい英文ライティングを目指しましょう。

◎ -ize 型

□ **Intellectualize** yourself.（頭を働かせなさい）
□ His overseas experience **Americanized** him.
　（海外経験により彼はアメリカ風になった）
□ **Non-verbalize** your emotions.
　（自分の感情を[ジェスチャーなど]言葉以外の方法で表現しなさい）
□ **Itemize** your priorities.（優先項目を箇条書きにしなさい）
□ They tend to **romanticize** suicide.
　（彼らは自殺を美化する傾向がある）
□ They **botanized** in the field.（彼らは野原で植物採集をした）
□ They **euthanized** the dog.（彼らはその犬を安楽死させた）

◎ de- 型

□ **destabilize the society**（社会を不安定にする）
□ **dematerialize objects**（物を非物質化する）
□ **deextinction**（絶滅した種を復活させること）

　また de- と -ize を組み合わせると、次のようにもっと引き締めることができます。

□ **deinfantilize** TV programs（幼稚になった番組を知的にする）
□ have a **demoralizing** effect on me（士気をくじく）

　この他にも **out-**、**over-**、**under-**、**-less**、**-able** などを使って、次のように引き締まった英語にすることもできます。

◎ out-（〜より…だ）型

☐ **A <u>out</u>weighs B.**（A は B より重要だ）
☐ **A <u>out</u>numbers B.**（A は B より多い）
☐ **<u>out</u>perform**（〜より性能が優れている）
☐ **<u>out</u>sell**（〜より多く売る）
☐ **<u>out</u>debate**（〜を論破する）
☐ **<u>out</u>smart**（〜を出し抜く）
☐ **<u>out</u>shine**（〜より優れている）

◎ over-（〜し過ぎる）/ under-（より少ない）型

☐ **<u>over</u>ambitious**（野心的過ぎる）
☐ **<u>over</u>confident**（自信過剰の）
☐ **<u>over</u>burden**（負担をかけ過ぎる）
☐ **<u>over</u>schedule** myself（過密スケジュールである）
☐ **<u>over</u>populated**（過密の）⇔ **<u>under</u>populated**（過疎の）
☐ **<u>over</u>staffed**（従業員の多過ぎる）⇔ **<u>under</u>staffed**（人手不足の）
☐ **<u>over</u>statement**（おおげさに言うこと）⇔ **<u>under</u>statement**（控えめに言うこと）

◎ -less（〜がない）型

「これは私には意味のないジョークに思われる」を英訳する場合、This strikes me as a joke that has no point. より、This strikes me as a **point<u>less</u>** joke. の方が引き締まっています。

◎ -able（〜できる）型

「私の恥ずべき行為を陳謝いたします」を英訳する場合、I must apologize for my behavior which was to be regretted. より、I must apologize for my **regrett<u>able</u>** behavior. とした方が、意味の修飾関係がはっきり

し、かつ語数が少なく引き締まっています。その他、a **collapsible** bed（折り畳み式ベッド）、a **detachable** speaker（取り外し可能なスピーカー）、**breakable** chairs（壊れやすい椅子）、a **trainable** dog（しつけやすい犬）、**accessible**[**approachable**] teachers（話しやすい先生）など便利な表現です。

コラム　省略用法を使う 7 つのパターンを完全マスター！

　英文引き締めのテクニックには「省略構文」もあります。不要な表現はすべて省略し、合理性を追求します。では 7 つの省略パターンを順にみてみましょう。

1. **主語を対照させる場合**：状態や行為を述べた直後に「新しい主語＋助動詞」のみを用いて、他の部分は省略する！
   □ **We** can **offer better service** than **they** can. [offer better service を省略]．（我々は彼らより良いサービスを提供できる）
2. **動詞の時制や法だけを変える場合**：「主語＋新しい助動詞」のみを用いて、他の部分は省略する！
   □ Very few of them **have enthusiasm for work**, although they know they **ought to**. [have enthusiasm for work を省略]．（そうあるべきだとわかっていても、仕事への情熱を持っている人は彼らの中にほとんどいない）
3. **not を使った省略**：2 番目の節の動詞に not を加え、その後は省略する！
   □ Some **managed to escape**, but most of them **didn't**. [managed to escape を省略]（なんとか逃げることができた者もあったが、大部分は逃げられなかった）
4. **be 動詞を seem、look、sound のような動詞と対照させる場合**：2 番目の節に「助動詞＋be 動詞」のみを用い、その後は省略する！
   □ "It looks like **coffee**." "Yes, it could be". [coffee を省略]．

（「コーヒーに見えるよ」「そうかもしれないね」）

5. 最初の文の主詞が **have** の場合：do の代わりに have を用い、その後は省略する！

□ You **have** more money than I **have**.（君は僕よりお金持ちだね）

6. 2番目の節に助動詞の **have** が含まれている場合：have の後を done にする！

□ They say they didn't **hear** it but they **must have done**.
（彼らはそれが聞こえなかったと言っているが、聞こえていたに違いない）

7. 否定文中の助動詞 **dare**、**need**、**had better**、**would rather** の後の動詞を省くことが可能！

□ "You must **tell him the truth**." "I know, but I **dare not**."
[tell him the truth を省略]（「君は彼に真実を言うべきだ」「わかってるけど、あえてそうしないよ」）

英単語の意味の広がりをつかみ、多義語を効果的に使いこなす！

　英語のライティング力を UP させる上でボキャビルが非常に重要であることは言うまでもありません。しかし、一口に語彙増強と言っても、大きく分けると2つの方法があります。1つは**「語彙数」**をどんどん増やしていく方法で、もう1つは語彙の数ではなく**「深さ」**、つまり**「多義語」**の運用力を UP させていく方法です。

　「多義語」の知識・運用力を UP させるというのは、**5000語水準**ぐらいまでの語、特に日本人が英語学習を始めてから高校2年くらいまでに習う**3000語水準までの単語の意味・用法の知識を深め、「知っているようで知らない単語」を幅広く使いこなせるようになる**ことです。日本人は大学受験勉強でそれらの単語を知っているように見えますが、その理解は浅く、実際はそれらを使いこなせていません。しかし、これらを自由自在に使いこなすことができれば、その10倍近くの3万語にも匹敵するような「表現力 UP」が可能になります。

　1つの単語に何十という意味・用法があることもあります。例えば、line には39もの意味・用法があります。また open のように、1つの単語に「動詞、名詞、形容詞」など複数の品詞の意味・用法を持つものも多いのが英語では当たり前で、特にこれは中学や高校の低学年までに習う「基本2000語」に当てはまります。これは英語が「発信の合理性」を重視していることを物語っており、少ない**語彙数**でもコミュニケーションできるようになっている反面、**「受信」**という見地から見れば非常に**「文脈依存的（high-context）」**で、冠詞や代名詞などで意味を限定するという意味では**「文法構造重視型」**であることを表しています。

　英語は、その多義性によって言葉の「連想ゲーム」のように意味がどんどん展開していき、その結果、無数の意味・用法が生まれてくるわけ

です。そこでこのセクションでは、そういった多義語の中でも特に重要なものを取り上げて、練習問題にチャレンジしながら完全にマスターしていただきましょう。

例えば重要な多義語名詞に次のようなものがあります。

□ **attitude** は「態度」だけでなく「**偉そうな態度**」

□ **situation** は「状況」だけでなく「**難局**」

□ **condition** は「状態」だけでなく「**病気**」

□ **vision** は「視力、先見、見通し」だけでなく「**絶世の美人**」

□ **phenomenon** は「現象」だけでなく「**驚異的な人**」

□ **institution** は「機関、制度」だけでなく「**名物人間**」

□ **station** は「発着所」だけでなく「**署、持ち場**」

□ **return** は「帰還、返却」だけでなく「**投資の見返り、納税申告**」

□ **heat** は「熱」だけでなく「**興奮、さかり、予選の１試合**」

□ **material** は「材料」だけでなく「**用具、人材**」

□ **calendar** は「カレンダー」だけでなく「**日程表、年間行事表**」

□ **round** は「巡回」だけでなく「**弾１発、酒の全員への行き渡り**」

□ **fare** は「運賃」だけでなく「**乗客、料理、娯楽の出し物**」

こういった多義語はこの他にもまだまだたくさんありますが。このような基本単語は日本人の英語学習者が知らないような重要な意味・用法をたくさん持ち、英語の発信力 UP に極めて重要です。そこで今度は練習問題を通して、多義語の運用力を UP していただきましょう。

重要多義語動詞問題にチャレンジ！

（　　　）内に入る適切な動詞を次のページの選択肢から選んでください。

1.（　　　）job applicants（求職者を選考する）

2.（　　　）$100 million（1億ドルの支出を約束する）

3.（　　　）their attention（彼らの注意を引く）

4.（　　　）the rights（権利を守る）

5. (　　　　) the city（市を焼き尽くす）

6. (　　　　) her to a specialist（彼女に専門家を紹介する）

7. (　　　　) for gold（金を試掘する）

8. (　　　　) a candidate（候補者を擁立する）

9. (　　　　) the contract（契約を守る）

10. (　　　　) the building（ビルを廃棄処分にする）

11. (　　　　) the covers（表紙を飾る）

12. (　　　　) a product（商品を売り込む）

13. (　　　　) the work hours（時差出勤にする）

14. (　　　　) the election（選挙に圧勝する）

15. (　　　　) a loan（融資する）

16. (　　　　) respect（尊敬を得る）

17. be (　　　　) with saving lives（人命救助の功績がある）

18. (　　　　) the price（値をつける）

19. (　　　　) the evidence（証拠を改ざんする）

20. (　　　　) a loan（貸付を取り決める）

field	stagger	sweep	quote	credit	honor	refer
prospect	consume	screen	condemn	pitch	pledge
grace	negotiate	doctor	engage	command
accommodate	champion

解答&解説

1. **screen** 他に screen one's phone calls（電話を選別する）

2. **pledge** 他に pledge my house（家を抵当に入れる）

3. **engage** 他に engage the enemy（敵と交戦する）

4. **champion** 他に champion the cause（大義を擁護する）

5. **consume** 他に consumed with hatred（憎悪にかられる）

6. **refer** 他に refer to the document（文書を参照する）

7. **prospect** 他に prospect for new customers（新しい顧客を探す）

8. **field**　他に field a question（質問をさばく）、field phone calls（電話に対応する）

9. **honor**　他に honor a check（手形を受け取る）

10. **condemn**　他に be condemned to death（死刑を宣告される）

11. **grace**　他に grace the event（行事に臨席する）や、「洗練」「感謝の祈り」「美点」などの意味

12. **pitch**　他に pitch a tent（テントを張る）

13. **stagger**　他に stagger the imagination（想像力を刺激する）、staggered by the news（知らせに動揺する）

14. **sweep**　他に sweep the horizon（水平線を見渡す）、sweep a country（国を席巻する）

15. **accommodate**　他に accommodate the needs（要求に対応する）

16. **command**　他に command high prices（高い値で売れる）

17. **credited**　他に credit the money to one's account（口座に入金する）や、「信用貸し」「履修単位」「名声」などの意味

18. **quote**　他に quote a line（せりふを引用する）

19. **doctor**　他に doctor the drink（飲み物に混ぜ物を入れる）

20. **negotiate**　他に negotiate the check（小切手を現金に換える）

　いかがでしたか。7割以上正解できれば多義語の知識はまずまずです。それを運用して表現力をUPさせましょう。次はその他の多義語を学んだ後、形容詞の多義語クイズにチャレンジしていただきましょう。

その他の重要多義語動詞をチェック！

□ **acknowledge** the gift（贈り物に対してお礼を言う）、**acknowledge** the letter（手紙を受け取ったと知らせる）

□ **juggle** the books（帳簿をごまかす）、**juggle** work and family（仕事と家庭を両立させる）

□ **stretch** one's mind（知的探求をする）、**stretch** the truth（真実を誇張する）、**stretch** the budget（予算をやりくりする）

- ☐ **strain** the relations（関係を悪くする）、**strain** the budget（予算を圧迫する）
- ☐ **compromise** one's reputation（信用を落とす）、**compromise** one's principles（基本理念を曲げる）
- ☐ **discount** one's ability（才能を軽視する）
- ☐ **produce** a ticket（切符を出して見せる）
- ☐ **challenge** the imagination（想像力を要求する）、**challenge** the authority（権威者に異議を申し立てる）
- ☐ **file** a document（書類を提出する）、**file** for bankruptcy（破産申請する）
- ☐ **linger** in the memory（ずっと記憶に残る）、**linger** over one's work（ダラダラと仕事をする）
- ☐ **thrive on** the work（仕事を生きがいにする）
- ☐ **reserve** judgment（判断を差し控える）
- ☐ **delegate** authority（権限を委ねる）
- ☐ **corner** the market（市場を独占する）
- ☐ **mature** in 10 years（10年で満期になる）
- ☐ **grant** the request（要求に応じる）
- ☐ **suspend** the order（注文を見合わす）
- ☐ **shed** leaves（葉を落とす）、**shed** light（光を放つ）、**shed** one's image（イメージを脱皮する）

重要多義語形容詞問題にチャレンジ！（冠詞省略）

（　　　）内に入る適切な形容詞を次のページの選択肢から選んでください。

1. （　　　） minimum（必要最小限のもの）
2. （　　　） statistics（人口統計）
3. （　　　） data（未加工データ）
4. （　　　） translation（不正確な翻訳）
5. （　　　） excuse（見え透いた言い訳）

6. ( ) demand（控えめな要求）

7. ( ) drink（強い酒）

8. ( ) design（手の込んだ模様）

9. ( ) card（不確定要素）

10. ( ) age（弱冠）

11. ( ) estimate（控えめな見積もり）

12. ( ) expenses（臨時経費）

13. ( ) profit（相当な利益）

14. ( ) colors（淡い色）

15. ( ) date（発効日）

16. ( ) writer（無名の作家）

17. ( ) debt（未払いの負債）

---

effective casual raw tender wild modest
conservative stiff busy bare vital handsome
thin loose subtle obscure outstanding

解答＆解説

1. **bare**　他に bare necessities（必要最小限のもの）、bare feet（素足）

2. **vital**　他に a vital capacity（肺活量）、a vital data（生命に関する
データ）

3. **raw**　他に a raw deal（ひどい仕打ち）、a raw score（素点）

4. **loose**　他に a loose tongue（おしゃべり）、a loose woman（ふし
だらな女）

5. **thin**　他に a thin audience（少ない聴衆）、a thin market（不景気
な市況）

6. **modest**　他に a modest growth rate（穏やかな成長率）、a modest
price（廉価）

7. **stiff**　他に a stiff competition（厳しい競争）、a stiff price（極めて
高い値段）

8. **busy** 他に a busy signal（話中音）、a busy market（にぎわう市場）

9. **wild** 他に a wild time（どんちゃん騒ぎ）、a wild guess（当てずっぽう）

10. **tender** 他に a tender subject（微妙な問題）

11. **conservative** 他に conservative colors（地味な色）、dark conservative suit（暗い地味なスーツ）

12. **casual** 他に a casual worker（臨時雇い）、casual vacancy（一次的欠員）

13. **handsome** 他に a handsome old house（立派な古めかしい家）、a handsome tip（気前の良いチップ）

14. **subtle** 他に a subtle approach（巧妙なやり方）、a subtle flavor（かすかな香り）

15. **effective** 他に effective as of today（本日から有効の）

16. **obscure** 他に an obscure village（人里離れた村）

17. **outstanding** 他に an outstanding issue（未解決の問題）

その他の重要多義語形容詞をチェック！

☐ a **deep** question（難解な問題）

☐ a **profound** influence（多大な影響）

☐ an **immediate** family member（肉親）、**immediate** future（近い将来）

☐ a **flat** battery（上がったバッテリー）、**flat** beer（気の抜けたビール）

☐ **remote** areas（人里離れた地域）、**remote** causes of a disease（病気の遠因）

☐ a **vivid** description（生々しい描写）

☐ **general** anesthesia（全身麻酔）⇔ local anesthesia（局部麻酔）、a secretary **general**（事務総長）、a **general** store（雑貨屋）

☐ a **likely** candidate（有力候補）

☐ a **net** profit[income]（純利益）

No. 10

和製英語につられず正しい英単語を使う！

　英文ライティング力をＵＰする上で重要なのは、和製英語につられて誤った英単語を使わないということです。例えば「日本文化をアピールする」を appeal Japanese culture と言う人がいますが、これは典型的な和製英語です。Japanese culture appeals to me.（私には日本文化は魅力的だ）などのようには言えますが、「アピールする」場合は動詞 **showcase** を使い、祭り等の「イベント」などを主語にして、This exhibition **showcases** Japanese culture.（この展示会は日本文化をアピールしている）のように言います。**publicize** Japanese culture と言うと、「日本文化を宣伝する」の意味になります。このように日常で何気なく使っているカタカナ英語表現を、英語のライティングで使わないように注意しましょう。では、ここでクイズに挑戦してください。

Q1. 次の日本語を英語に訳してみましょう。

スカイダイビングに<u>チャレンジ</u>してみては？

解答例

Why don't you **give** skydiving **a try**[**shot**]?

解説

　challenge skydiving は和製英語で、英語では **give skydiving a try**[**shot**] か **try skydiving** となりますが、a try[shot] とすると「ちょっとやってみる」というニュアンスになります。チャレンジの対象がわかっている場合は、**meet**[**face**、**overcome**] **the challenge** と challenge を名詞で使うと「挑む」という感じがでます。また動詞の

challenge は「背く」という意味合いで、**challenge** the authority（権威に挑む）、My opinion was **challenged** by them.（私の意見は彼らの反対にあった）のように使います。形容詞は a **challenging** job（やりがいのある仕事）のように使います。

Q2. 次の日本語を英語に訳してみましょう。

> これは<u>サービス</u>価格でございます。

(解答例)

This is a **discounted**〔**special**〕 price.

(解説)

　"service charge" は「サービスに対する料金」という意味になって誤解を招くので、「**特別価格**」を表す表現を用います。「ランチタイムサービス」であれば "lunch special" となり、アルコールが割引されるタイムサービスは **"Happy Hour"** と呼ばれます。また、「お水はセルフサービスです」と言う場合は、**Please help yourself to water. / Water is available at the self-service counter. / Water is self-service.** の3通りがあり、レストランであれば、**This is a self-service restaurant.** や、Please help yourself to any drinks you want at the self-service drink area.（ドリンクバーでお好きなお飲み物をご自由にお取りください）のように言えます。この他、日本語のサービスを使った表現には、**アフターサービス（after-sales service）、サービス残業をする（work overtime without pay）、サービスステーション（repair shop）、家庭サービスをする（spend time with one's family）** などがあり、使い方に要注意です。

Q3. 次の日本語を英語に訳してみましょう。

> 日本人は<u>ブランド</u>に目がない。

解答例

Japanese people have a great weakness for **big-name brands** [**designer brands**].

解説

　日本語の「ブランド」は、それ自体で「高級ブランド」の意味があり ますが、英語の brand は「銘柄」という意味なので、ブランドやブラン ド商品を表すときには、**big-name〔top-name〕brands、designer brands、top-brand〔name-brand、brand-name〕products** の ように言います。ただし、「ブランド志向の」と言う場合は **brand-conscious**、「あるブランドにこだわる」場合は **brand-loyal** を使い ます。

　ところで、「高級品」を英語で表す場合は、**high-end**（最高級の、高 所得者向けの）、**upscale**（上流階級の、高所得者向けの）などを用い て、**high-end〔upscale〕** products のように言います。またこの語は **exclusive** と同様に、**high-end〔upscale、exclusive〕** hotels 〔fashions、restaurants〕のように高級な場所などにも用います。

　いかがでしたか。それでは、その他のカタカナ語を英訳していただき ましょう。何問正しい英語で言えるでしょうか。

カタカナ語英訳クイズにチャレンジ！①	
1. クレーム	2. タッチパネル
3. スキンシップ	4. センス
5.（体の）スタイル	6. デマ
7. OB	8. キャッチコピー

解答・解説

1. complaint

　英語の claim は「請求、要求、主張（する）」の意味。日本語の「ク レーム」にあたる英語は **complaint**。

2. touch screen [touchscreen]

screen は「テレビやコンピューターの画面」を指します。英語の panel は control panel（制御盤）、instrument panel（計器盤）の形で主に使い、機械・装置を管理するための平たい盤を指します。

3. physical contact

和製英語の「スキンシップ」を physical intimacy と説明すると、性的な意味に誤解されるので要注意です。

4. taste

「洋服のセンスがいい」なら、You have a good **taste** in clothes.

5. figure

英語の style は「（髪・服などの）型」の意味で、体については使えず、「スタイルがいいね」は You have a good **figure**.

6. false rumor

デマはドイツ語から派生した英語 demagogue（扇動政治家）から取った和製英語。正しくは **false rumor**（嘘の噂）となります。

7. alumni

OB は old boy（イギリス英語で「男子卒業生」の意）からできた和製英語です。「大学の卒業生、同窓生」という意味の OB(OG) は通例、男性複数形の **alumni** で代用されます。また、「テニス部 OB」なら a former member [ex-member] of a tennis club.

8. advertising copy

catch copy は和製英語。キャッチコピーとは「見る人に興味を持たせる短い宣伝文句」なので、attention-getting **advertising copy** のようにも言えます。

いかがでしたか。案外難しかったでしょうか。ではもうワンセット、カタカナ語の正しい英訳にチャレンジしていただきましょう。

カタカナ語英訳クイズにチャレンジ！②

1. メタボ	2. コンセント
3. フリーター	4. ワンルームマンション
5. コンパ	6. プリクラ
7. プラスアルファ	8. ベッドタウン

解答・解説

1. obese、overweight、fat

メタボリック症候群（metabolic syndrome）の metabolic は、単体では「新陳代謝の」の意味で「メタボ」の意味はありません。

2. outlet、socket

英語の consent は「同意、一致」という意味。米語では **outlet**、よりわかりやすく言うと a wall outlet となり、英語では **socket** となります。

3. job-hopping part-timers

「フリーター」をぴったり表す英語はありませんが、job-hopping（仕事を転々と変わる）でネガティブな意味合いを出すことができます。

4. studio [apartment]

英語の mansion は「大邸宅」の意味です。

5. a students' party

主に学生同士でするので、または **a party held by students**。

6. a photo sticker

プリクラとは「写真付きのステッカー」のこと。プリクラを作る装置は a photo sticker machine といいます。

7. something extra

plus alpha は和製英語で、英語では（a little）**something extra** といいます。

8. bedroom community

この他、**bedroom suburb** や **commuter town** も使われます。

その他のうっかりミスをしてしまいそうなカタカナ英語には、次のようなものがあります。正しい英語表現が使えるように確認しておきましょう。

□ ゴールデンタイム **prime time、peak viewing time**
国によって異なりますが、日本では夜の7～11時のテレビの視聴率が最も高い時間帯を指します。

□ ノルマ **a quota**
「ノルマ」はロシア語 norma からの外来語です。

□ ソフトクリーム **soft serve**
soft serve は「やわらかい状態で出されたアイスクリーム」のこと。英国では a 99、an ice cream cone といわれます。

□ スタンド（照明の） **lamp、desk lamp[light]**
英語の stand は照明器具ではなく a coat stand や a hat stand といって、コートや帽子を掛けるスタンドのこと。

□ トレーナー（衣服） **sweatshirt**
英語の trainer は、運動選手や動物の訓練をする人を指すので要注意です。ちなみに、「パーカー（衣服）」は **hooded sweatshirt** といいます。

No. 11

他の語で言い換えるパラフレージングのスキルを身につける！

　ここでは英文ライティング力のためのテクニック「パラフレーズ（**praphrase**）」について学習していきましょう。paraphrase とは直訳すると「言い換え（る）」という意味ですが、ロングマン英英辞典で定義を調べてみると次のように書かれています。

> to express in a shorter, clearer, or different way what someone has said or written（言葉や文章を、より端的に、明確に、あるいは異なった形で表現すること）

　特に **shorter, clearer or different way** がポイントで、類語による言い換えだけでなく様々な方法を用いて表現するのは「英語は日本語よりも同じ単語の繰り返しを嫌う言語」だからです。例えば、日常会話での A と B による次のようなやり取りを下線部に着目しながらご覧ください。

　A：It's **hot** today.
　B：Yeah, it's **pretty warm**. I hate it.

　おわかりのように A が言った hot という語を、B は pretty warm に言い換えていますね。これは意識的に行っているわけではなくごく自然なやり取りです。このことから repetition が多いと日本人以上にネイティブスピーカーはその個所が目についてしまいます。よって、単に表現にバラエティをつけるためだけではなく、こういった言語的な特徴からも言い換え、つまり **paraphrase** が重要になってきます。ではこれらの基本を踏まえたうえで練習問題にトライしていただきましょう。

Q. 次の英文を見て、類語での置き換えによるパラフレーズできる部分はどこかを考えてみましょう。

> There are some clear advantages of living in the countryside rather than in the city. The first advantage is its healthy living environment. Unlike large cities, especially densely populated areas, the air in the countryside is usually clean and fresh because of less harmful emissions from traffic and industry. Another advantage would be greater public security.

　お気づきになりましたか。それはこのわずか60ワードほどの短い文章の中に **advantage** という単語が3回（1、2、6行目）も使われていることです。これは **repetition**（繰り返し）とみなされてしまうので、次のように置き換える必要があります。

> There are some clear **advantages** of living in the countryside
>
> rather than in the city. The first **benefit** is its healthy living
>
> environment. Unlike large cities, especially densely populated
>
> areas, the air in the countryside is usually clean and fresh
>
> because of less harmful emissions from traffic and industry.
>
> Another **positive aspect** would be greater public security.

　確認できましたか。このように **repetition** を減らすことで文章の質が高まり、同時に **cohesion** もよくなります。こういった基本的な類語による置き換えから、その他の様々な方法で **paraphrase** を行うことにより洗練された文章を書くことができます。では早速みなさんのライティング力をさらにアップさせる4つの **paraphrase** テクニックを学んでいきましょう。

４つの paraphrase テクニックを習得せよ！

　パラフレーズの方法は大きく分けて以下の４つに分類することができます。

1. 類語による置き換え　　**2. 定義化** **3. 品詞の変化**　　　　　　**4. 文構造の変化**

　これらの方法は単体で行うこともありますが、通常は複数を組み合わせて行います。それではこれらの４つの方法を詳しく見ていきましょう！

1. 類語による置き換え

　文脈に応じて適当な類義語に言い換える方法のことを言い、英語では**substitution**（置き換え）と呼ばれています。次の例をご覧ください。
(1)「経済成長」　economic **growth** → economic **development**
(2)「健康に有害で」　**damaging** to health → **detrimental** to health
(3)「問題解決に取り組む」　**tackle** the problem → **address** the problem

　一見単純そうに見えますが、コンテクストに応じて適切な類語を選択する高度な英語力が必要です。慣れないうちは、thesaurus（類語辞典）などでまず類語を探し、そしてそのまま使うのではなくその都度、各単語の定義や用法を調べるようにしましょう。こうすることで自然な語感を身につけることができます。

2. 定義化

　これは 1. の「類語による置き換え」に似ていますが、単語を入れ替えるのではなく、**単語の定義を用いてパラフレーズを行う**方法です。次の英文をご覧ください。

(1) The job requires considerable **expertise**.
　　→ The job requires considerable **special knowledge and skills**.

(2) It is important to give an **objective** opinion.

   → It is important to give an opinion **based on facts**.

(1) は expertise という名詞の定義、そして (2) は objective という形容詞を定義化していますね。類義語が思いつかない場合はこの方法を試してみましょう。

---

3. 品詞の変化

　これは**品詞（part of speech）**を変えることによりパラフレーズする方法です。次の (1) と (2) の品詞の変化に着目してください。

(1)「テクノロジーの進歩」 **technological** progress → progress of **technology**

(2)「同程度重要である」 **equally important** → of **equal importance**

(1) は technological が technology（形容詞から名詞へ）、(2) は equally が equal（副詞から形容詞へ）、important が importance（形容詞から名詞へ）に変わっていますね。ちなみにアカデミックライティングをはじめとするフォーマルなライティングでは (2) の言い換え例のように**名詞句で表現する方が好まれ、この用法を名詞化（nominalization）**といいます。例えば次の a と b の文をご覧ください。

a. It appears to take long time **to analyze the data systematically**.

b. **The systematic analysis of the data** appears to take long time.

　a. の下線部の不定詞 to analyze が、b. では analysis と名詞で書かれていますね。このように名詞化することでフォーマル感が増すと同時に、よりスリムな印象の英文を書くこともできます。

---

4. 文構造の変化

　これは 4 つの方法の中で最も変化が大きい方法で、1 文単位から複数の文を変化させることも含みます。例えば、**節（clause）を句（phrase）に、または態（voice）を変化させる方法が基本**となります。次の (1) と

（2）の例文とその変化をご覧ください。

（1）a. **If you work abroad**, you will be able to expand your cultural horizons.

→ b. **Working abroad** will expand your cultural horizons.

（2）a. **Recent studies show that** a growing number of students are choosing to study at colleges or universities in a foreign country.

→ b. **According to recent studies**, a growing number of students are choosing to study at colleges or universities in a foreign country.

　（1）は a. の if 節を用いたインフォーマルな文体を b. のように名詞句を主語にしていわゆる「**無生物主語構文**」にすることで、S＋V＋O の文型に変わっています。次に（2）ですが、b. のように According to という前置詞句を用いて主語が変わり、文の構造が変わっています。それでは続けて、もう2つの例を確認しておきましょう。

（3）

a. The number of tourists visiting Japan **has significantly increased** in the 21st century.

b. The 21st century **has seen a significant increase** in the number of tourists visiting Japan.

c. **There has been a significant increase** in the number of tourists visiting Japan in the 21st century.

　ここでは、すべての文の主語が異なっています。a. は the number of tourists が主語、b. は **see** を動詞（述部）にした形、そして c. は **there is** 構文を用いた文構造になっています。特に b. の物や時代を主語にした see の用法は歴史やデータ分析で使われる便利な表現です。また、c. の **there is** 構文も汎用性が高いので覚えておきましょう。

（4）a. Human activity **has damaged** the entire ecosystem.

→ b. The entire ecosystem **has been damaged** by human

activity.

この2つの文のニュアンスは少し異なりますが、a.の能動態（active voice）が b.の受動態（passive voice）に変化していますね。このような**態の転換**も文構造において重要なテクニックです。

パラフレーズの基本となる「類語による置き換え」「定義化」「品詞の変化」「文構造の変化」の4のテクニックについて理解できましたか。

ちなみに、もとの文の意味を一切損ねることなく**100% 忠実にパラフレーズすることはほぼ不可能なので、目安として最低80%**を目指してください。また、文意が変わらない範囲であれば**必要に応じて補足的に表現を付け足しても構いません**。

それではここまで学習した内容を踏まえて仕上げの実践問題にチャレンジしていただきましょう！

実践パラフレーズ問題にチャレンジ！

Q.（1）～（4）の英文をこれまで紹介した4つのテクニックを用いてパラフレーズしてください。下線部がある場合は引かれている箇所のみを変えてください。

（1）The use of robots has become common in many industries.

（2）Due to technological progress, people are able to do online shopping today.

（3）Many people believe that <u>studying science and technology is more important than other school subjects</u>.

（4）We can clearly see that job satisfaction in the department <u>improved compared to</u> the previous years.

解答例

(1) Robots have **come into widespread use** in a number of sectors.

主語が robots に変わっており、表現も come into widespread use 「幅広く使われるようになる」という定型表現を使っています。また、many → a number of、industries → sectors のような類語の置き換えも適切になされています。

(2) Technological development has **allowed** people to do shopping online.

主語は technological progress を言い換えた technological development となっています。また、allow または enable を用いることで無生物主語構文を作っています。

(3) Many people believe that schools **should focus more on** teaching practical subjects such as science and technology than on other subjects.

主語が schools になっている形で、important の解釈を「教えることに重きを置くべきである」と考え、focus on という句動詞を用いた言い換えになっています。

(4) **There has been a noticeable improvement** in job satisfaction in the department when compared with the previous years.

先ほどの 4. 文構造の変化 の（3）で触れた方法の1つである there is 構文を活用した形です。単語の置き換えでは compared to → when compared with のように変わっており、noticeable には clearly が含まれています。

〈別解〉

The department **has seen a marked improvement** in job satisfaction in comparison with the previous years.

これも先ほどの 4. 文構造の変化 の（3）で触れた方法の1つである動詞 see を用いた構文で、主語が the department になっています。

単語は cleary のニュアンスで marked が使われ、compared to →
in comparison with となっています。

以上でパラフレーズトレーニングは終了です。大切なことは「全体を
見て文意をくみ取ること」です。つまり単語や表現だけを見るのではな
く、全体的に何を言いたいのか、という全体像をとらえるイメージを持
てば、より柔軟にパラフレーズが可能です。ここで紹介した4つの方法
を軸にし、徐々に力を高めていきましょう！

英語を生き生きとさせる時事英語比喩表現力 UP!

　辞書を引くと、よく **"figurative"** と書かれている場合が多いですが、これは英単語の「比喩的用法」という意味です。例えば、地震の「震源地」を意味する **"epicenter"** は比喩的には「中心」という意味があり、the epicenter of the world's fashion industry は「世界のファッション業界の中心」となり、単に center を用いるより「重要な中心地」という意味合いになり迫力が出てきます。

　英文ライティング力を数段 UP させるには、文字通りのパンチに欠ける普通の言い方をするのではなく、**a marathon meeting**（長いミーティング）、**a kindergarten mistake**（初歩的なミス）のように、何でも比喩的に表すのがコツです。『タイム』『エコノミスト』のような英字誌やCNN などの英語放送をはじめとする、読者・視聴者を引きつけようとする読み物や放送は、このような**比喩表現（figurative expressions）**を巧みに使っています。これは英語学では **rhetoric（修辞技法）**という分野で、その中の比喩には、**直喩（simile）**や**隠喩（metaphor）**、**換喩（metonymy）**などがあります。

　「直喩」は物事を他の物事にたとえて、「天使のような心」「柳のように美しい眉」のように「まるで～のようだ」と言う表現法で、隠喩は「雪の肌」「バラの微笑」「心のカメラ」のように、「のようだ」を省いて「**Aは B だ**」とたとえて強調する表現方法です。「換喩」は、「ホワイトハウス」が大統領官邸、「ペンタゴン」が米国国防総省、「白バイ」が白バイ隊員、「手」が足りないが「人手」が足りない、「舌」が雄弁を表したりする、**概念的な関係や類似性に基づいた言い換え表現**のことです。

　英語でも日本語でもこのような比喩表現は非常に多く存在し、素晴らしい英語とは、読み手（聞き手）にイメージがぱーっと湧くような**右脳**

に訴える（appeal to visual senses）、パンチが効いて記憶に残る英語のことです。例えば「記憶力がとてもいい」というのを、have a very good memory と言うかわりに、**have a photographic[computer-chip] memory** と言った方がインパクトがあるし、「非常にゆっくりと」を、very slowly と言う代わりに、**at a glacier' pace**（氷河のスピードで）、**at a snail's pace**（カタツムリのスピードで）と言った方が非常に遅い感じがひしひしと伝わりますね。

　また、「A と B はかけ離れている」というのを、A is quite different from B. と言う代わりに、A and B are **different as night and day.**（日本語の「天と地ぐらい違う」に近い）、There is **a world of difference between** A and B. A and B are **poles apart.**（南極と北極ぐらい離れている）、A is **light years away** from B.（A は B から何光年も離れている）と言った方が面白くてインパクトがあるでしょう。

　言葉はシンボルなので、こういったメタファーをつかむには英語・日本語でそれぞれの「**シンボルの違い**」を**認識**する必要があります。例えば、非常に多くのイディオムを作っている日本語の「手」と英語の **hand** を比べてみると、共通している意味用法は、「人手（**short of hand**：**人手が足りない**）、所有（**fall into one's hands**：手中に落ちる）、技量、援助、賞賛の手（**give ～ a hand**）、トランプの手、関わり**」で、日本語だけにあるのは「手段（その手はくわない）、世話（手のかかる子ども）、方向（山の手）、種類（この手のもの）」などですが、英語にだけあるのは「筆跡（write a good hand）」という用法です。

　いかがですか。いずれも用法が多く、様々な比喩・慣用表現を作っています。そこで今回は、英文ライティング力を UP していただくために、英字誌や英語のニュースでよく使われるような比喩表現をクイズにチャレンジしながらどんどんと覚えていただきましょう。普通の言い方と比喩表現ではハートに与えるインパクトの度合いがまるで変わってくるので、言葉遊びをエンジョイしながら語彙表現をビジュアル的に楽しみましょう。

最重要時事英語表現クイズにチャレンジ！

（　　　）内に入る適切な単語を下の選択肢から選んでください。

1. 不良債権処理の大失敗　a bad-loan（　　　）

2. 立て続けに起こる出来事　a（　　　）of events

3. 過去を思い出させるもの　an（　　　）of the past

4. 政治情勢　a political（　　　）

5. 業界への波及効果　a（　　　）effect on the industry

6. 最後の作品　a（　　　）song

7. 仲間を分裂させる　drive a（　　　）between the groups

8. 思考の糧　（　　　）for thought

9. 世間を騒がす　make a（　　　）

10. 一世を風靡する　take the world by（　　　）

11. 科学者の究極の目標　the（　　　）of scientists

12. 新時代の入り口で　on the（　　　）of a new era

13. 成功の物差し　a（　　　）of success

14. メディア王　a media（　　　）

15. モラルの喪失　a moral（　　　）

16. 質問攻め　a（　　　）of questions

17. 彼女の計画を後まわしにする　leave her plan on the back（　　　）

18. 危機を緩和する　（　　　）a crisis

19. 実現しそうにない夢　a（　　　）dream

20. 法案を強引に通過させる　（　　　）the bill

---

yardstick　　landscape　　cascade　　debacle　　echo

food　　ripple　　swan　　storm　　wedge　　splash

mogul　　vacuum　　railroad　　barrage　　Holy Grail

defuse　　threshold　　pipe　　burner

---

1. **debacle**（「行政の大混乱」は an administrative **debacle**、「選挙の大失敗」は an election **debacle**）

2. **cascade**（「相次ぐ企業倒産」は **a spate of** business failures、「うち続く惨事」は **a chapter of** disasters）

3. **echo**（「そっくり」は a **carbon** copy、「既存製品の焼き直し」は a **rehash** of existing products）

4. **landscape**（「見通し」の意で、a political **climate** とも。「文化景観」は a cultural **landscape**、「外交の展望」は a diplomatic **landscape**）

5. **ripple**（「～に波紋を広げる」は send **ripples** through ～。「波及効果」は a **knock-on effect**、「連鎖反応」は **chain reactions**）

6. **swan**（死の直前に見事に歌いあげる白鳥の伝説から）

7. **wedge**（「楔」の意。the thin end of the **wedge** で「重大な結果になるかもしれないささいなこと」)

8. **food**（他の比喩表現として、**food** for laughter（笑いの種）、**food** for powder（弾丸の餌食）、**food** for the mind（心の糧）など）

9. **splash**（「世間を驚かす」は **set** the world **on fire**、「世界中に衝撃を与える」は send a **shockwave** through Japan）

10. **storm**（be the **rage** of the times とも）

11. **Holy Grail**（アーサー王伝説で「聖杯」を探すクトが騎士の理想だったことから）

12. **threshold**（「玄関の敷居」が原義。「核兵器の使用開始期」は the nuclear **threshold**）

13. **yardstick**（「価値尺度」は a **yardstick** of value、「成功の指標」は a **barometer** of success）

14. **mogul**（**tycoon**、**magnate**、**baron** とも。「産業界の巨頭」は **tycoon**[**baron**] of industry、「経済学の権威」は an economic **czar**）

15. **vacuum**（「政治[モラル]の停滞」は political[moral] **paralysis**）

16. **barrage**（a **flood**[**deluge**、**avalanche**] of questions とも。「～

を質問攻めにする」は **bombard**[**pepper**] 〜 **with** questions）

17. **burner**（「提案を棚上げにする」は **table** a proposal）
18. **defuse**（「緊張を和らげる」は **defuse** tensions）
19. **pipe**（「絵に描いたもち」は **pie in the sky**）
20. **railroad**（**railroad** some into a decision で「（人）にある決定を無理やりさせる」

　いかがでしたか。出題されたものは比喩表現の中でも非常によく使われる、わかりやすいものがほとんどなので、できれば8割は正解していただきたいものです。それではこの他にも重要なものを新語も含めて挙げておきますので、ぜひマスターして英語の発信力をどんどんUPさせていきましょう！

その他の重要表現をマスター！

☐ **a feast for** the eyes　目の保養（「目に対するごちそう」からの比喩）
☐ **take center stage**　注目を集める
☐ **a vehicle** for promoting one's site　サイトを宣伝する手段
☐ **bear the brunt of** attack　攻撃の矢面に立つ（brunt は「（敵の攻撃の）主力」）
☐ **in one's capacity as** a politician　政治家という立場で
☐ **run the whole gamut**　ピンからキリまで（gamut は「全音域」）
☐ **the cream of the crop**　（ある集団の）最良の人[物]
☐ **turn over a new leaf**　心機一転する（「新しいページをめくる」からの比喩。他には **take a new lease on life**）
☐ **out of one's depth**　背の立たない深みにはまった→人の理解[能力]を超えた
☐ （**be**）**up for grabs**　仕事・チャンスなどが誰でも手に入れられる
☐ （**be**）**a far cry from**　〜と全く違う（far は long でも OK）
☐ **paint oneself into a corner**　（失敗して）窮地に追い込まれる

□ the **miasma** of defeat　敗北の悪影響（miasma とは「毒気」）

□ a **beacon** of hope　希望の光

□ have a **tunnel vision**　1つの目的や考え方にとわられる

□ **political**[economic] **juggernaut**　絶対的な政治[経済]力
（juggernaut はヒンズー教の Vishnu 神の化身「神像」のこと）

□ an intriguing **twist**　妙案（twist とは「意外な展開」）

□ a **magic bullet**　問題解決の特効薬（a **silver bullet** とも）

□ a **dynamo** of dazzling energy　見事なエネルギーを持った人

□ a **new wrinkle**　新案（wrinkle は「新趣向、妙案、うまい考え」）

□ **take the flak** [**flack**]　厳しい批判を受ける（flak は「対空砲火」）

□ a **game changer**　概念や仕組みを一変させるもの

□ **derail the plan**　計画を狂わせる

□ a **six figure income**　6桁の収入（年収10万㌦以上100万㌦未満）

□ **one-percenters**　超富裕層（トップ1％が富の40％を持つことから）

□ a **career milestone**　キャリアで節目となる大仕事

□ a **high-profile** campaign　人目を引く運動

□ a **glimmer**[ray、gleam] **of hope**　いちるの望み

□ a local **chapter**　地元支部

□ **a tide of** refugees　大量の避難民

□ **a wave of** popularity　人気の上昇

□ a **whirlwind of activity**　慌ただしい活動

□ **winds** of change　社会変革の動き

□ an **engine** of economic growth　経済成長の原動力

□ **a train of** thought　一連の考え、思考の脈絡

□ **a window of** opportunity　タイミングのよい機会[チャンス]

□ **level the playing field**　機会の均等（「水平な競技場」から転じて）

□ **screenagers**　スマホやタブレットの画面に釘付けの10代の子ども

□ **movers and shakers**　有力者（**prime movers** で「主導者」）

□ an **outreach program**　福祉計画

□ a **flash point**　紛争の火種（a **powder keg** で「（大災害・大事件

を引き起こす）危険をはらんだ場所」）

- □ **demonize** the enemy　敵をののしる
- □ a **cog in the wheel**[**machine**]　組織の歯車
- □ the **center of gravity**　活動の中心
- □ the **centerpiece** of one's diplomacy　外交の最重要項目
- □ a **sticking point**　障害
- □ a **tipping point**　転換期
- □ **frenemy**　友人でもあり敵でもある人（friend＋enemy から）
- □ **open up a Pandora's box**　あらゆる困難を招く
- □ **broaden one's horizons**　視野を広げる
- □ **face the music for** one's wrongdoings　悪事の罰を受ける
- □ **turn**[**tip**] **the scales** in favor of [against] ～　～に有利[不利] になる
- □ **the old-old**　後期高齢者（**the young-old** で「前期高齢者」）
- □ **opt-out generation**　学歴・キャリアがありながら母親業をするために仕事を辞める女性の世代
- □ an **eternity leave**　終末期の肉親を看病するために取る末期介護休暇
- □ **intellidating**　知的に興奮するデート
- □ **boomerang kids**　数年親元を離れたあとに里帰りした人
- □ a **media circus**　報道合戦（**media hype** で「誇大宣伝」）
- □ **creative juice**　創造意欲、創造力
- □ a **household name**　誰もが知っている名前
- □ **catapult ～ into stardom**　（人を）一気にスターの座にのし上げる
- □ **develop a thick skin**　批判に対して鈍感になる
- □ **at one's fingertips**　すぐに利用できる
- □ a **comfort zone**　進歩のない楽な状態
- □ **punishing work**　大変な[ひどく疲れる]仕事
- □ **out-of-the-box, lateral thinking**　独創的思考
- □ **reinvent oneself**　自己改革する

□ **negotiate the minefield** 難局を切り抜ける
□ an **emotional roller coaster** 感情の起伏を激しくさせる状況
□ **play the devil's advocate** わざと反論する
□ **pull the plug** 突然中止する
□ **push the envelope** ぎりぎりまで頑張る
□ a **bone of contention** 争いの元（**dragon's teeth** とも）

　さていかがでしたか。このように比喩表現イディオムを使って、「理解する」を understand と単純に表現するよりも、**see the light** と言えば「目から鱗が落ちる」イメージが出てくるし、「とても調子がいい」をfeel very good よりも **feel like a million〔billion、trillion、zillion〕dollars** と言う方がインパクトがあって笑えるし、「トラブルに陥って」を in trouble と言うよりも、**on the ropes** や **in hot water** と言うと、「ボクシング選手のダウン寸前」や「熱湯の中の石川五右衛門」のイメージが湧いてきて、本当に苦境に陥った状況が目に浮かんできます。こういった比喩表現イディオムを使って英語表現力をどんどんUP していきましょう！

性差別表現を避け、political correctness（PC）を実践する！

	避けたい表現	適切な表現
ベルボーイ	bellboy	bellhop、attendant
議長	chairman	chair、moderator、coordinator、chairperson
詐欺師	confidence man	con artist、swindler、trickster
国会議員、下院議員	congressman	a member of Congress、legislator

家庭を大事にする男性	family man	home-lover、family-oriented
（大学・高校の）1年生	freshman	a first-year student、fresher、freshpeople
主婦	housewife	homemaker
夫／妻	husband / wife	spouse
特大の	king-size	jumbo-size、outsize
素人	layman	layperson、nonprofessional
傑作、名作	masterpiece	a great work、a work of art
出産休暇	maternity leave	a parental[child care] leave
仲介者、仲買人	middleman	go-between、agent、broker、arbitrator、dealer
男性［女性］の卒業生同志のつながり	old-boys'[girls'] network	professional[career] network
人類	mankind	humanity、humankind
興行術	showmanship	razzle-dazzle、performing[staging] skills
スポーツマンシップ	sportsmanship	fair play
（大学・高校の）下級生／上級生	underclassman / upperclassman	underclass students / upperclass students
イエスマン	yesman	yes persons、sycophant、flunky、hanger-on

剣道、剣術	swordsmanship	fencing[sword fighting] skills[expertise]

　最後に、英語の表現力 UP のために**婉曲表現**（**euphemism**）の例を挙げておきましょう。**euphemism** は、嫌なことや恥ずかしいことを相手に不快感を与えないように、オブラートに包んで遠回しに言うことです。例えば、**die**（死ぬ）の代わりに **pass away**、**breathe one's last**、**come to one's resting place** と言ったり、**poor**（貧しい）の代わりに、**underprivileged**、**less developed**、**economically abused**、**deprived** と言ったり、時事問題では **ethnic cleansing**（民族浄化）がありますが、この他にもオックスフォード出版の A Dictionary of Euphemisms から抜粋して紹介しましょう。

boring（退屈な）→ **less enjoyable**
stupid（バカな）→ **less academic**
fire（解雇する）→ **let ～ go**（**early retirement** は「早期退職」）
cosmetic surgery（美容整形）→ **aesthetic procedure**
criminal（犯罪者）→ **anti-social**
steal（盗む）→ **appropriate**、**liberate**
arouse（性的に興奮させる）→ **cause sexual excitement**
pregnant（妊娠した）→ **awkward**（年を取った）→ **mature**
fart（おならをする）→ **backfire**[**break wind**、**cut the cheese**]
naked（裸で）→ **in a birthday suit**

　この他、**comfort station** は「公衆トイレ」、prostitute（売春婦）は **comfort woman**。**controversial**（怪しい）、**creative**（粉飾した・怪しい）、**derailed**（頭がおかしい）などがあります。

第4章
英文法編

第1章で、英文ライティングにおける文法力の重要性について述べましたが、この章では、特にライティングのスキルUPに不可欠な「冠詞（限定詞：the、this、some、every等の冠詞や代名詞など名詞を限定するもの）」「名詞の可算・不可算」「時制」「前置詞」「文型」「構文（sentence structure）」「文の接続」などの知識の習得とトレーニングを行いましょう。

　英語は、冠詞（article［articleには「個々のもの」という意味があるので「個別化」]）や名詞の可算性（countability）や「時」の概念（tense）が日本語よりもかなり明確です。実際、日本語では「時制」に関してはアバウトで、「時を表す言葉」で文脈的に表します。ゆえに英語の時制を学ぶことは哲学的・心理学的で、その深遠な時制を理解するためには「文法用語」がその理解を妨げ、誤解を招いているということを認識する必要があります。限定詞（定冠詞や代名詞の「形容詞的用法」）に関しても、英語では明確にしようとします。これに対して、日本語ではその考え方が非常に少なく、それらの文法項目は英語学習者を悩ませています。

　また、ライティング力UPに前置詞の知識が重要なのは言うまでもないですが、前置詞は「力と方向」を表す極めて重要かつ深遠な品詞で、それぞれの前置詞のコンセプトをつかんで駆使できれば、英語の表現力が数段UPします。そして基本動詞と結びついた句動詞はこれまた奥が深く、生き生きとした躍動感のあるビジュアルに訴える英文ライティングをするために、ぜひとも会得してもらいたいものです。

　構文に関しては、英語は「スタイル・統一感」を重視して、「関係代名詞（relative pronouns）」や「分詞（participle）」などで、より秩序立てて接続や修飾をしていきますが、日本語にはそれほどの型がありません。また英文ライティング力を数段UPさせるには、「文型」をはじめとする様々な「構文」のスキルが重要です。文型に関しては、高校で英語の5つの文型を習い、大体わかったつもりでいる人が多いのですが、実際はもっと奥が深いものです。特に、「補語」を含んだ「第2文型（S＋V＋C）」や「第5文型（S＋V＋O＋C）」の運用力は重要です。

No. 13

冠詞のコンセプトをつかみ、ブレなく使いこなす！

　本章では、英文ライティング力 UP のために、「発信型実用英文法」の見地から日英の文法構造の違いを学び、その知識を実践で活かせるようにトレーニングを行っていきます。

　「冠詞・名詞」に関しては、「冠詞」というネーミングや日本語に「可算・不可算性」の概念が乏しいために、使いこなしにくくなっていますが、次の冠詞のコンセプトをつかんでブレなく使いこなせるようになりましょう。

　まず、「定冠詞（definite articles）」のコンセプトは「**区分と限定**」です。そこから３つの用法が生まれています。この３つだけを覚えてください。

定冠詞の３つの用法のエッセンスをつかめ！

> 1. すべてのものか同種のものの中で「他のものではなく、**それ！**」
> 2. すべてものか類似したものの中で「他のものと違って、**それというものは！**」
> 3. 省略されているが、「わかりきっている**それ！**」

　１つ目は、p.145 の図の上側のように、同じ種類であれ、色々なものの中であれ、「それ（そのライオン）は！」と**指摘・強調**するときと、下側のように「同種のものか色々なものの中で、「他の動物・ものと違ってライオンというものは」と区別して、**区分・概念的に強調する**場合です。いずれも「区分」がポイントです。そこで、the がついている場合はまず、「そのライオン」か「他のものと違ってライオンというもの」かを

文脈によって判断しなければなりません。同様に、the scientist も「その科学者は」と「科学者というものは」との2つの場合があり、それは文脈次第です。

　次に、Open the window. と言う場合、日本語では「窓を開けてください」となって、the に相当する「その」はありません。これは、Open the window (in this room). とか Open the window (you see over there). のように**言葉が省略されているケース**です。同様に、「関係者」を表す、the party [people] concerned、the party [people] involved も the party [people] concerned [involved] in the case [incident] などの省略形です。この他 the money enclosed (in the envelop)(同封のお金)や the user (of this device) も、(　　)内が省略されて定冠詞 "the" がついています。

　これに対して「**不定冠詞 "a"**「**格下げ（弱め）**」は、定冠詞 **the** の「**格上げ（強め）」の反対**」です。

　例えば uniform は可算と不可算の両方の用法がある名詞ですが、冠詞によって次のような意味の違いが起こってきます。

（**無冠詞不可算**）uniform is ～は「制服（概念）というものは～」
（**不定冠詞**）a uniform is ～は「色々なものがある中で、ある1つの制服は～」または、「色々な種類の制服がある中で限定できないある1つの種類の制服は～」
（**定冠詞**）the uniform is ～は「他のものと違ってその制服は～」または「他のものと違ってユニフォームというものは～」

　このように、冠詞の種類によって意味が変わるのです。つまり the によって「区分・強調」の意味が生まれ、a を使って「とある、ある種類の、ある程度の、1つの」のように「格下げ（弱め）」が起こってきます。ですから the をつけるか、a をつけるか、何もつけないかに迷ったときは、上のような言葉を補って判断してください。よって、The party was a success.（パーティは今回は成功だった）、Patience is a virtue.（忍

定冠詞 the の４つのコンセプト

同種の中で
「そのライオンは」
the lion

色々なものの中で
「そのライオンは」
the lion

lion [lion]
lion lion
lion lion

[lion]
humans
robots
mountain
train
hyena

類似したものの中で
「他の動物と違って
ライオンというもの
は」
the lion.

色々なものの中で
「他のものと違って
ライオンというもの
は」
the lion

[lion]
tiger
elephant
giraffe
zebra

[lion]
humans
robots
mountain
train
hyena

耐は美徳の1つである）とは言えても、普遍的に party イコール成功ではなく、忍耐と美徳が集合的に同位でなく忍耐が美徳の集合に含まれるので、The party was success.、Patience is virtue. は言えないわけです。

　また、同様に look at と take a look at、walk と take a walk、swim と have a swim では、前者がそれぞれ「ある特定のものを見る、（～へ）歩く、（～へ）泳ぐ」を意味するのに対して、後者は「ちょっと見る、ちょっと歩く（散歩する）、ちょっと泳ぐ（ひと泳ぎする）」のように、日本語でよく用いる「ちょっと」のニュアンスを出すことができます。よって、take a walk to the station や have a swim to the shore とは言えません。

　また日本人がよく間違える、冠詞によって意味が変わる "number" の用法も要注意です。

the number of「～の数」と **a number of**「多くの～」の混同に注意！

　The number of students **is** increasing year by year.

　（学生数は年々増加している）☞ **主語は単数扱い**

　A number of measures **were** taken to solve the problem.

　（その問題を解決するために多くの方策がとられた）☞ **主語は複数扱い**

　この他、定冠詞 the を伴う代表的な例を挙げておきましょう。

□ **the Internet**（インターネット）は通常、「画期的な発明品」といういう意味で the をつけますが、こういった発明品が当たり前になると radio のように「**普通名詞に格下げ**」されます。

□ **the government**（政府）は通常、国に1つしかない「中央政府」の意味です。

□ **the heart**（心臓）、**the stomach**（胃）は「唯一無二の重要なもの」で、体の臓器として「区別」する the をつけます。

□ **the basics**［**the fundamentals**］（基本原理）は他のものと違って「唯一無二の重要なもの」で、複数形の "s" をつけるのは、基本事項が複数個イメージでき、それらを the をつけて1つにまとめ「**集合体**」と見なしているからです。

□ **by the dozen**（ダース単位で）、**by the pound**（ポンド単位で）の

ように単位の前に the をつけるのは「**区分**」です。

□ **the upper class**（上流階級）や **the younger generation**（若い世代）はそれぞれ「下層階級」や「旧世代」との「**区分**」です。

□ **in the evening**（夕方）、from the beginning（最初から）、in the 1950s（1950年代に）、the north（北）、in the outskirts（郊外で）の前の the はそれぞれ**時、方角、地域の「区分」**を表します。

また、「冠詞」は英語のリズムと関係しています。日本人は「本」を英語では book としか思っていませんが、英語では a bóok の a が「裏」で book が「表」から入り、英語のリズムが生まれ、英語特有の「可算性」も表現できるのです。

そこで登場するのが「英語のリズム」の重要性です。**Thís** is a **pén**. この文でのキーワードは太字部分の This と pen です。よって「表（強い部分）」のリズムになりますが、その「裏（弱い部分）」のリズムに当たる部分が is だけだと短すぎてバランスが取れません。というのは、速い会話では is が this と「同化（assimilation）」して短くなってしまいます。その結果、**リズムを良くするために、必ず「不定冠詞」が必要**となってくるわけです。

ちなみに不可算名詞の場合は、Would you **líke** some **wáter**〔foód, money〕? や Do you **have** some **money**〔food, water〕? の場合、キーワードは like あるいは have と water〔food, money〕なので、それらが「表（強い部分）」のリズムで読まれますが、その間の「**裏**」のリズムは **some によって作る**ことができます。ですから対訳に「いくらかの」という日本語が載っていなくても、英語ではリズムを良くするために some をつけます。日本語で言えば「ちょっと食べる？」という感じになります。

「限定詞」の使い方に要注意！

この他、限定詞としての **the**（定冠詞「その」）と **this**（この）との違いも要注意です。例えば、商品のマニュアルなどで、when you use the device と when you use this device が使われているときがありますが、前者は日本的感覚で言えば、「装置を使う場合」に相当し、後者は「この装置を使う場合」に相当します。日本語ではいちいち「その」をつけるとは限らないので、日本語で「その」をつけたい感覚のときは、theのかわりに this や that をつけるようにしましょう。

ちなみに、英語では、日本語で考えるとくどいくらい「代名詞の形容詞的用法」である「この」「私の」などを使いますが、日本語の場合は主語や所有格の代名詞をよく省きます。日本語のコミュニケーションでは「誰のこと？」「誰のもの？」と主語がわからなくなることがよくあると考えれば、これが**英語の持つ clarity** ともいえるでしょう。例えば、よく名所や観光案内で用いられる「〜で有名な」も、「所有格」を省く人がいますが要注意です。

□ Sydney is famous[well-known] for **its** opera house.
（シドニーはオペラハウスで有名です）
□ Kyoto is world-famous for **its** historic shrines and temples.
（京都は由緒ある神社仏閣で世界的に有名です）

また、「自分の」を強調する場合は、It's mý house! のように my に強勢を置いたり、my own house のように言ったりします。

それから「冠詞」と「副詞」の配置で、an only child は「一人っ子」、only a child は「ほんの子ども」、the only child は「唯一の子ども」といったように**意味が変わる**点にも要注意です。

No. 14

名詞の可算・不可算をマスターする！

　名詞は大きく**普通名詞・集合名詞・抽象名詞・物質名詞・固有名詞**の5種類に分類されますが、重要な概念に、可算 $\boxed{\text{C}}$（**countable**）・不可算 $\boxed{\text{U}}$（**uncountable**）という区別があります。基本は**普通名詞**と大部分の**集合名詞**が「可算名詞」、**抽象名詞、物質名詞、固有名詞は「不可算名詞」ですが、実は集合名詞や抽象名詞、物質名詞、固有名詞にも可算・不可算の両方があるものも多く、それぞれ意味が変わり要注意です。**

　例えば、information は $\boxed{\text{U}}$ 不可算名詞では「情報、知識」の意味になるのに対して、$\boxed{\text{C}}$ 可算名詞では「受付、案内所」の意味になります。また、work は最近よく誤用されていますが、基本的に $\boxed{\text{U}}$ では「仕事、勤務、勉強、研究などの概念」を表すのに対して、$\boxed{\text{C}}$ では「本、絵画、音楽などの**具体的な作品**」を意味します。さらに experience も $\boxed{\text{C}}$ と $\boxed{\text{U}}$ を混同して使われがちなのですが、基本的に $\boxed{\text{C}}$ は「自分の人生観に影響を与えるような**1回の経験[体験]**」を表すのに対して、$\boxed{\text{U}}$ では「**仕事や活動によって習得した知識とスキルとそれを得ようとするプロセス**」を表し、$\boxed{\text{C}}$ と $\boxed{\text{U}}$ とでは意味が変わってきます。

　そこで、このセクションでは、英文ライティング力 UP のために重要な「集合名詞」と「複数名詞」の用法について解説とトレーニングを行いましょう。

　まず**集合名詞**（**collective noun**）は「**人・動物・物などの集合体を指す名詞**」のことで、集合名詞にも可算と不可算の両方があり、**単数扱いか複数扱い**かという視点から次の3つに分類されます。

> **1. 単数扱いも複数扱いもある集合名詞**
> [family 型] = 例：team、committee、jury、audience、staff、class、crew、nation、crowd
> **2. 単数の形をしているが、通例複数扱いの集合名詞**
> [police 型] = 例：cattle、clergy、aristocracy、nobility、poultry、people
> このタイプは不定冠詞 a/an をつけることはありません。
> **3. 常に単数扱いする、不可算名詞である集合名詞**
> [furniture 型] = 例：baggage、machinery、clothing

まず1. に関して、The audience was satisfied. は、「聴衆」を**1つの集合体**ととらえていますが、The audience were satisfied. は「聴衆**1人1人**」にスポットが当たっているという違いがあります。次に2. の**police、cattle、clergy** などはどれも「集合で、それも多数で群れをなす」という発想から、**常に複数扱い**になります。個々のメンバーを表す場合は、

□ police → a police officer (*a policeman)

□ cattle → a cow（乳牛）、an ox（去勢した雄牛）、a bull（去勢しない雄牛）

□ clergy → a member of the clergy (*a clergyman)

□ aristocracy → an aristocrat

のような表現を使います。

また3. の「furniture 型」は常に単数扱いする集合名詞なので、可算にする場合は次のように「普通名詞」に変えます。

常に単数扱いの集合名詞 U （概念化「〜というもの」）	普通名詞 C （個別化・具体化）
□ furniture（家具）	a desk / a bed など
□ machinery（機械類）	a machine（1台の機械）
□ **baggage [luggage]**（荷物）	**a trunk / a bag** など

□ poetry（詩というもの）	a poem（1篇の詩）
□ **scenery**（風景）	**a scene**（1つの眺め）
□ clothing（衣類）	a dress / a shirt など
□ merchandise（商品）	a product（1つの商品）
□ **fiction**（小説）	**a novel**（1つの小説）
□ jewelry（宝石類）	a jewel（1つの宝石）
□ **equipment**（備品、機器）	**a device**（1つの装置）

　その他にも、**traffic**（往来、交通量、取引）、**garbage**［**trash**、**rubbish**]（ゴミ、くず）などがあります。集合名詞も日本語の発想にないものなので要注意です。

　次に固有名詞は、本来は**不可算名詞** U ですが、**可算名詞** C になる（**不定冠詞**をつけたり、**複数形**にする）特殊な用法があり、英字誌などでも We must create a strong America! のように言いますが、これも重要です。

1. ～家の人々、～夫妻
□ Her father is a Rockefeller.（彼女の父親はロックフェラー家の人だ）
□ The Carnegies are coming to the party.
　（カーネギー夫妻がパーティーにやってくる）

2. ～のような人／都市（有名人／有名な都市）
□ I'm sure he is a Mozart.（彼はモーツアルトのような天才音楽家だ）
□ There are many Parises in Europe.
　（ヨーロッパにはパリのような粋な街がたくさんある）

3. ～という人
□ There's a Mr. Obama to see you.
　（オバマさんという方がお見えです）
□ There are three Kimuras in this class.
　（このクラスには木村という名の生徒が3名いる）

4. 〜の製品・作品

☐ I bought a Sony yesterday, too.

（昨日もまた、ソニーの製品を1つ購入した）

☐ The museum owns three Renoirs and a Monet.

（その美術館はルノワール3点とモネ1点を所蔵している）

　最後に、複数形にして使う「複数名詞」は要注意です。例えば、「価値観」は value ではなく **values**、「郊外で」は in the suburb ではなく **in the suburbs**、「貯金」は saving ではなく **savings** といいます。厄介なのは、これらの名詞に対する動詞が、「複数扱い」か「単数扱い」か「単数・複数扱い両方ある」の3パターンということです。そこで代表的な複数名詞の動詞の呼応に関するクイズにトライしましょう！

複数名詞の動詞呼応クイズにチャレンジ！

以下の文に間違いがあれば正してください。

1. The proceeds goes to charity.（売上は慈善団体に寄付される）
2. The odds is good.（勝ち目がある）
3. The headquarters of our company is located in Paris.
（我が社の本部はパリにある）
4. Our business hours is Monday through Friday: 8 am to 5 pm.
（営業時間は月曜から金曜の午前8時から午後5時までだ）
5. A series of lectures were delivered in Oxford.
（オックスフォードで一連の講義が行われた）

解答&解説

1. **goes → go** 「お金、所有物」を表す複数名詞は通例複数扱いの場合が多く、この **proceeds**（売上）も、**earnings**（収益）、**belongings**（所持品）などと同様に複数扱いです。
2. **is → are** odds（勝算）は通例複数扱いのため、The odds are good [bad]. となります。

3. **正しい文。** **headquarters**（本社、本部）は単複双方可能と辞書にはありますが、**実際には単数扱い**することが圧倒的に多く、The headquarters of the UN is located in New York City.（国連本部はニューヨーク市にある）のように言います。

4. **is → are** **business hours**（営業時間）は**複数扱い**が圧倒的に多いです。

5. **were** が◎であるが **was** も○。**a series of ～**（一連の～）はかつては**単数扱い**が原則でしたが、現在では **were** の方が使用頻度が数倍高い。ただし、**There is[are]～型構文**では今なお、**there is a series of ～** の方が there are a series of ～ より**倍近く多く用いられています**。

　ここで英文ライティングでミスしないように、重要な複数名詞を挙げておきます。代表的なのは次のグループですが、基本的に「概念的なものを具体化したもの」や「繰り返して行われるもの」と考えてください。

RANK 1 お金・所有物に関するもの 複数扱い（具体的になったもの）
□ proceeds（収益）　□ belongings（所持品）　□ valuables（貴重品）
□ premises（家屋敷）　□ assets（資産）　□ expenses（経費）
□ damages（損害賠償）　□ necessities（必需品）

RANK 2 言ったり書いたりすること 複数扱い（繰り返して行われるもの）
□ acknowledgements（謝辞）　□ congratulations（祝辞）
□ directions [instructions]（指示）　□ talks（会談）

RANK 3 状況・条件 複数扱い（繰り返して行われるもの）
□ circumstances [conditions、surroundings]（周囲の事情）
□ terms（条件、関係）

RANK 4 場所 単数・複数扱い（具体的なエリア）
□ suburbs [outskirts]（郊外）　□ provinces（地方）　□ waters（水域）　□ rapids（急流）　□ premises（敷地）　□ headquarters（本部）

複数扱い（対になったもの）
□ clippers（はさみ）　□ tweezers（ピンセット）　□ pliers（ペンチ）
□ scales（はかり）　□ braces（歯並び矯正器）　□ fatigues（作業服）

RANK 6 人々のグループ　複数扱い（集団）
□ authorities（当局）　□ masses [ranks]（庶民）　□ police（警察）
□ defense forces（防衛軍）　□ reinforcements（援軍）

RANK 7 食物　複数扱い（具体的になったもの）
□ refreshments（軽い飲食物）　□ provisions（食糧）
□ groceries（食料雑貨類）　□ spirits（アルコール類）

　この他にも補足しておくと、odds（勝ち目、公算）複数扱い、figures（数字）複数扱い、manners（行儀）複数扱い、business hours [office hours]（営業時間）複数扱い、species（種、種類）単数・複数扱い などが重要です。

　また、次のような単数形と複数形で意味が大きく異なるものと、単複同じ形で意味が異なるものも重要なので覚えておきましょう。

water は単なる「水」であるのに対して、**waters** は「海、領海、鉱泉水」
height は「高さ、身長、高度」に対して、**heights** は「高いところ、高地」
manner は「方法、やり方、態度、作風」に対して、**manners** は「作法、礼儀、（ある時代や社会の）慣習」
communication は「情報のやり取り、メッセージ、共感、伝染」に対して、**communications** は「通信手段、通信網、コミュニケーション術、通信学」
statistics は単数扱いは「統計学」、複数扱いは「統計資料」

No. 15

英語の「時制」「仮定法」を使いこなす！

　英語は「時」の概念（tense）、つまり動作の起こった時間関係を明確にしようとしていますが、日本語はアバウトで時を表す言葉で文脈的に時を表します。ゆえに英語の時制を学ぶことは哲学的・心理学的で、その深遠な時制を理解するためにはまず、「文法用語」がその理解を妨げ、誤解を招いているということを認識し、「発信型実用英文法」の見地から、時制を感覚的に理解し、それを実践で活かせるようにする必要があります。そこでまず第1問は、よく大学入試問題にも出題された「最近」を表す語の使い分けからです。

問題1
「最近」を表す nowadays、recently、currently、lately の違いを、例を挙げて説明してください。

解答&解説

いかがですか、わかりますか。これは日本人の英文ライティングで非常にミスの多い文法項目です。

nowadays：「昔と違って今は」という「過去」との「対比」を表し、必ず動詞は「現在形」を用います。それは these days も同じです。Nowadays most Japanese people are reluctant to make stock investments.（最近、たいていの日本人は株式投資をやりたがらない）のように使います。

recently：過去を振り返って「ここ最近は」という意味なので、基本的に動詞は「現在完了形」がマッチしますが、過去を振り返る状況から「過去形」も使えます。We（have）recently published a book on Japanese culture.（我々は最近、日本文化に関する本を出版した）のように使います。

currently：これは「今まさに進行中（**ongoing**）」でという意味で、「**現在進行形**」と相性が合い、We are <u>currently</u> working on this project.（我々は目下このプロジェクトに取り組んでいる）のように使います。

lately：これは時制的には「**万能**」ですが、特に「**習慣的な動作**」を表し、He sits in the lounge drinking tea all by himself lately.（最近、彼は休憩室で1人でポツンとお茶を飲んでいることが多い）のように使います。

「現在時制」は英語で **the present tense** といいます。present とはもともと「**存在している**」という意味で、時間的に見た現在の地点や今起こっていることを表しているのではありません。例えば I keep a diary. や I play tennis. と言えば、「目下、日記をつけているところ」「目下、テニスをしているところ」という意味ではなく、過去も現在も未来も「**習慣的に行っている**」という意味になります。また、話者の目の前に存在していたり、頭の中で生き生きと描くことができたりする場合にも現在形を使います。例えば、すでに決定している予定を言うときに I go to America tomorrow.（明日、アメリカに行きます）と言いますが、これは話者や相手がその出来事を**鮮明にイメージ**できるので、「現在時制」を使っているのです。

　もし現地点を表して「**目下〜している**」と言いたいのであれば、「**現在進行形（the present progressive tense）**」を使って I'm now keeping a diary. や I'm now playing tennis. と言わなくてはなりません。now をつけないと、「今している」のか「今しようとしている」のかわからなくなってしまいます。というのは「何かをしている状態」は、遠い未来のことでない限り、**現在と未来がつながっている（continuum）**からです。

　一方、「**過去（past）**」は1秒前でも現在とはつながっておらず、もし

過去から現在までつなげようとすると、「現在完了（the present perfect）」という時制が必要になってきます。ただし、この「現在完了」も、単なる物理的時間の経過だけでなく、心理言語学的にとらえないとそのコンセプトをつかむことができません。

　そこで、I've been studying English for five years. は「私は英語を5年間勉強している」ではなく、「私は英語を勉強して**今で5年になる**」とあくまで「**現在に視点がある**」と理解する必要があります。同様に、I've seen the movie. は「その映画を見たことがあり**今思い出せる**」となり、対して I saw the movie. は「その映画を見たことがあるが、昔のことで思い出せない」というニュアンスになります。

問題2

新幹線に乗ると車内放送が流れてきますが、例えば品川で新大阪行きの新幹線に乗ると次のような日本語放送が流れてきます。これらの英語訳を考えてみてください。

1.「名古屋には〜時に到着いたします」
2.「新横浜で少し停車いたします」
3.「間もなく新大阪に停車いたします」

解答&解説

　これらはどれも「英語の勉強をします」と同様、未来のことなのに、日本語ではすべて「現在形」で断定的に述べられています。ところが新幹線の英語放送ではこれらを表すのに3つの異なる未来時制を使っています。

　まず、品川から乗って間もなく流れる最初の放送では、**We will be arriving at Nagoya at 〜.** と、「**will be 〜ing**」という未来進行形が、その前に新横浜に停車する場合は **We will make a brief stop at Shin-Yokohoma.** と未来形が、最後に新大阪駅に着く手前になると、**We are soon arriving at Shin-Osaka.** のように、近い未来を表す現在進行形が使われています。

　1つ目は「確定未来」と呼ばれ、**will** や **be going to** よりも実現性が

高く、「何事もなければそうなる」といったニュアンスで、世界一正確な新幹線のように明確に到着の時間が決まっているけれど、あくまでも未来のことで断定はできないために、**be ～ing** に **will** を加えて確定性を緩和する感じです。

　2つ目は、停車中に何かが起こって少し出発が遅れるかもしれないので**推量を表す will** を使っています。しかし3つ目のように、電車が減速し始めて次の駅に停車する体制に入ると、**現在と未来とがつながっている時制、be ～ing** を用います。これは（相手のところへ）行くときや（自宅などに）帰るときに I'm coming. や I'm leaving. と言うのと同じで、その行為をとる体制になり、それが未来とつながっている場合は be ～ing を用いるわけです。

　英語で未来を表すには、**will、be going to、will be ～ing、be ～ing、be to、be（現在形）**の6つがあって、学校教育では will や be going to を中心に教えていますが、その他の表現も使い分けられるようになりましょう。

　will は感情を表し、「**内的外的要因による意志**」を表します。つまり、内的な場合は「やるぞ！」で、外的な場合は「わかった、やるよ」と気乗りのしない場合も含みます。また、自分のことを言わない場合は「多分そうなります」という予測になります。

　be going to は「～の方に向かっていく」ところから、「**予定**」や will よりも「**実現性の高い未来**」を表します。これに対して、**will be ～ing** は be going to よりも確率が高く、「**何事もなければ当然そうなる**」といったニュアンスです。時間に世界一正確な新幹線のように、ごくわずかな誤差で明確に到着の時間が決まっているけれど、あくまでも未来のことで断定はできないので、will を用いて語気を緩和する感じです。

　be ～ing は、現在と未来とがつながっている時制を表し、もう今その動作をしている場合に用いる、いわゆる未来時制です。例えば「ご飯ですよ」と言われて「行きます」や、自宅などに帰るときに「帰ります」は、I'm coming.、I'm leaving. と言います。もう行く態勢になり、それが未来とつながっている場合は be ～ing を用います。

be to 構文は、人が主語の場合は I am to marry him. のように「運命・予定・可能」などが混じり含蓄のある表現ですが、事柄などが主語の場合は、The meeting is to be held tomorrow. のように**未来に起こる事柄の公的な決定事項**に用いられ、**現在形を用いる場合は確定して絶対変わらない出来事**を表す場合に用います。こういった重要な時制の知識をもっと身につけたい方は、私の著書『スーパーレベル パーフェクト英文法』をお読みください。

　また、ライティング、特にビジネスレターライティングでは「**助動詞・仮定法**」のスキルが重要です。たとえば、クライアントにお願いするときに、「〜してくだされば幸いです。」というのを、英語では、**I would appreciate it if you could** help us[provide information, arrange a meeting, reply as soon as possible]. のようにすれば、丁寧に依頼を表すことができます。また、態度が横柄な人に対して、I wouldn't say[do] that. と言えば、「私なら（If I were you の省略形）そんなことは言わない［しない］」と間接的に非難することができます。

　よく使われる **I couldn't agree with you more.**（大賛成だ）も仮定法過去の例で、これは I couldn't agree with you more even if I wanted to. の省略形で、「もしあなたにもっと同意したくても、これ以上同意できないほどに同意している」のことで、この反対に more を less に変えると大反対になります。

　また、死にそうな目に会ったときなどに、「（その飛行機に乗っていたら、）死ぬところだったよ」というのは、**I would be dead now** (if I had taken the plane).［仮定法過去・過去完了混合型］や、**I could have been killed.**［仮定法過去完了］で言い表すことができます。

　この他、いい映画やパフォーマンスを見損ねた人に対して **You should have seen it.** と言えば、「それを観るべきだったよ」より、「どうして観なかったの、いい映画だったのに」という日本語のニュアンスになります。そして、**You shouldn't have done it.** は「どうしてそんなことするんだ」、**You wouldn't stand a chance.** は「（戦っ

て）も勝ち目ないわよ」という「どうせ負けるよ」のニュアンスが仮定法を用いることによって生まれます。

　このように、日本語では仮定法（過去・過去完了・未来・現在）の発想がないのでとらえにくいのですが、話者の心境や状況を描写する仮定法は英語のコミュニケーションにおいて重要です。

ライティング力 UP のための 5 文型・構文をマスターする！

　英文ライティング力を数段 UP させるには、「**文型**」をはじめとする様々な「**構文**」のスキルも重要です。文型に関しては、英語学習者は高校で英語の５つの文型を習い、大体わかったつもりでいる人が多いのですが、実際はもっと奥が深いものです。特に、「**補語**」を含んだ「**第２文型（S＋V＋C）**」や「**第５文型（S＋V＋O＋C）**」の運用力は重要です。しかし、実例も少ないレクチャーではほとんど文型をつかめず、その結果、英語のスピーキングやその他のスキルも弱くなってしまいます。

　第２文型（S＋V＋C）にしても、高校で第２文型として主に習う「～である、～になる」を表す be、become、get、go、keep や「～に思える」を表す知覚動詞 appear、seem、look、sound、taste、smell 以外にも、用いられる動詞にはもっと多くの種類があります。例えば、**rank high**（ランクが高い）、**end up〔wind up〕dead**（死ぬ結果となる）、**die a rich man**（死んだときに金持ちである）というようにたくさんあります。

　さらに比較・接続・分詞構文などの構文の運用力も、引き締まった洗練された英文を書くのに重要です。英語は「関係詞」や「接続表現」「分詞（構文）」などで修飾していくために１文が長くなりがちなので、このことについても２文を１文にするトレーニングなどを通して後で詳しく述べ、そのテクニックを習得していただきます。そこで、ここでは英語の発信力のために、まず補語を含む第２文型と第５文型を限界まで会得していただきましょう。

第2文型をマスターしてライティング力UP!

1. 存在系グループをマスター！

「である」グループ：keep、stay、remain、hold、lie、go、pass、rank、stand（remain は keep、stay、hold より長い期間）

「なる」グループ：come、run、turn、grow、end［wind］up

「いる」グループ：hang、lie、sit、stand

「固まる」グループ：freeze、set

□ あなたの意見は考慮していきます。→ I'll **stay open** to your ideas.

□ 過失は見過ごされた。→ The error **went**［**passed**］**unnoticed**.

□ 彼はついには文なしになった。→ He **wound**［**ended**］**up broke**.

□ 彼女はじっと立っていた。→ She **stood still**［**motionless**］.

□ 地面はガチガチに凍った。→ The ground has **frozen solid**.

2. 往来発着系グループをマスター！

「現れる」グループ：**arrive、emerge、come、draw、return、escape**

「パーッと開閉する」グループ：**bang、blow、burst、slam、spring**

「離れる」グループ：**break、pull、squirm、work、wrench、wriggle**

「屈んで跳ぶ」グループ：**bend、crouch、fly、jump、leap、soar**

「終始」グループ：**close、creep、edge、end、finish、inch、open**

□ 父は早死にした。→ My father **died young**.

□ 彼は早婚［晩婚］だ。→ He **married young**［**late**］in life.

□ ドアはバタンと閉まった。→ The door **banged**［**slammed**］**shut**.

□ ねじが緩んだ。→ The screw **worked**［**came**］**loose**.

□ 彼女はレースで2位だった。→ She **finished second** in the race.

3. 知覚系グループをマスター！

「思われる」グループ：**appear、feel、seem、smell、sound**

「ふりをする」グループ：**play、act**

「光る」グループ：**flash、flicker、glisten、glow、blush**

□ とぼけるなよ。→ Don't **play dumb**.

□ 君の話は怪しい。→ Your story **smells**［**sounds**］**fishy**.

□ 彼の目は驚きで光り大きく開いた。→ His eyes **flashed open** in surprise.

　以上が「第2文型」ですが、学校で習うよりはるかに多くて役に立つでしょう。それでは次は「第5文型」です。

第5文型をマスターしてライティング力UP!

1. 知覚系グループをマスター！

「見なす」グループ：**brand**（烙印を押す）、**label**（レッテルを貼る）、**diagnose**、**hold**、**judge**

「見つける」グループ：**capture**、**catch**、**find**

「知覚」グループ：**catch**、**feel**、**find**、**notice**、**observe**

□ 我々は動物を生け捕りにした。→ We **captured** the animal **alive**.

□ 彼が行方不明であると届け出た。→ I **reported** him **missing**.

□ 彼はトラブルメーカーのレッテルを貼られた。→ He was **labeled**［**branded**］**a troublemaker**.

□ 彼がカンニングしているのを捕まえた。→ I **caught** him **cheating**.

□ 彼は家に入るところを目撃された。→ He had been **observed entering** the house.

この他、**be pronounced dead**（死亡が確認される）、**be certified brain-dead**（脳死と判定される）などがあります。

2. 移動系グループ

「飛ばす・引っ張る」グループ：**blow**、**shake**、**kick**、**pull**、**push**

「打つ」グループ：**batter**、**beat**、**drive**、**knock**、**send**、**strike**

「変える」グループ：**get**、**make**、**render**、**slice**

「塗る」グループ：**color**、**paint**、**spray**、**turn**

「回す」グループ：pitch、turn down、turn up
「保つ」グループ：have、hold、keep、leave
「もたらす」グループ：bring、have、keep、leave、send、set
□ 彼はドアを蹴って開けた。→ He **kicked** the door **open**.
□ 犯人はその男を射殺した。→ The criminal **shot** the man **dead**.
□ 秋で葉が黄色くなった。→ Autumn **turned** the leaves **yellow**.
□ 君は私をひどくイライラさせた。→ You **drove** me **mad**.
□ 修理工は機械が動くようにした。→ The repairman **got** the machine
   working.
□ 彼女はふたを回して開けた。→ She **turned** the lid **open**.
□ 心配事で彼は一晩中眠れなかった。→ The anxiety **kept** him **awake**
   through the night.
□ 地震で彼女の家は崩れ落ちた。→ The earthquake **brought** her
   home **crashing down**.
□ 彼らは火花を散らした。→ They **set** sparks **flying**.

   この他にも次のようなものがあります。
□ すべての人は生まれながらにして平等である。→ All the people are
   born equal.
□ 彼女は冷えたワインを出した。→ She **served** the wine **cold**.
□ 私は滑らかな肌触りの生地を好む。→ I **like**［**want**］the texture
   smooth.

   いかがでしたか。このように、5文型の中でも特に「補語」を含んだ
第2、第5文型をマスターすると表現力がグーンと UP します。

   文型と言えば、英語と日本語の「語順の違い」が原因で英語の発信が
難しくなることがあります。英語は基本的にまず **S＋V** を述べてから、
修飾語（**modification**）がそれに続く「動詞 oriented」言語ですが、
日本語は主語をぼかしたり飛ばしたりして、**修飾語から始まり、動詞が**

最後に来る「目的語 oriented」の言語であるため、英語と比べてＳとＶの関係がわかりにくくなります。

　例えば、日本語では「あの青い目をした背の高い外国人が好きだ」と言うのに対し、Ｓ＋Ｖ＋Ｏの語順の英語では、まずI love と言ってから最後に長い目的語を述べていきます。従って、「**昨日、10年ぶりに、銀座で親友に会った**」という日本文は、Yesterday, for the first time in ten years, in Ginza, I met my best friend. のように「修飾語先行型」であるのに対し、その自然な英文は、I met my best friend in Ginza yesterday for the first time in ten years. のように、基本的に「主語・述語動詞先行型」で、前に修飾語を入れたとしても、yesterday ぐらいです。

　ところで、以前に英語は構文的に日本語よりも秩序を重んじると述べましたが、英文ライティングでは次のような基本的な３つの構文ミスがよく起こります。

英文ライティングでよく起こる構文ミス

1. **fragment**―主部が存在しておらず意味をなさない文
2. **run-on sentence**―本来は２つに分けるべきである文を、接続詞なしにくっつけてしまった文
3. **dangling**―文法的には結合されない文のことで、日本語では「けんすい」と言われています。

　1. の **fragment** の例としては次の文があります。

The man was standing patiently in the rain. Cursing quietly over his bad luck.

　２文目は、Cursing からいきなり始まっていて、主語がないので、正しくは分詞構文にして、The man was standing patiently in the rain, cursing quietly over his bad luck. とするべきです。また、because

の誤用で、She did not do anything. Because she was ill. などがあります。She did not do anything because she was ill. か、2文に切るなら、She did not do anything. This was because she was ill. にすべきですが、これも fragment の例です。

2. の **run-on sentence** の例は、He wants to play tennis, he is not allowed to play now. のように、**接続詞がないのに**コンマで勝手にくっつけている文です。これは、He wants to play tennis, but he is not allowed to play tennis now. とします。

3. の **dangling** は、一般的に**分詞構文**などで、**意味上の主語と形式上の主語が食い違う場合に混同してしまう場合**によく起こります。例えば、(After) waiting for half an hour, the train finally came. のような文です。この文は、after を入れても入れなくても、the train が waiting して the train がついに来たというのは論理的ではないので、"dangling" と呼ばれ、After we waited for half an hour, the train finally came. とします。同様に、When we conducted an experiment, the new machine was more effective than the old ones. もつながっておらず、the new machine〜の前に、**we found that** を挿入しないといけません。

いかがでしたか。例文が簡単なためにこんなミスはしないとおっしゃるかもしれませんが、案外、日本人の英文ライティングによく見られる文法ミスなので要注意です。それでは次に、英語と日本語の構文の違いを知っていただくために、次の日本文を英訳してみてください。

問題 以下の日本文を英訳してください。
「栄養ドリンクは自動販売機で買えます」

主語の候補として、1. 栄養ドリンク、2. 自動販売機、3. 人（一般人）が考えられます。それぞれを主語にして英訳すると、次のような文になります。

1. Energy drinks are available in〔through〕vending machines.
2. Vending machines provides energy drinks.
3. You can get energy drinks from vending machines.

　いかがですか。日本語的に考えれば、1. や3. が一般的で、2は technical writing 調の堅い感じがします。こういったことがわかると、日英の構文における発想の違いや、フレキシブルに主語を変えられることや available という単語の価値がわかり、英語の発信力 UP につながるわけです。

　それでは今度は、「引き締まった英語」を書くための極意である英語の構文テクニックをご紹介しましょう。これはテクニカルライティングでは非常に重要なスキルなのでぜひ会得しましょう！

2文を1文に引き締めるテクニックをマスターする!

2文1文引き締めとは?

　英文のテクニカルライティングでは、「論理明快で英文が引き締まっているもの」、つまり情報の重要度を考慮した無駄のない簡潔な(concise)文がベストとされます。そこでこのパートでは無駄の多い英文を引き締めるテクニックを身につけましょう。このテクニックを習得するために、関連する2つの文を1文にまとめる練習をするのが効果的ですが、「2文1文引き締め方法」とはどのようなものでしょうか。まず2つの文にどのような関係性があるのかを見極めることが重要です。その関係性は大きく分けて次の3つに分類されます。

1. 因果関係タイプ	2. 対比・対照タイプ	3. 挿入タイプ

1. 因果関係タイプ

　2つの文が「原因」と「結果」でつながる場合には接続詞 because、since、as 等を使って1文にできます。

2. 対比・対照タイプ

　2つの文のそれぞれの内容が「〜その一方で…」という、文字通り対比や対象関係にあるもの。接続詞 whereas、and、but 等を使って1文にできます。

3. 挿入タイプ

　主節になる文にもう1文の内容を挿入するテクニックです。「同格挿入」や「分詞」を用いたり「関係詞」等で1文にまとめることができます。

　では実際に練習をしてみましょう。

〈例題1〉

2つの文章の関係性が3つのタイプのどれに当てはまるかを考え、1文にまとめてください。

A: The cell walls of all eubacteria contain the chemical substance peptidoglycan.

B: In comparison, the cell walls of archaeans lack the chemical substance peptidoglycan. （工業英検2004年11月1級−Ⅲ問題より）

解説

　まず、内容から判断すると "the cell walls" が主題であることがわかるので主語にします。次にBの文頭に **"In comparison"** とあり、Aの内容とBの内容を対比していることがわかるので、**"whereas"** を使って1文にできます。"and" や "while" も OK ですが、これらの語は「対比」の他に「〜と」「〜の間に」などの意味も含むので、テクニカルライティングでは明確に「対比」を意味する "whereas" が好まれます。

模範解答

The cell walls of all eubacteria contain the chemical substance peptidoglycan, whereas the cell walls of archaeans lack this substance.〈対比・対照タイプ〉

　いかがですか。2文を1文にまとめることで、対比関係を明らかにしつつ語数が少なくなり、すっきりとした文になるのがおわかりいただけましたか。ではこれを踏まえて問題練習に取り組みましょう。先述の3つのタイプのどれに当てはまるかを考え、1文に引き締めてください。

2文1文引き締め問題にチャレンジ！

〈例題2〉

A: Efficient object search is an important research issue in peer to peer environments.

B: It is especially important in those without centralized global indexes. （工業英検2003年11月1級−Ⅲ問題より）

解説

　これはAが重要な情報で、Bが2次的な情報であることがわかります。Bのit がAの内容を指しているので分詞 being でつなげます。さらに being を省略し、Aに挿入すると次のようになります。

模範解答

Efficient object search is an important research issue in peer to peer environments, especially in those without centralized global indexes.〈**挿入タイプ**〉

〈例題3〉

A: Baby boomers who have postponed parenthood 20 years or more increasingly turn to fertility drugs.

B: They know this will lead to twins 20% of the time and to triplets or more an additional 5% of the time.

（工業英検2000年11月1級−Ⅲ問題より）

解説

　これはAがポイントです。内容から判断すると though they know this will lead to とするほど強い逆説だとも考えにくいので、Aを主節にし、Bを分詞にして挿入します。

模範解答

Baby boomers who have postponed parenthood 20 years or more

increasingly turn to fertility drugs, <u>knowing that it</u> will lead to twins 20% of the time and to triplets or more an additional 5% of the time. 〈挿入タイプ〉

〈例題4〉

A: A magnetoresistive head does not read the varying magnetic field in a disk directly.

B: Instead, a magnetoresistive head looks for minute changes in the electrical resistance of the overlying read element.

（工業英検2001年11月1級-Ⅲ問題より）

解説

　ここではBのinsteadがキーワードです。「その代わりに～」となるので、当然そのあとに述べられることが重要なのでBを主節にしましょう。Aの内容をBにinstead ofを使って挿入します。

模範解答

<u>Instead of reading</u> the varying magnetic field in a disk directly, a magnetoresistive head looks for minute changes in the electrical resistance of the overlying read element. 〈挿入タイプ〉

〈例題5〉

A: Laser diodes are extremely susceptible to damage from spiking generated from high surge currents.

B: The damage susceptibility is caused by their quick response and low operating voltage. （工業英検1999年11月1級-Ⅲ問題より）

解説

　Bの文中に "is caused by their quick response and low operating voltage" とありますので、この部分が原因、Aの内容が結果となります。"their quick" 以下が句なので、"due to" で文をつなぐと次のようにな

ります。

模範解答

Due to their quick response and low operating voltage, laser diodes are extremely susceptible to damage from spiking generated from high surge currents. 〈因果関係タイプ〉

〈例題6〉

A: Marvin Minsky built a revolutionary light microscope that eliminated the need to cut a specimen into thin sections.

B: The microscope enabled Minsky to view successively deeper layers in a specimen with astonishing clarity.

(工業英検1998年11月1級－Ⅲ問題より)

解説

これはAが主情報です。microscope をさらに説明しているBの内容を挿入するのですが、少し工夫が必要です。関係代名詞を microscope 後に挿入し、そのままつなげると関係代名詞が2重になり簡潔な文ではありません。そこで、Aの "that eliminated the need to cut 〜" の部分を "without cutting 〜" と言い換えるとすっきりした1文になります。また、"by eliminating the need to 〜" としてもよいでしょう。

模範解答

Marvin Minsky built a revolutionary light microscope that enabled him to view successively deeper layers in a specimen with astonishing clarity, without cutting the specimen into thin sections.

〈挿入タイプ〉

〈例題7〉

A: Messages are sent from one part of a nerve cell to another by an electrical charge.

B: The same messages are sent between nerve cells by a chemical charge. （工業英検1994年11月1級−Ⅲ問題より）

解説

　これは少し複雑ですが、"messages are sent" が共通部分でまとめられそうです。また、"from X to Y" は "between X and Y" と同じ内容だと考えられるので、この部分も表現を統一させるとすっきりとわかりやすくなります。A、Bの相違点は A の "one part of a nerve cell" と B の "nerve cells" 部分なので and で並列に接続させると1文にまとめられます。

模範解答

Messages are sent between parts of a nerve cell by an electrical charge and between nerve cells by a chemical charge.

〈挿入タイプ〉

応用編にチャレンジ！

　たくさんの練習数でコツがつかめてきましたか。

　では最後に、その練習の成果を発揮し、応用編「4文1文引き締め」にチャレンジしていただきましょう。文が増えても怯まずに情報を整理し、どのタイプになるかを判断し、1文に引き締めてください。

〈例題8〉

A: Electrons are not found in the nucleus.

B: However, the decay of a neutron is thought to produce a proton and an electron.

C: The nucleus can eject an electron as beta rays.

D: Beta rays consist of electrons ejected by the nucleus.

（工業英検2006年11月1級−Ⅲ問題より）

解説

　これは4つの文の情報を整理しなければなりません。内容から判断する

と、Bが主節になることがわかります。AとBはBの "however" から判断して逆説関係にあるので "although" で接続します。B、Cは "electron" を共通項に持つので、"which" でつなぎ、DはCの補足情報的役割を果たしており、"beta rays" が共通項なので "consisting" を用いて分詞構文にして挿入すると、以下のように1文にまとめることができます。

(模範解答)

Although electrons are not found in the nucleus, the decay of a neutron is thought to produce a proton and an electron, which the nucleus can eject as beta rays consisting of those electrons.

〈挿入タイプ〉

ライティング力 UP 前置詞をマスターする！

　次に、英語学習上の大きな悩みの種の1つが前置詞でしょう。これは学校で「前置詞とは名詞の前に置くもの」と教わったために、前置詞の真意がわからなくなっていることが原因の1つです。しかし実際には、前置詞の目的になるものは名詞以外にも次のように5つあります。

① 前置詞＋動名詞	I'll give you credit **for** solving the problem. （その問題を解ければ評価してやろう）
② 前置詞＋形容詞	I don't know **for** sure［certain］. （はっきりとはわからない）
③ 前置詞＋副詞	I've just returned **from** there. （そこから戻ったばかりだ）
④ 前置詞＋前置詞句	There was a sound **from** behind me. （背後で物音がした）
⑤ 前置詞＋名詞節	He's a typical father **in** that he spoils his daughter. （彼は娘に甘い点で、ごく普通の父親だ）

　「前置詞を制する者は英語を制す」と言われるくらい、前置詞は重要で攻略が難しいですが、うまく使いこなせれば表現力が数段 UP します。

クイズで前置詞の使い分けをマスター！

　次に、各前置詞のコンセプトを一気につかむ方法をご紹介しますので、次の問題にチャレンジしてみてください。

前置詞クイズにチャレンジ！

次の文はいずれも「夢中になる」を表します。（　　）内に入る前置詞は何でしょうか。

1. I was immersed (　　) my work last night.
2. He is consumed (　　) love for her.
3. My son is addicted (　　) computer games.
4. The girl is crazy (　　) jazz dance.
5. Don't be hooked (　　) gambling.

【解答・解説】

1. **in**「昨夜は仕事に没頭した」
2. **with**「彼は彼女への恋に身を焦がしている」
3. **to**「うちの息子はコンピューターゲームに病みつきだ」
4. **about**「彼女はジャズダンスに夢中だ」
5. **on**「ギャンブルにのめり込むな」

　使用頻度は、高い順に be immersed in ＞ be addicted to ＞ be hooked on ＞ be crazy about ＞ be consumed with です。

　まず、**in** は「長期的で静的」で、**on** は「短期集中的で動的」のイメージです。ですから、interested in 〜 は「〜に興味がある」のような軽いものではなく、「ずっとやりたいと思っている（好き）」という **involvement**（実際にあるいは精神的に深くかかわっている）のニュアンスです。これに対して on は、試験前に concentrate on 〜のように「一気に行こうと焦点を絞って集中する」ニュアンスです。そこから「専門性」の意味合いが出てきます。

　to は「向かって着く」のコンセプトから、「はがそうとすると禁断症状が起こって自我が崩壊」しそうなぐらいはまってしまっているという意味合いがあります。**with** は、「関わる」というコンセプトから、頭から離れないぐらい「深く関わり合っている」ニュアンスで、**about** は

何かの「周りをずっとぐるぐる回っている」感じです。

1. in を使うグループ（be absorbed in / be lost in / be immersed in / be engaged in / indulged in など）をマスター！

in は「空間内に入っている」イメージなので、それぞれ「思考」「研究」「自分の行動」を1つの空間と見なし、その中に「どっぷり浸かっている」場面を想像しましょう。

☐ She seems to **be absorbed[lost / buried] in** thought.（彼女は物思いにふけっているようだ）

☐ My father **is engrossed in** his studies.（父は自分の研究に没頭している）

2. by[with] を使うグループ（be occupied with / be preoccupied by[with] / be fascinated by[with] など）をマスター！

by は「経由・関所」のイメージで、「〜を経由して、〜を通らなければならない」ことから、by 以下のものが強く作用しているという「因果関係」が強調されます。これに対して、**with** は「関わり合い・共に・同時性」のイメージで、それぞれが関わり合っている「相互作用の状態」を表します。ですから、例えば be impressed by の方が with よりも影響力が強くなります。

☐ He **is preoccupied with** his assignment.（彼は宿題のことで頭がいっぱいだ）

☐ That guy **is consumed with** material greed.（あいつは物欲にまみれている）

☐ He **is obsessed with** how to pay back the money.（彼はその金をどのように返すかで頭がいっぱいだ）

3. to を使うグループ（be addicted to / be devoted to / give oneself up to / be attracted to など）をマスター！

to は「向かって着く」のイメージです。ですから be addicted to、be attached to、adhere to、stick to、cling to、be devoted[dedicated、committed] to など、どれを取ってもくっついて離れないイメージで、「はまっている」意味が強くなります。

☐ My brother **is addicted to** alcohol.（弟はアルコール依存症だ）

☐ The scholar **is devoted to** the research of DNA.（その学者は DNA の研究に執念を燃やしている）

☐ He **gave himself up to** despair.（彼は自暴自棄になった）

4. about を使うグループ（be crazy about / be enthusiastic about など）をマスター！

about は「周り」のイメージで、浅く周りをぐるぐる回っていると考えてください。スターの実際の姿を知らずに憧れてキャーキャー言っているような感じです。以下の例では、それぞれ**気持ちが「俳優」「計画」をあまり深く知らないながらも取り巻いている場面**を想像しましょう。

☐ My wife **is crazy about** the Korean actor.（妻は例の韓国人俳優にぞっこんだ）

☐ I'm not very **enthusiastic about** the project.（その計画にはあまり気が乗らない）

5. on を使うグループ（be hooked on / concentrate on / be intent on など）をマスター！

on は「集中的に一気に加わる」イメージです。in のような長い継続的な従事・努力（静的）と違って、試験勉強のように集中的（動的）なニュアンスで、concentrate on、focus on、be keen on、be intent on、be bent on などとなります。

☐ He **is hooked on** drugs.（彼は薬物に溺れている）

☐ The mayor **is intent on** fighting crime.（市長は懸命に犯罪と闘っている）

さて最後に、英文ライティングをする上で「前置詞の使い方要注意のもの」を挙げておきましょう。

前置詞の使い方要注意のもの8つをマスター！

1. consult with a person / consult a person（〜に相談する）

consult を他動詞として用いるのは、相手の権威を認めて高い所に置き、その指示、指導、専門的助言を求めるとき。相手と対等で「談合する、話し合う」という意味では consult with となるわけです。

2. spend 〜 on[in] ...（〜を…に使う）

「金銭」の消費には for、in、on [upon] の3種類が使われ、最も多いのは on。「時間」の消費には in、on、over などが使われ、spend time in 〜ing の場合は通常 in が省かれます。

3. on[in] the air

on the air は「放送中で」、in the air は「①空中に、②（噂などが）広まって、③（計画などが）未決定の」という意味になります。

4. in case of 〜（〜の場合には、〜に備えて）
in the case of 〜（〜については）

in case of 〜は「〜に備えて」の意味ですが、近い意味の just in case を用いると語呂がよくて覚えやすくなります。in the case of 〜と冠詞がつくと「〜については」となります。

5. behind time　　時間に遅れて
behind the times　時代に遅れて

179

in time	（〜に）間に合って（**for** 〜）
on time	時間通りに、時間ぴったりに
with time	やがて
against time	（時間に間に合うよう）時計と競争で、全速力で

6. in a way　　ある点で、ある意味で
　in the way　　邪魔になって
　on the way　　（道）の途中で
　under way　　（事が）進行中で、（船）が航行中で
　in a way は、「部分的には真実である場合や発言を弱める」ときに使われ、in the way は全く通過できないか、あるいは通過には困難が伴うニュアンスです。

7. charge X with Y　Yのことで X を非難する
　charge X for Y　　Y の代金（損害料）を X に請求する
　charge X on Y　　X（税金など）を Y に課する

　charge X with Y は、「Y のことで X を非難する」で、「公に非難する」ニュアンスが入っています。charge X for Y は「Y の代金（損害料）をX に請求する」で、charge X on Y は「X（税金など）を Y に課する」となります。
［例］　He **was charged with** assault and battery.
　　　（彼は暴行罪で告発された）
　　　They **charged me**（**twelve dollars**）**for** the broken window.
　　　（窓の破損料を（12 ドル）請求された）
　　　The municipal office **charged tax on** [to] her estate.
　　　（市役所は彼女の土地に税金を課した）

8. 上下関係の前置詞で次の対応関係に要注意！
　on（接触して上に）⇔ **beneath**（接触するほど下に）

over（覆うように上に）⇔ **under**（覆われるように下に）
above（だいたい上の方に）⇔ **below**［だいたい下の方に）

原因・理由を表す群前置詞の使い分けに要注意！

because of	We spent one hour waiting in the rain **because of** you.（君のせいで雨の中を1時間待った）のように **because of ＋（人・事）両方可能。**
owing to	フォーマルな表現で、owing to ＋（人）は不可で、**owing to ＋（事）**。The flight was delayed **owing to** fog.（その便は霧のため遅れた）
due to	「直接の原因」を述べるときに用いる。**due to ＋（人）は不可で due to ＋（事）**。The fire was **due to** spontaneous combustion.（火事は自然発火が原因だった）
on account of	**account** が「起こった事柄の説明」という意味から、病気・事故など何かの**問題が起こった場合**によく使われる堅い表現。**on account of ＋（人）は不可。**
thanks to	インフォーマルな表現で、必ずしも感謝の気持ちがあるとは限らず、皮肉で使うこともあるので要注意。**thanks to ＋（人・事）両方可能。**
out of	原因・動機を表す。The boy smoked **out of** curiosity.（少年は好奇心から煙草を吸った）

使用頻度は **due to ＞ because of ＞ thanks to ＞ owing to ＞ on account of** となります。

英語の表記をマスターする!

　英文を書く上で「パンクチュエーション」、いわゆる「句読点」は極めて重要な項目です。文法や語彙などに目が行きがちで軽視する人がいますが、日本人が思っている以上にパンクチュエーションはライティングにおいて大きな意味を持っています。また、数値や記号の表記に関しても一定のルールがありますので、ここではそれらを学習していきます。ではまず、多くの人が混乱しがちなパンクチュエーションの代表格であるコロンとセミコロンの使い分けから学習していきましょう。

コロンとセミコロンの使い分けをマスター!

　コロンは「:」、セミコロンは「;」と表記されますが、英語上級者でも意外とうろ覚えであったり、使い分けが曖昧、あるいは上手く使えないからあえて避けているという人が多いように思われます。ここではライティングの英文の精度を高めていただくために、練習問題とレクチャーを通じてこの2つの使い分けを明確にし、運用力を高めていきます。

Q. 次の英文を読み、[　　]内のコロンかセミコロンの適切な方を選んでください。

---

(1) The world today is faced with a number of environmental problems [: ;] air pollution, deforestation and overpopulation.

(2) Computers have numerous benefits [: ;] however, they sometimes cause trouble.

---

(3) Some students like individual work better [: ;] others prefer group activities.

(4) Writing essays is a difficult task [: ;] to begin with students have to do extensive research.

(5) When screening applicants, some companies give more importance to social skills than to educational backgrounds [: ;] and this approach is becoming increasingly common today.

解答&解説

(1) :　　(2) ;　　(3) ;　　(4) :　　(5) ;

　ここからはそれぞれの使い分けと解説を一緒に進めていきます。

◆ コロン（colon）

　コロン「:」はその後に続く内容を詳しく説明する場合に用いられ主に次の2つの用法があります。

---

① 例を挙げる場合

→ 何かを列挙、いわゆる「リスト化」する場合に使います。また、「同格」を導く用法もあります。

② 詳細な情報を「強調、引用、要約」する場合

→ 抽象的な内容をコロン以下で具体的にしたり、「タイトル」と「サブタイトル」の違いを明記します。

　それぞれの用法は若干異なりますが、コロンは **general to specific**（抽象から具体例）の流れを示す道しるべのように考えるとわかりやすいと思います。簡単な例文を用いてその用法をご覧いただきましょう。

1) There are many interesting places to visit in Japan: Mt. Fuji, Kinkaku-ji temple, and the Tokyo Skytree. → 具体例の列挙（①の用法）

2) Students taking this course undertake to: submit written work

and a portfolio, contribute to tutorials and seminars and work on a group project. → 具体例の列挙（①の用法）：この場合は1）と異なり、**不定詞**として動詞を並べた形。

3) There are two main issues to be discussed at the meeting: health and education. → two main issues のことを明確にした「**同格**」（①の用法）

4) James is sure of one thing about his future: he is going to be a doctor. → one thing の説明（②の用法）

5) The structure of conclusion is as follows: do not include new information. → as follows（次のことです）を用いた強調（②の用法）

　では先ほどの練習問題の答え合わせをしていきましょう。（1）の問題は直前の environmental problems の具体例が air pollution、deforestation、overpopulation となっており、具体例の列挙になっているので、「：」が正解となりますね。次に（4）はまず Writing essays is a difficult task と述べ、その difficult の詳細が to begin with students have to do extensive research. で説明されています。よってこの問題も「：」が正解となります。では続けてセミコロンの解説にまいります。

◆ セミコロン（semicolon）
　セミコロン「；」はコンマとピリオドの中間の役割を果たし、主に次の3つの用法があります。

---

① 接続副詞、副詞を用いてつなぐ場合
→ **however、therefore、otherwise、therefore、besides、nevertheless、thus** などの接続副詞を中心に **accordingly** や **consequently** といった副詞も使われます。
② 前後の文に意味上のつながりがある場合
→ **S＋V; S'＋V'** のように書き、「対比、理由」などが主な用法です。ただし **and、but、yet、or、nor、for** の意味を表す場合は使えま

せん。

③「区分」→ 名詞を並べる際にコンマ同士だと紛らわしい場合に区切る用法を指します。

ではそれぞれの用法を表した例文をご覧いただきましょう。

1) The new law came into force last year; **consequently**, the crime rate dropped.

　→ **consequently** という副詞を用いて文をつないでいます（①の用法）

　☞ この２つの文は次のようにピリオドで区切って書くことも可能です。

　The new law came into force last year. **Consequently**, the crime rate dropped.

　ただしピリオドで終わる文が連続すると、文が途切れ途切れになり（choppy）、また、何度も途切れると readability も悪くなるため、バラエティをつける意味でもセミコロンを用います。

2) My brother teaches English at high school; my sister works as a nurse.

　→ brother と sister の描写を「対比」の用法で表しています（②の用法）。また、この場合は ; while や ; whereas のように「対比」を表す接続詞を入れて**より意味を明確にする**こともできます。

3) The deadline for the assignment comes in a week; everyone's help will be needed.

　→ ここでのセミコロンは coordinating conjunctions である so の代わりを果たしています。つまり ; を取って、so everyone's help will be needed. とすることができます。この他にもこのセミコロンは、I feel sick; I don't want to go to school. のように病気以外の理由もあって**「因果関係が弱い場合」**にも用います。

4) The speakers are: Dr. Edward Anderson, Psychology; Ms. Emily Taylor, Finance; and Prof. Greg Leeds.

　→ コンマだと**「区切り」**が不明瞭なためセミコロンを用います（③の用法）

以上がセミコロンの主な用法で、特に重要な「対比」「因果」「区切り」の3つはしっかりと覚えておきましょう！

　では先ほどの問題の答え合わせをしていきます。

　まず（2）は、however という「接続副詞」によるセミコロンの使い方です。こういった接続副詞だけでなく、in some countries のような副詞句もセミコロンに続けることができます。次に、（3）の文をご覧ください。これは前の some students と後ろの others の文は**対比**になっていることがわかりますね。このように前後の文の関係が明確な場合は ; を使います。最後に（5）は When screening applicants, some companies ... educational backgrounds までにコンマが1つ使われていますね。このような場合は後ろに続ける際に「 ; 」が必要です。

　以上でコロンとセミコロンについてのレクチャーは終了です。それでは続けてその他の記号も見ていきましょう。

◆ クオテーション（quotation）「"" ''」

　誰かの発言や語の定義などそのまま引用する際に使います。一般的にダブル（""）はアメリカ英語、シングル（''）はイギリス英語で使われます。

例）"Science leads us toward peace and the betterment of human welfare." (Elmen, 2013 p126).

◆ ハイフン（hyphen）「-」

　主に2つ以上の単語をつないで複合名詞を形成します。

1) a **student-centered** class（学生主体の授業）

a class **that centers** on students のように関係代名詞を使うこともできますが、ハイフンを使う方が無駄なく引き締まった英語になります。この他にも接頭辞をつけたり、慣用句的な語句にも使われます。

2) **non-native** speakers of English（非英語第一話者）

3) an **all-inclusive** price（すべて込みの価格）

4) in a **dog-eat-dog** world（弱肉強食の世界では）

◆ ダッシュ（dash）「—」

同格語が長いときや、情報を追加するとき、強調するときに用いられます。ただし多くは挿入的に使われ、文の結合性は薄くなります。

1) People in all walks of life—doctors, politicians, professors and scientists—attended the ceremony. →「同格」による列挙

2) The teacher was—as far as I remember—caring and passionate. → 挿入による追加

3) The Robinson Library—which was built in the 18th century—is to be renovated soon. → 挿入による追加
このように関係代名詞（主に非制限用法）の代わりに使われることがあります。

4) Bear one thing in mind before you start your own business—you must find a good model. → 強調　ダッシュ以下は one thing の具体例です。ちなみに、これはコロンでの代用が可能です。

ただしダッシュを使うと**インフォーマル**な響きが出るので、アカデミックライティングのような特にフォーマルな文体が求められる文章では使用を避け、**関係代名詞やコロンを使って書く**ようにしましょう。

◆ カッコ（bracket）「（ ）［ ］」

round bracket（ ）と square bracket［ ］の2種類があります。前者の方が一般的で、後者は文章のタイプやスタイル、分野によって使い方が異なるので、ここでは幅広く使われる（ ）を取り上げます。これは主に**追加の情報**や、**読者が知らない可能性のある語の解説**を加える際に使います。いくつか例を見ていきましょう。

1) The Robinson Library (built in the 18th century) is to be renovated soon.
これは上記「ダッシュ」の例3) の文と同じ用法です。

2) Over the last few decades, CCTV (Closed Circuit Television System) has widespread around the world.

次のように、逆のパターンもあります。

3) This essay will discuss both the positive and negative impacts that Closed Circuit Television System (hereafter CCTV) has had on society over the last two decades.

法律文書や論文では、このように省略して書き進めていく場合は hereafter という単語とよくセットで「ここから後の文章ではこのように表記されます」という意味で使われます。あるいは次のように数値を入れることもあります。

4) The graph shows that nearly half of the international students surveyed (48%) has experienced homesickness.

◆ スラッシュ（slash）「/」

or、**in**、**of** の意味で用いたり、「**複合名詞**」や「**省略記号**」によく用いられます。

his/her、NY office/US（米国ニューヨークオフィス）、c/o（〜気付）、L/C（信用状）

　以上でライティング力をワンランクアップさせるためのパンクチュエーションに関するレクチャーは終了です。意外とこれらの項目は見過ごされがちですが、特にコロンとセミコロンの使い分けができ、自在にライティングで運用できるようになれば上級者の仲間入りです。

　では最後に数値などの表記ルールについて学習していきましょう。

数値の表記ルールをマスター！

　ここではフォーマルなライティングで重要な数値の表記ルールについて学習していきます。まずは練習問題から始めていきましょう。

Q. 次の英文の数値の箇所に着目し、修正すべき点があれば正しく書き換えてください。ただし修正の必要がない文も含まれています。

(1) There are only 7 international students in the course.

(2) 80 samples were collected in the experiment.

(3) The population of India is projected to reach around 1.5bn in 2040.

(4) The number of visitors to the museum in 2010 was about two million and seventy hundred and eighty thousand.

(5) The graph shows that there was an increase of six% in the total sales in 2017.

解答

(1) 7 → seven　　(2) 80 → Eighty　　(3) 修正なし

(4) two million and seventy hundred and eighty thousand → 2.78 million

(5) six → 6

解説

　では数値ルールに関するレクチャーを進めながら問題の解説を始めていきます。

○ルール1：1〜10の数値はスペルアウトする

　1〜10は英数字で表記し、それを超える場合は算用（アラビア）数字で書きます。よって、(1)は7を seven に変えなければいけません。ただし桁が大きい場合はそのまま数字で表記することも可能です。

例）More than 8 million people visited the city last year.（"eight" としても可）

　同じく序数を使う場合も一般的には10以下はスペルアウトします。

例）James Coleman is the [○ third ✖ 3rd] president of the company.

○ルール2：文頭の数値はスペルアウトする

　算用数字で始まる英文は不可です。よって、(2)は80を Eighty のようにスペルアウトしなければいけません。ただし、次のように数字を修

飾する語があれば算用数字で書いても構いません。

例）<u>More than</u> 80 samples were collected in the experiment.

○ルール3：大きな数値は記号を使う

　特別な指定がある場合やその他の例外を除き、特に100万を超えるような算用数字で表記すると判別困難な場合は、一般的に次のように million、billion、trillion を使います。

例）✘ 2,500,000,000 people　　○ 2.5 billion people

この3つの語は次のように省略して書くことも可能です。

　million → m / billion → bn / trillion → tn

　よって問題（3）の1.5bn は正しい表記です。この他に10万を切る場合は通常、算用数字で表記します。

例）The company has roughly <u>80,000</u> employees around the world.

このことから、問題（4）は2.78 million のように表すのが一般的です。

○ルール4：％の前の数値は原則的に算用（アラビア）数字を使う

　パーセントを表す場合は次の3種類の方法があります。

例1）The current unemployment rate is <u>7%</u>. →「算用数字 + ％」

例2）Around <u>forty percent</u> of the students are from Asia.
　　　→「英数字 + percent」

例3）Around <u>40 percent</u> of the students are from Asia.
　　　→「算用数字 + percent」

（イギリス英語では per cent のように離れて表記されることもあります）

　よって、（5）は例1）のルールに従い6％と表記します。

　この他、分数は例えば、24/48を twenty-four over forty-eight と表記してもよいことになっています。

　以上でパンクチュエーションと数値表記ルールについてのレクチャーは終了です。正確に運用できるようになるまでは、その都度確認し、ライティングの精度を高めていきましょう。

日本人がライティングで最も間違いやすい文法語法ミス 10

1. 誤 He has a possibility to ～. → 正 **There is a possibility that he** ～.

「彼が～する可能性がある」を He has a chance to ～とは言えますが、possibility を使う場合は There is a possibility that he ～の形になります。

2. 誤 lead to ＋動詞の原形［「contribute to ＋動詞の原形」も多い］
→ 正 **lead to ＋名詞［動名詞］、contribute to ＋名詞［動名詞］**

このミスが非常に多いので要注意！ lead ＋人＋ to の場合は、この後に名詞でも動詞でもとれますが、見出しの表現の場合は、必ず名詞［動名詞］が来ることに注意！ be committed［dedicated、devoted、addicted、attached］to の後も同様。

3. **A such as B 型の文で、A と B のカテゴリーが違うミス**

musical instruments such as a piano and a violin とカテゴリーを同じにする必要があります。ちなみに、A like B や A including B の場合もカテゴリーを合わせる必要があります。

4. **the を付け忘れるミス**
- protect **the environment** ―「環境」は the が必要！ the working［living、natural］environment（職場［生活、自然］環境）も the が要る！
- **the** textile ［pharmaceutical、computer］**industry** ―「～業界」は the ～ industry
- boost **the economy** ―「経済」も the が必要！
- in **the 2010s** ―「～年代」は the XXXXs と the が必須！
- have **the right** to do ―「～する権利がある」の「権利」も the が必要！

5. 誤 S + V, however S + V → 正 **S + V. However, S + V**

　　however は接続詞ではなく、**副詞**なので、正しくは①上のようにピリオドで文を 2 つに分ける、②接続詞の代わりにセミコロンにして、「S + V; however S + V」とする、③コンマを使って「S + V, but S + V」とします。同様に **therefore** も**副詞**なので、①ピリオドで文を 2 つに分け「S + V. Therefore, S + V」とする、②セミコロンで「S + V; therefore S + V」とする、③ and を加えて「S + V, and therefore, S + V」とする、④接続詞 so にして「S + V, so S + V」のいずれかにします。

　誤 The population is increasing significantly, **therefore**, we will
　　need much more food and energy in the future.

→ 正 The population is increasing significantly[. Therefore, / ;
　　therefore, **/ , and therefore / , so**] we will need much
　　more food and energy in the future. (人口が大幅に増加して
　　いるので、将来はさらに食べ物とエネルギーが必要になる)

6. 誤 現在完了形で書くべきところを過去形で書いてしまう。
　　→ 正 今も継続している場合は現在完了形を使う!
　　これは日本語訳につられて犯してしまいがちなミスです。

　誤 It **became** normal for women to pursue a career nowadays.

→ 正 It **has become** normal for women to pursue a career
　　recently. (今日では女性がキャリアを求めるのは一般的なことに
　　なった)

　過去形にしてしまうと今続いているかは不明となり、「**過去の事実、出来事**」のみに焦点が当たってしまい、誤りです。正しくは、**現在完了形**で「**現在も継続している**」ことを表す必要があります。

7. 誤 increase / decrease の主語を人や物にしてしまう。
　　→ 正 主語は the number[amount] of X increases[decreases] 〜
　　increase / decrease を用いる場合は必ず主語をチェックする習慣をつけておきましょう!

誤 **Young people** who get a job straight after school has increased in recent years.

→ **正** **The number of young people** who get a job straight after school has increased in recent years. （近年では学校を卒業してすぐ仕事に就く若い人が増えた）

　number の他にも **amount**（量）、**price**（値段）、**value**（価値）などがよく主語として用いられますが、**抽象名詞**（**demand**、**difficulty** など）が主語になることもあります。

○ **The popularity of online shopping** has greatly **increased** over the last decade. （過去10年でオンラインショッピングの人気は大幅に上昇した）

8. 自動詞・他動詞用法の使い分け、混同に関するミス

　誤 can **access to** medicine と to をつけてしまう

　→ **正** can **access** medicine

　誤 **tackle with** the problem と with をつけてしまう

　→ **正** **tackle** the problem

　また、rise（自動詞）と raise（他動詞）の混同も多発しています。

正 House prices in London have significantly **risen** over the last ten years. （ロンドンの住宅価格は過去10年で大幅に上昇した）（自動詞）

正 The government should **raise** taxes on cigarettes immediately. （政府は直ちにたばこ税を上げるべきだ）（他動詞）

　また、**自然に増減したものなのに、他動詞の受け身形にしてしまうミス**も多くみられます。

　誤 The population **was increased** dramatically in this area.

　→ **正** The population **increased** dramatically in this area.

　人為的に人口を増やす政策を行った場合などは、**他動詞の受け身形**を使いますが、**自然に増えた場合は自動詞が正しい用法**です。同様に、open

と be opened の混同も多くみられるミスで、自動詞は自然にオープンしたことを意味するのに対して、他動詞の受け身形にすると、人為的にオープンしたことを表します。

　この他、**mention、discuss、resemble、inhabit** は要注意他動詞で、**experimeriment on〔with〕**は要注意自動詞です。

9. コロケーションのミス

　以下はライティングで非常に間違えやすいコロケーションです。必ずセットで暗記するようにしましょう！

	正	誤
〜に害を与える	**cause damage to 〜**	give damage to 〜
困難に合う	**have〔face〕difficulties**	meet difficulties
〜に影響を与える*	**have an effect〔influence〕on 〜**	give an effect〔influence〕on 〜
人を説得して〜することをやめさせる	**discourage＋人＋from 〜ing**	discourage 人 to＋V
成功を得る	**achieve success**	get success
環境を守る	**protect the environment**	defend the environment
〜の知識を得る	**acquire〔gain〕knowledge of 〜**	get knowledge of 〜

＊影響は **have〔make〕an impact on ／ have consequences〔implications〕for 〜**のように動詞や前置詞が変わるので要注意！また、affect（動詞）と effect（名詞）にも注意！「コミュニケーションに影響を与える」は、**affect communication** または、**have an effect on communication** が正しい表現です。

10. 誤 almost students → 正 **almost all students**

　almost を用いる際は名詞でなく、形容詞を修飾しているか（動詞の修飾も可）のチェックを心がけましょう！

誤 **Almost** international students experience culture shock.

→ 正 **Almost all** international students experience culture shock.

（ほぼすべての留学生はカルチャーショックを経験する）

あるいは形容詞の most を用いて次のように書くこともできます。

正 **Most** international students experience culture shock.

　それでは、英文法レッスンの最後に実践トレーニングとして、語法訂正問題にチャレンジしていただきましょう。この問題はあなたが英文法に強いかどうかがわかるので慎重に取り組んでください。

〈英文法力 UP 語法訂正問題にチャレンジ！〉

問題 以下の英文の文法ミスを探し、訂正してください（全部で10か所）。

Spiders, generalist predator with a tendency to eating whatever they can catch, often capture disease-carried insects including mosquitoes. There are even species of jumped spider that are inclined to eating blood-filling mosquitoes. Therefore, killing spiders does not only cost the arachnid of their lives but may eliminate important predators in your house.

　いかがですか。文法ミスは全部で10か所ありますが、いくつ直せましたか。正解は次の通りです。

1行目

① **predator** → 文頭の **spiders** の「同格」なので複数形の **predators** にする。

② **eating** → a tendency を後置修飾する不定詞（**to＋動詞の原形**）になるように **eat** にする。

2行目

③ **disease-carried** → 文脈的に **disease-carrying**（病気を伝染させる）にする。

3行目

④⑤ **there <u>are</u> even <u>species</u>** → **species** は複数形でも**単数扱い**なので **there <u>is</u> even <u>a species</u>** にする。

⑥ **jumped** → 文脈的に **jumping** にする。

⑦ **are** → 正しくは **a species of jumping spider** であり **is** にする。

4行目

⑧ **eating** → be inclined は tendency と同じく「**to＋動詞の原形**」をとるので **eat** にする。

⑨ **blood-filling** → 文脈的に **blood-filled**（血に満ちあふれた）にする。

5行目

⑩ **of** →「**cost＋第1目的語＋第2目的語**」の構文なので、**of は不要**。

　いかがでしたか。正解数が8割あれば英文法に強く、7割未満の人はもうワンランクアップさせる必要があります。

　以上で英文ライティング力 UP のための、「発信型実用英文法」の見地から、英文法の知識を実践で活かすためのトレーニングは終了です。文法・語法に磨きをかけ、さらにワンランク UP の英文ライティングをめざしましょう！　*Let's enjoy the process!*

第5章
論理的で説得力のある
ライティング

論理的で説得力のあるライティング力テクニック

　第1章で述べたように、**英語は日本語より論理性に厳しく**、特にポイントを述べてそれを証明しサポートするという（relevancy and coherence）ことにうるさく、特に英文ライティングではそれが重視されます。そこで論理的で説得力のある英文ライティングをするには次の14点が重要です。これらを実践できれば皆さんのライティング力はぐーんと UP し、英語の資格検定試験、レポート、プレゼンテーション、学術論文、ビジネスレターライティング、ディベートなどのすべてに渡って活躍できるようになるでしょう。

論理的で説得力あるライティングのための 14 のテクニック

1. 関連性（relevancy）を持たせる
タイトルや主題文（トピックセンテンス）に関連することのみを書く。

2. 段落づくり（paragraphing）をする
パラグラフに1つのポイントを述べて、それをサポートする。

3. 正確な分類（categorization）をする
ポイント（キーアイデア）がオーバーラップしないようにする。

4. 構成（organization）を作る
イントロ、ボディ、結論という構成を作る。

5. 強いアーギュメント（valid argumentation）をする
・説得力のある有効な理由を述べる。
・情報の出所（information sources）を明示する
（evidence として挙げる情報の出所を明確にする）

6. 5W1H を明確にする
いつ、どこで、誰が、何を、なぜ、どのようにしたかを明確に述べる。

7. 論理の飛躍（a leap in logic）をしない
一段ずつ「論理の階段」を上がっていく。

8. 接続語や referencing で文のつながり（cohesion）をよくする

接続語を用いたり、refencing（指示語）のテクニックを用いて文と文とのつながり（cohesion）を潤滑に行い、論理的にする。

9. 無生物主語の論理明快な力強い文にする

無生物主語（inanimate subjects）のＳ＋Ｖ＋Ｏで論理明快にする。

10. rhetoric を用いてインパクト・説得力を出す

比喩、換喩、誇張法、頭韻などを用いて強調する。

11. ヘッジング（hedging）を効果的に使いこなす

hedging（断定を避けるテクニック）を用いて、論理の隙をなくす。

12. logos（論理性）、ethos（信憑性）、pathos（情）を駆使する

状況に応じて３つの説得の技法を使い分ける。

13. ethical and valid argumentation（倫理にかなった議論をする）

議論の反則技（argument fallacies）を使わないようにする。

14. 能動態（active voice）、肯定形（affirmative forms）を用いる

できるだけ能動態や肯定形を用いて力強く引き締まった文体にする。

関連性（relevancy）を持たせる

relevancy は英文ライティングで極めて重要で、一見簡単に見えますが、日本人はトピックにピッタリと関連する内容のエッセイを書いたり、各パラグラフの主題文（トピックセンテンス）をきっちりサポートする内容を書くのが非常に苦手です。特によく見られるのが、**質問文で理由（reasons）を聞かれているのに、打開策（countermeasures）を書いているケース**です。これは Should Japan deal with a super-aged society? のような「日本は～すべきか」というようなトピックに対して、普通なら肯定か否定のスタンスを示した後に「手を打たなければ社会福祉が危機に陥り、経済がさらに弱体化する」というような理由を述べるべきなのですが、打開策のみを述べてしまったりする場合です。また、トピックが「高齢化が進むことの社会的影響」であるのに、「高齢者はこう生きるべきだとか」などと主題から逸脱したことを述べてしまったりすると、"relevancy" に欠けます。

　この「論点ずれ」は、**トピックが general か specific かの解釈を間違った場合によく起こります**。例えば、トピックが「喫煙者と非喫煙者の権利（the rights of smokers and nonsmokers）」であるのに、うっかりと「非喫煙者の人権（human rights of nonsmokers）」の話に走ってしまったり、「嘘の必要性（Sometimes it is better not to tell the truth）」のトピックで、「末期がんの患者への嘘（It is better not to tell the truth to terminal cancer patients）」だけの話になってしまったりするケースがそうです。

　私の英検1級ライティング指導36年の経験では、こういったダーツの真ん中を射止めずにその周りに当たるようなピントのずれた**「論点ずれ現象」**は日本人のライティングに非常に多く見られ、それがエッセイラ

イティングやスピーキング試験のスコアを下げたり、合格しにくくしている大きな原因となっています。そこで今回は、次の日本人の行動や一般的な社会問題のトピックの質問に対する答え方が、関連性（relelvancy）の原則に沿っているかどうかを問題練習を通して学んでいただきましょう。

「トピックとの関連性（relevancy）に要注意！」

問題1　アーギュメントが有効か考えてみてください。

Do you think that people should continue working after the retirement age?（人は定年後も働き続けるべきですか）

［反対の意見］

No, I don't think so because working after retirement makes business less profitable. Having an aging workforce can decrease companies' productivity because of their declining health, physical strength and memory. Therefore, it is important for companies to set a mandatory retirement age to improve their productivity.

　いかがですか。この主張の問題点はわかりますか。もう一度、トピックを見てみましょう。「人は定年後も働き続けるべきである（people should continue working after the retirement age)」と、企業側ではなく「個人」に焦点が当てられているのに論点がずれているのがわかりますか。「会社の収益を悪くする（makes business less profitable)」といった主張は、論点が「企業は定年制を設けるべきか」にすり替わっています。このエッセイで問われている "people" に焦点を当てて考えると、会社に定年制があっても個人で、または個人経営の所で働き続けることは可能です。さらに、「労働力の高齢化は生産性を下げるから定年を設けるべきだ」と完全に別の論点に替わり、トピックからそれてしまっています。これは日常でもありがちな論理のすり替えです。

ポイント 「論点をすり替えないように要注意！」

　それでは次の問題は、日本人の習慣に関する質問に対する答え方に関するものです。アーギュメントは OK か考えてみてください。

問題2 アーギュメントが有効か考えてみてください。

Why are Japanese so fond of taking a bath?（日本人はなぜ風呂に入るのが好きなのですか）

［理由］

I think that taking a bath makes me feel very comfortable and is a good way to relax. I know showers are faster and more efficient, but I'll choose a bath over a shower. Nowadays it's just a common custom to take baths, so no one even thinks about alternatives.

　「日本人全体が風呂に入るのが好きな理由」というトピックに対して、自分の好みを述べたり、関係ないことを述べたりかなりそれてしまっていますが、こういった**一般論と個人の主観を混同**して論じるのはよくあるパターンです。

ポイント 「一般論と個人の主観を混同しないように要注意！」

　それではもう1問、今度も日本人の行動体系に関する Q&A の分析を通して、relevancy について考えてみてください。

問題3 アーギュメントが有効か考えてみてください。

Why do Japanese pour drinks for each other on social occasions?（日本人はなぜ社交の場で酒を注ぎ合うのですか）

［理由］

If you were at a party among people you didn't know, this custom can be an effective icebreaker in becoming acquainted with another person. As Japanese are generally quite reserved,

> offering to pour someone's drink also acts as a sign of goodwill and respect towards others.

前半は「日本人が酒を注ぎ合う習慣の理由」への答えとしては間接的すぎ、またそれがよい理由に変わり、その後の As Japanese 以下は「理由」でなく「役割」になってしまって **relevancy** に欠けるので、全体を次のようにするとよいでしょう。

The first reason is that the Japanese believe that it can become an icebreaker in becoming acquainted with another person. Another reason is that the Japanese think that they can express goodwill and respect toward others by pouring drinks for each other.

ポイント 「理由と役割をすり替えないように要注意！」

それでは次の環境問題がらみの「電気自動車の使用」に関する問題にチャレンジしていただきましょう。同じく、答えの質問に対する relevancy を考えてみてください。

問題4 アーギュメントが有効か考えてみてください。

Should more people drive electric cars?（もっと多くの人が電気自動車に乗るべきですか）

[賛成の意見]

Yes, I think so because drivers can enjoy quiet interior and relax in the car. Electric cars have quiet motors and offer a comfortable ride in a roomy interior. Compared with gasoline cars, they have more space without a combustion engine.

いかがですか。これは **Should 〜?**（〜すべきか）という質問から論点がそれてしまい、Will 〜?（〜するであろうか）と聞かれているかのような、電気自動車の「**人気の予測**」にすり替わってしまっています。

そこで次のように述べればよくなります。

Electric vehicles are environmentally friendly because they don't emit CO_2, which is a major cause of global warming. The increased use of gasoline-powered cars in modern society has caused serious environmental degradation due to toxic substances in their exhaust fumes. (電気自動車は、地球温暖化の主な原因となる二酸化炭素を排出しないので非常に環境に優しい。現代社会でのガソリン車使用の増加は、排気ガスに含まれる有害物質のため深刻な環境悪化を引き起こしている)

ポイント 「should（価値判断）と will（未来予測）を混同しないように要注意！」

No. 21

段落づくり（paragraphing）をする

　段落づくり（paragraphing）も非常に重要です。英文記事ライティングの構成はシンプルで、**1パラグラフに1つのポイント（key idea）を入れる**ことになっています。しかも key idea を第1文（主題文：トピックセンテンスと呼ばれる）にもってきて、その後それをサポートする文章、つまり **"supporting details"** と呼ばれる部分が続きます。ところが日本人の英文ライティングは、パラグラフの作り方に問題が多く、1パラグラフ内にポイントが2つも3つも何のサポートもなく入っていたり、ポイントはあっても全然サポートがなかったり、もっと悪い場合はポイント自体がパラグラフそのものに含まれていなかったりします。

　また、日本人英語学習者で主題文（key ideas）をパラグラフのトップに持ってこれる人は極めて少なく、サポートや例証から始まり、中には最後まで key idea の文が出てこないケースもあります。よって、英文ライティングでは、この点に十分注意して、つれづれなるままに書くのではなく、**英文特有のパラグラフ構成に従い文章を作らなければなりません**。

　なお、key idea は長すぎても短すぎてもよくなく、大体10〜20語ぐらいが理想で、**"signposting"**、つまり1番、2番、3番とポイントを述べていき、かつ他のパラグラフの key ideas と「パラレル」になっている必要があります。パラレルというのは、ある key idea が「節（S＋V）」である場合は他の key idea も「節」にして統一することです。**また間接的な表現も弱くなり、よくありません**。例えば GMO に反対の理由として、"I m not sure about the safety of GMO." と書くのではなく、The safety of GMO has not been scientifically proven. のようにダイレクトにポイントを述べます。

次に key ideas に信憑性（**credibility**）を与えるサポート部分の作り方ですが、次の5つの方法があります。

1. **Example**──「例えば〜」というような実際に起こった事柄の例だけでなく、「もしあなたが〜の立場ならどうしますか」といった、"hypothetical situations（家庭の状況）" もこの部類に入ります。

2. **Definition**──key ideas が難しい語の場合は、「定義（definitions）」や「語源（etymology）」の説明などもサポートになります。

3. **Comparison**──主に2つの事柄の違い（differences）や類似点（similarities）を述べていきます。

4. **Statistics**──「統計資料」のことで、これによって自分の考えの credibility（信憑性）を高めることができます。

5. **Testimony**──特に権威ある新聞、雑誌、本などからの「引用」のことで、これも credibility を高めます。

　例えば、次の **What effects will the aging population have on the Japanese economy?**（高齢化社会が日本経済にどんな影響を与えるか）というトピックのポイントの1つである、次の英文のキーアイデアに対して効果的なサポートができているか考えてみてください。

問題1 サポート部（2文目）の問題点を修正してください。

It will increase the need for female, elderly, and foreign workforce. Some experts point out that if we don't take advantage of foreign labor force, it has devastating effects on the Japanese economy.

これは、female and elderly workforce について何も述べられていないばかりか、「時制」や「比較」も悪く、キーアイデアのサポートに全くなっていません。そこで、Experts predict that Japan will soon face an acute labor shortage because of the declining birth rates. Unless Japanese companies use more female, elderly, and foreign workforce in the near future, they will greatly suffer from labor shortage. Thus female, elderly, and foreign workforce will be soon in far greater demand. とすると、「**internal summary**（段落内のポイントのまとめ）」もあるわかりやすいサポート部になるでしょう。

　では次からは、日本文化に関する問題です。添削前と後で論理的説得力がどう違うか考えてみてください。次の問いに対する答えはいかがですか。

　では次の問題に参りましょう。今度は「広告のメリット」に関するアーギュメントです。論理的説得力という点から次の英文の「賛成の理由」を検討してみてください。

問題2 アーギュメントが有効か考えてみてください。
Is advertising beneficial to society?
（広告は社会にとって有益ですか）

［賛成の理由］

Advertising contributes to economic development. As it provides consumers with information about various products and services, they can choose the right ones for them. This can encourage consumer spending, which can lead to economic development for the country.

（広告は経済の発展に貢献しています。消費者にいろいろな製品やサービスについての情報を提供するので、消費者は正しい製品を選ぶことができます。このことが個人消費を促し、国の経済の発展につながります）

　いかがですか。これは理由のポイントが「**広告は経済の発展に貢献する**」となっており、サポートに問題があることがおわかりいただけると思います。そこで、次のようにすると効果的にサポートができます。

Advertising contributes to the economic development of the country. It will stimulate public consumption, which can increase companies' sales and production. This increase will lead to economic development for the country. のようにすると効果的にサポートができます。また最近では、Advertising can also create new markets in many parts of the world through the Internet or satellite media. のようにインターネットマーケッティングの方向で述べていくこともできます。

問題3 アーギュメントが有効か考えてみてください。
Why are Japanese people less self-assertive?
（なぜ日本人はあまり自己主張をしないのですか）

［理由］
Japanese people place high value on group harmony, so they try to create a harmonious atmosphere. People respected in Japanese society are those who do their job diligently without showing off their abilities. People who always express their opinions and show off their knowledge and status tend to be regarded as self-centered attention-seekers. That's why many Japanese are not self-assertive.
（日本の人々は集団の調和を重んじるので、調和のとれた雰囲気を作り出そうとします。日本社会で尊敬されるのは、能力をひけらかすことなく仕事を勤勉にする人々です。いつも自分の意見を表現し、知識や地位をひけらかす人々は、自己中心的な目立ちたがり屋であるとみなされる傾向にあります。そういうわけで、多くの日本人は自己主張をしません）

　いかがでしょうか。まず、日本人についてよく言われる **modesty** をキーワードとして質問の答えを最初に述べるとわかりやすくなります。そのサポートとして、日本社会では自己主張をするとどうなるかという説明が続くと論理的な構成になります。全体を要約すると、「①日本人

は控えめ（self-effacing）でいることを美徳（virtue）とし、調和のとれた雰囲気を作り出そうとする」「②自己主張の強い人は、日本では自己中心的で目立ちたがり屋であるとみなされる」となります。従って、「自己主張せず勤勉な人が尊敬される」という内容の文は冗長なので省いた方がいいでしょう。これを踏まえて改善すると次のようになります。

Since modesty and self-effacement are considered to be a virtue in Japan, self-assertive people are often frowned upon by other people. Since Japanese people place high value on group harmony, the following saying applies to Japanese society: "Nails that stick out are hammered down." In Japan, people who always assert themselves strongly and show off their knowledge and status tend to be criticized as self-centered attention seekers. That's why many Japanese try to efface themselves by making less self-assertion.

ポイント 「ポイントを述べてからサポートする！」

　それでは次の問題は世界遺産保護に関連するトピックのアーギュメントの検証問題です。これはトピックに反対の理由です。同じくサポートの有効性（validity）について考えてみてください。

問題4 アーギュメントが有効か考えてみてください。

Should more places be recognized as World Heritage sites to preserve them?
（より多くの場所が保存のため世界遺産に認定されるべきですか）

［反対の理由］
No, I don't think so because the recognition of World Heritage sites can be harmful to the natural environment. For example, some areas are damaged by littering or graffiti, and some even experience destruction or theft by bad-mannered tourists

visiting there. Such actions can destroy the beauty of nature.
（世界遺産に認定されることで自然環境が損なわれる可能性があるの
で、そうは思いません。例えば、ごみのポイ捨てや落書きなどでダメー
ジを受けたり、マナーの悪い観光客によって破壊や盗難が起こること
さえあります。そのような行為によって自然の美しさが損なわれます）

　一見よさそうに見えますが、ポイントに対するサポートに問題があり
ます。まず1つ目のポイント「自然環境が損なわれる」のサポートであ
る「ごみのポイ捨てや落書き」ですが、ポイ捨ては自然環境への損傷に
つながりますが、落書きは「**公共物破壊（vandalism）**」です。さらに
「マナーの悪い観光客による破壊や盗難」と、これまた公共物破壊の方
に話が進んでいてキーアイデアのミスマッチングが起こっています。ま
た、世界遺産は文化遺産も含むので、根本的に「自然環境へのダメージ」
というキーアイデアに問題があるということです。

ポイント 「キーアイデアとサポートがミスマッチにならな
　　　　いように注意！」

　それでは最後にもう1問。これもトピックに対する理由のポイントとサ
ポートという見地から「論理的説得力」というものを考えてみてくださ
い。まずは添削前からです。説得力はありますか。

問題5　アーギュメントが有効か考えてみてください。

Why do Japanese want to know other people's age?
（なぜ日本人は人の年齢を知りたがるのですか）

［理由］

In Japan, it is considered polite to use honorific language when
speaking to someone older. If you talk to your seniors casually,
they might think that you are rude. This custom has come from
the influence of Confucianism which teaches the importance of
respecting your seniors. Traditionally, Japanese people think

that the idea will help promote smooth relationship with others.
（日本では、年上の人に話すときは敬語を使うことが礼儀正しいと考えられています。もし年上の人に気楽に話したら、彼らはあなたが失礼だと考えるかもしれません。この習慣は、年長者を敬うことの重要性を教える儒教の影響からきています。伝統的に、日本人はその考えが他人との円滑な関係を促進させると考えています）

　いかがですか。最初に「年上の人に話すときは敬語を使うことが礼儀正しいと考えられている」と述べているのが**直接の質問の答えになっていないので論理的説得力が弱くなります**。日本人は相手の年齢によって話し方を変えるので、それをただ確認したいだけなのだという理由を述べることによって、相手を納得させることができるでしょう。これらのことを踏まえて改善すると次のようになります。

Since Japanese people consider it polite to use honorific language when speaking to someone older, they just want to see if they can talk with them casually by asking them about their age. This custom has come from the influence of Confucianism which teaches the importance of respecting your seniors. （日本人は年上の人に話すときに敬語を使うことが礼儀正しいと考えており、相手の年齢を聞いて気楽に話せるかどうか確認したいだけだからです。この習慣は、年長者を敬うことの重要性を教える儒教の影響からきています。）

ポイント 「質問に合ったポイントをダイレクトに述べてからサポートする！」

正確な分類（categorization）をする

　分類（**categorization**）もまた、日本人の非常に苦手とする項目です。私は日本人英語学習者に英検1級対策指導を36年、工業英検1級対策指導を約20年、TOEFLやIELTS対策指導や国連英検特A対策指導を10年以上してきましたが、その経験を通じてわかったことは、日本人は（日本語では）いかに **categorization** や **definition** がいい加減であるかということです。欧米人の場合、若いときからライティングやプレゼンテーションやクラスディスカッションで鍛えるのか、語彙や知識はそれほどなくても、自分の意見を論理的に述べること、つまり argumentation においては日本人よりはるかに長けています。

　日本人の場合、弁護士やドクターやサイエンティストのような知的専門職に就いている人でさえ、何らかの社会問題に関して、英語で "value judgement（善悪の判断）" のあと理由を述べたり、論文を書いたりするときに第1、第2、第3、…と signposting していながら、その理由がオーバーラップしていたりして、5項目が記されていても実際は4項目であったりすることが多々あります。

　また、こういった**オーバーラップ**は key idea を明確にできないことからも起こってきます。例えば、「タバコの広告は禁止すべきか」というトピックに関して、イエスを選んだ場合の理由として、

1. Cigarette advertisements will encourage people to smoke.
2. Cigarette advertisements will discourage people from stopping smoking.

と書いた人がいましたが、これらの2つの理由は、要するに "increase smoking population in general" で、**tautology**（類語反覆）になっています。そこで、Cigarette advertisements will encourage minors to start smoking. のように specific（限定的）にしていけば、未成年の喫煙は悪いことなのでアーギュメントとして成立（valid）します。そうでなければ、オーバーラップはさておいても、smoking, which is harmful for health[a health hazard] のように「タバコの有害さ」を証明しなければ、何が悪いのかと言われてしまうのです。

　それでは、例によってアーギュメント分析問題にチャレンジしましょう。

問題1 アーギュメントが有効か考えてみてください。

Why is a weak handshake preferred to a firm one in Japan?（日本ではなぜ握手するときに力を入れてギュッと握らず、弱々しく握るのですか）

[理由]

The reason is twofold. Firstly, handshaking culture is not indigenous to Japan. Many Japanese people are not accustomed to shaking hands and are not even aware that firm handshakes are desirable. Secondly, the Japanese don't make a physical contact with other people in greeting. Therefore, some Japanese might interpret a firm handshake negatively.

（理由が2つあります。まず、握手をする文化が日本固有ではありません。多くの日本人は握手に慣れておらず、しっかりとした握手が望ましいことに気づいてすらいません。第2に、日本人は、挨拶のときに他人と身体の接触をしません。従って、日本人の中には固い握手を否定的に解釈する人がいるのかもしれません）

　これはいかがでしょうか。まず1つ目の理由「握手に慣れていないので弱々しい握手をする」は弱いアーギュメントです。2文目は理由のポイントではなく、また、3文目で「日本人は握手に慣れておらず、しっかりとした握手が望ましいことに気づいてすらいません」と述べていますが、これは2つ目の理由「～と身体の接触をしません」とオーバーラ

ップしています。そこで次の英文のように、重要な理由となる「固い握手を相手に対する攻撃的なふるまいと解釈する日本人が多い」を1つ目のポイントにし、誤解を招かないように「ただし、ビジネスや政治の場面は例外である」といった説明が必要です。

This is because many Japanese interpret a firm handshake negatively as an aggressive behavior toward other people. Since Japanese people basically have no custom of shaking hands with other people except in business and politics, they don't know that firm handshakes are better than weak ones and that weak handshakes sometimes make an unfavorable impression on others. (日本人の中には、固い握手を相手に対する攻撃的なふるまいとして否定的に解釈する人が多いことが理由として挙げられます。日本人には基本的にビジネスと政治以外で他の人々と握手する習慣がありません。従って、弱々しい握手よりしっかりした握手の方がよいということや、弱い握手が時には悪印象を与えることを知らないのです)

　いかがでしたか。今度は非常によく話題となっている「能力給推進」のvalue judgement(価値判断)についてのアーギュメント分析にチャレンジしてみてください。

問題2 アーギュメントが有効か考えてみてください。
Should performance-based pay system be promoted?
(能力給制をもっと奨励すべきですか)

［賛成の意見］
Yes, I think so for two reasons. Firstly, <u>most companies keep the seniority system in Japan.</u> This means that however hard they work, workers are promoted based on the length of their service. This has not increased workers' motivation for work. Therefore, we have to use the performance-based pay system.

> Secondly, job promotion encourages workers to work harder. Almost all workers want to receive higher salaries. Therefore, they will try to do more demanding jobs, which can increase companies' productivity and profits.

パラグラフの1行目は非常に大切にもかかわらず、Firstly（the first reason のことであるべき）と言っておきながら、「能力給」の賛成理由を答えています。それから、1つ目のポイントらしき「年功序列制は社員の仕事意欲を高めない（裏返せば能力給は高める）」と、2つ目のポイントである「もっと大変な仕事もするようになり会社の生産性や利益も高める」は「キーアイディアが重複」しているので要注意です！

「能力給制は会社の生産性を多いに高める」「高いスキルを持つ労働者を増やすので国の経済力アップにも貢献する」のような強く明確なキーアイディアが述べられるべきなのに、「どんなに一生懸命働いても就労期間の長さで昇進が決まる。このことは社員のモチベーションを弱める」と「年功序列」の方に視点が向けられており、「立論」にはなりません。

また、Secondly の「昇進することは労働者を一生懸命働かせる」は能力給制に限らず年功序列制でも当てはまるので無効です。そこで次のようにリライトする必要があります。

Firstly, job promotion based on performance will increase companies' productivity. It encourages employees to work harder for job security. They will also try hard to update their job skills to receive higher rewards. Workers' higher work efficiency contributes to companies' overall profits.

 Secondly, the performance-based promotion system will give workers higher job satisfaction than the seniority system. Salaries corresponding to performance lead to higher motivation and a great sense of accomplishment, which will enhance their quality of life.

（第1に、業績による昇進は会社の生産性を高めます。それにより従業員は職の安定を求めてより一生懸命頑張ります。彼らはまた、より高い報酬を得るために常にスキルを磨く努力をします。労働者の高い仕事の効率性は、会社全体の収益アップにつながります。

第2に、能力給制では労働者は年功序列制よりも高い仕事の満足感が得られます。業績に応じた給与はより高いモチベーションと大きな達成感につながり、それは彼らの生活の質を高めます。）

さて、それでは最後にもう1問、トピックはp. 209の「世界遺産認定推進の是非」に関する、今度は賛成意見の検証です。

問題3 アーギュメントが有効か考えてみてください。

Should more places be recognized as World Heritage sites to preserve them?（より多くの場所が保存のため世界遺産に認定されるべきですか）

［賛成の意見］
Yes, I think so for two reasons. First, the recognition of more World Heritage sites can better educate people on the importance of the sites. It will make people more aware of the importance of preserving them and want to learn more about the sites.

　　Second, the recognition of more World Heritage sites can help people learn more about the history of the place. For example, school children often go to such famous historical sites for their school trip. Therefore, more should be preserved for future generation of students.

（はい、2つの理由でそう思います。第1に、より多くの場所が世界遺産としてより認定されることにより、人々はその場所の大切さを学べます。その遺産を保存することの重要性により気づき、それについてもっと知りたいと思うようになります。

第2に、世界遺産のより多くの認定は、人々がその場所の歴史につい

てより学ぶのに役立ちます。例えば、子どもたちの修学旅行先として、そのような歴史的名所がよく選ばれるので、より多くが次世代の生徒たちのために保存されるべきです。）

　これはいかがでしょうか。1つ目のポイントは「人々はその場所の大切さを学ぶ」で、2つ目のポイントも「人々がその場所の歴史を学ぶのに役立つ」と、どちらも **“education”** がポイントでオーバーラップしています。2つ目のポイントを、教育価値とは異なるカテゴリーの **“tourism”** を使ってリライトすると次のようになります。

First, the recognition of World Heritage sites can educate people about the importance of preserving them. It encourages people to appreciate the value of those sites. Heritage sites are so unique that they cannot be reproduced once they are lost. Therefore, they should be preserved for future generations.

　Second, recognition of world heritage sites can promote tourism, boosting the country's economy. The number of tourists is likely to increase, as the sites can attract people from all over the world. It will create more job opportunities in tourism and other related industries.

（第1に、世界遺産として認定されることにより、人々はそれらを保存することの重要性を学べます。人々はその場所のありがたさに気づき、興味を持つようになります。世界遺産は大変独特で、いったん失うと二度と再生できません。だから次世代のために保存するべきです。

　第2に、世界遺産として登録されることで、観光業が促進されてその国の経済が活性化します。その場所は世界中の人々を魅了するので観光客の数が増えるでしょう。それによって、観光やその関連産業の雇用機会がさらに生み出されます。）

構成 (organization) を作る

　英文ライティングでは、introduction、body、conclusion を作ってから書く**構成 (organization)** が重要です。introduction（イントロ）は基本的には「現状、歴史、定義」などを書きますが、現状を述べる簡単な「イントロの定型表現」には次のものがあります。太字の部分が雛形です。

1. **It is a（highly）controversial[contentious] issue whether or not** nuclear power generation should be promoted. [程度によって one of the（most）controversial issues]
   （原子力発電を推進する**かどうかについては論争の的である**）

2. **There is a growing awareness（among ～）that** the mass media gives too much coverage to the private lives of famous people.
   （メディアが有名人の私生活を過剰に報道している**という認識が高まっている**）

3. **There is a growing tendency toward** studying abroad among young people in the world. [「a growing tendency that S＋V」の形でも使われる]
   （世界の若い人々の間で留学する**傾向が高まっている**）

4. **It is often pointed out that** science and technology allow students to obtain various kinds of information very quickly. [It is generally believed that ～や It is widely known that ～も覚えておこう]
   （科学技術のおかげで学生が様々な種類の情報を迅速に入手すると**よく指摘されている**）

5. **There are both advantages and disadvantages to** the seniority system, **but I think that** the advantages outweigh the disadvantages for the following three reasons.（年功序列制度には利点と欠点があるが、私は以下の3つの理由で利点の方が欠点よりも優っていると考える）

6. **Some people argue that** national identity is becoming less important in today's global society, **and other people don't. Personally,** I believe that national identity is losing its importance for the following two reasons.

（ナショナルアイデンティティが今日の国際社会で重要でなくなってきていると主張する人もいれば、そうでない人もいる。個人的に私は、以下の2つの理由から、ナショナルアイデンティティは重要性を失いつつあると思う）

　conclusion（結論部）は、普通、全体のサマリーを書きますが、簡単でかつわかりやすいものは "In conclusion," と言ってから、もう一度本論の "key ideas" を短く「句」にまとめて繰り返します。例えば "In conclusion, for these three reasons, 〜, 〜 , 〜（短く「句」で言う），I disagree with 〜." のように、"restatement of the main ideas（ポイントをもう1度短く述べる）" をします。

　また、**"signposting（道標）"** といって、"I disagree with 〜 for the following three reasons." と言ってから理由を述べて、First, ... Second, ... Third, ... と論を進めていくことも重要です。

　ところがうまく introduction や conclusion になっていない人が多く、イントロでもボディでも述べなかった全く新しい情報を述べて終わったりする人もいます。また、singnposting を全くせず、よく理由のポイントがわからないライティングも多く見られます。イントロは短く2、3行でダイレクトにアウトラインを述べ、signposting してポイントを明確にしましょう。

　さて、参考のために述べておきますと、body（本論）の作り方には

次の6通りがあります。

> 1. **topical division**（カテゴリー別にポイントを述べていくもの）
>   organizes a writing according to aspects, or subtopics of the writing.
> 2. **chronological division**（時系列でポイントを述べていくもの）
>   organizes a writing according to a time sequence.
> 3. **spatial division**（場所の区分でポイントを述べていくもの）
>   organizes a writing according to the geography or physical structure of the subject.
> 4. **causal division**（因果関係でポイントを述べていくもの）
>   organizes a writing from cause to effect, or from effect to cause.
> 5. **pro-con division**（賛否両論でポイントを述べていくもの）
>   organizes a writing according to arguments for and against some policy, position, or action.

　1. は最もよく使われるパターン。**カテゴリー別にポイントを述べていくもの**で、例えば「中絶の是非」のトピックで、from the biological viewpoint（生物学的には）、from the ethical viewpoint（倫理的には）、from the socioeconomic viewpoint（社会経済的には）というふうに論を進めていったり、「エコツーリズムの是非」のトピックで「環境上の影響」「経済学上の影響」「社会学上の影響」というふうに**分類しながら論を進めていくもの**です。これは大きなトピックをサブトピックに分けて話の焦点を絞っていきます。

　2. は何らかの事柄を、それが**起こる「時の順」にプロセスを述べていく**ものです。例えばガンの末期患者の精神状態を述べるときに、まず第1段階は "denial"、そして次に "anger"、そして "bargaining"、"depression" と移行していき、最後に "acceptance" の状態になるというふうに、死ぬまでの5段階プロセスを述べる場合がそうです。

　3. はあるものを「場所」の区分によって述べていくもので、A は〜の場所で、次に B は〜の場所で、最後に C は〜の場所です、といったパ

ターンです。

　4. は何らかの事柄を「**因果関係**」の視点から述べていくものです。英検1級などのエッセイに多いパターンで、社会の問題の原因と結果とか、地震や台風などの自然現象の原因や影響を述べたりするときなどに使えます。

　5. はある問題についての「**賛否両論（pros and cons）**」を述べるもので、"Some people say that ～. Other people say that ～." というふうにして、大局観と客観性を持たせるパターンです。そして**両サイドの意見を述べた後、自分がサポートする側の意見を強く述べて説得していく問題が多く、TOEFL iBT や IELTS などのライティング、リスニング試験によく見られます。

　このように本論の作り方はこの5つに大別されますが、**英語の検定試験や論文などでは1. と4. と5. がよく用いられます**。文脈によってうまく使い分けましょう。こういった5項目の重要性をわかっていただくために、スピーチコミュニケーション教育で名高い米国のライティング＆スピーチの evaluation のフォーマットを、参考までに紹介しておきます。

（**5 = Excellent　4 = Good　3 = Average　2 = Fair　1 = Poor**）

Content

1. Is the topic appropriate?	5　4　3　2　1
2. Are the ideas logically developed?	5　4　3　2　1
3. Is the evidence authoritative?	5　4　3　2　1
4. Are sources clearly cited?	5　4　3　2　1

Organization

1. Is **the topic introduced effectively**?	5　4　3　2　1
2. Are the key ideas **signposted**?	5　4　3　2　1
3. Are **the key ideas** clearly stated?	5　4　3　2　1
4. Are **internal summaries** sufficient?	5　4　3　2　1
5. Are **transitions** smooth?	5　4　3　2　1
6. **Does the conclusion summarize key points?**	5　4　3　2　1

ご覧のようにパラグラフではまず signposting し、key ideas を先に述べ、**最後に要点のまとめ（internal summary）をしながら**、意見を論理的に展開させていき、conclusion では key points をまとめ、終わった感じを出します。

　今まで述べてきたことをまとめると、ライティングやプレゼンテーションで最も重要なことは "clarity（わかりやすいこと）" で、そのために、relevance、the effective use of topic sentence、coherence、organization、transition などが大切なのです。

　さて次に organization の悪い例を挙げておきますので、何が悪いかを発見してそれを直してみてください。

問題 organization の悪いところを修正してください。

Are only people who earn a lot of money are successful?
（成功は高収入だけではかるべきですか）

　Generally speaking, success is judged by materialistic well-being. But I disagree with this idea. To me success means family happiness. Even if I am poor, I feel happy if I have a warm family. It is generally believed that the more money you make, the happier you can become. That might be true, to some extent, but wealth can't always make you happy. Money can buy you things, but ① **I know there are a lot of people who are wealthier but less happy than I am. ② People need religion because religion decides whether you are happy or not. ③ People without religion are like animals at the mercy of their surroundings. Religions can have a dangerous effect on people.** It can become so powerful that it can turn ordinary people into fanatics. Religion teaches you morality which makes your life more meaningful. ④ **To become successful means to have happy family relationships and religion. I don't**

> feel envious of anyone who is merely in better financial conditions.

　このエッセイの問題点は、まずパラグラフが全然できていないことです。次に、トピックの only に着眼することが重要です。つまり高収入だけが成功ではなく、他のタイプも successful であるように論理を展開しないといけない点です。このエッセイの場合、まずはイントロとして第1パラグラフを作り、「一般的には物質的富が成功と思われますがそれだけではありません」と始め、人にとって成功の要因は年収だけではなく「幸せな家庭」と「信じることができる宗教」があるということを2パラグラフで書き、その後、結論を書きます。

　① **I know there are a lot of people who are wealthier but less happy than I am.** は、みんなに当てはまる「一般論」を聞いているのに、個人の経験に基づく、いわゆる **anecdotal evidence**（個人的事例証拠）になっているので弱くなります。次に② **People need religion because religion decides whether you are happy or not.** は、トピックとの **relevancy** が弱いので、**I believe that people can be successful if they have a religious faith which makes their life meaningful.** と言い換え、パラグラフを変えてそのキーアイデアにします。

　次に③は、「宗教がなければ人間は環境のなすがままにされて動物と変わらない」と言った後に「宗教は危険な一面を持つ」と述べ、矛盾が起こっています。最後に④ **To become successful means to have happy family relationships and religion. I don't feel envious of anyone who is merely in better financial conditions.** は「幸せな家族関係と宗教」という別のポイントなのでパラグラフにして、**Secondly, success depends on how harmonious their family relationships are.** のような内容を述べるパラグラフを作ります。

強いアーギュメント（valid arguments）をする

　論理的とは「言葉と文法の定義に基づいた **coherent argument**（首尾一貫し、明確な理由を挙げてその妥当性を証明すること）」を意味しますが、強いアーギュメント（**valid arguments**）とはさらに「説得力のある主張（**persuasive arguments**）」を意味します。そのためには、感情的な説得 (pathos) を除けば、**"argument based on what is reasonable and sensible"**（誰が見ても筋が通っていて理にかなっている）と思えるものでなくてはなりません。

　そこで重要になってくるのが、説得力のあるキーアイデアと効果的なサポートです。つまり、**大多数のケースにあてはまる**ので、読み手に reasonable and sensible と思わせ、**論理の飛躍（a leap in logic）**をせず、**類語反復（tautology）**的な理由ではなく、情報の出所（**information sources**）も ethos（**credibility**［信憑性］）度合いが強く、**rhetorical**（比喩、換喩、誇張法、頭韻などで強調）で、反則技（**argument fallacies**）を用いていないアーギュメントのことです。

　まず、グレーゾーンシンキング（中間的思考）によって、情報発信者のスタンスがイエスなのかノーなのかがわからないときがよくあり、これが論理的コミュニケーションの障害になっています。ある問題について、イエスが80％でノーが20％であれば誰でもイエスと言うでしょうが、前者が55％で後者が45％であれば、なかなかイエスかノーかのスタンスをはっきりと述べにくいわけです。そういった場合、多くの日本人は答えにくそうにイエスのスタンス的な主張を弱める例を挙げてしまい、何が言いたいのか、つかみどころのない印象を与えがちです。アーギュメントする場合は次の点に注意してください。

アーギュメントのガイドラインとして何らかの主張が、実社会で**90～100％当てはまる場合は強いアーギュメントで**、肯定（yes）と見なして、I think that Japanese people are ～、American culture is ～のように断定してもいいのですが、社会現象でこういったケースはほとんどありません。そこで、当てはまるケースが80～90％（条件や例外の量によって幅があり、状況にもよりますが１つなら大体9割）の場合は、**I agree with the idea that ～ except in the case of ～**のように**"conditionally yes（条件［例外］付き肯定）"** を表明する必要があります。

これをつけていないと後で矛盾が起こってきます。例えば animal rights protection に関して、肉を食べるのに賛成というと矛盾が起こるので、I support animal rights protection except in the case of animal consumption for survival（ちょっと苦しいですが）. として、その他の「動物実験、毛皮、狩猟、見世物としての動物園」などはすべて反対であるとします。

また、当てはまるケースが60～80％（できれば最低70％欲しい）の場合は、I generally agree with ～のように **generally**（70％以上であれば **basically**）をつけましょう。アーギュメントの場合は、Japanese people are generally ～のようにすれば**隙がなくなり（airtight argument）**ますが、generally をつけないと「そんなことはない。こんな場合もある」といったマイナーケースで反論（屁理屈［weak argument］）される可能性があります。

そして、当てはまるケースが40～60％の場合は、It depends on the situation［individual］. のように、**"It depends."**（時と場合による）にします。否定の場合は同様に、20～40％は generally［basically］disagree、10～20％は disagree with ～ on the condition that［except in the case that ～］としますが、0～10％は肯定の角度から見れば「論外」で、あり得ないケースを表し、意見では disagree と断定します。

日本人の文章は、ライターのメッセージがイエスかなと思いながら最

後まで読んでみると結局ノーであったりします。これは書き手が良心や気持ち（願望）や一般社会常識に影響されてイエスと述べながら、実際の考え方はノーであるといった状態で、自分のスタンスについて自己分析ができていないときに起こります。こういう事態を避けるために、**イエスとノーの degree（段階）を表す**ようにしましょう。よく30〜40％ぐらいしか当てはまらないのに、People are 〜と断定してしまう人が多いようですが、people と書くとほぼ100％になってしまうので要注意です。

　ちなみに、このように肯定と否定のどちらかに割り切れない状態を表す表現として次のようなものがあります。

---

1. **必要悪（necessary evil）**：悪であるが、社会の現状から必要であるもの。

2. **諸刃の剣（double-edged sword）**：一方で非常に役立つが、他方では大きな害を与えうるもの。例えば「原子力」。

3. **矛盾語法（oxymoron）**：相反する概念が組み合わさったもので、例としては「**公然の秘密（open secret）、愛の鞭（cruel kindness）、用心深い楽観主義（cautious optimism）**などがある。

4. **コインの裏表（表裏一体）（two sides of a coin）**：プラス面があれば必ずマイナス面があり、両者を切り離して考えることができないものなどがある。

5. **トレードオフ（trade-off）**：「物価安定」と「完全雇用」のように、**同時には成立しない（あちらを立てればこちらが立たない）二律背反**のもの。日本語では経済学用語としてよく用いられるが、英語では日常的に用いられる。例えば、In writing, there's often a trade-off between being concise and being complete.（ライティングでは簡潔にすることと完全にすることに、よくトレードオフが起こる）

　この他、**This is not either-or question.**（割り切れる問題では

ない［＝ defy dichotomy]）もありますが、あまり使い過ぎるのは感心しません。

さて、次はアーギュメントを強くするための５つのテクニックについてご紹介しましょう。

説得力のあるアーギュメントをするための５つのテクニック

1. argument by example（or inductive argument）

これは今まで述べてきた、サポートの１つである**例証**（**illustrations**）で、２〜３の実例を挙げてそれが全般的に当てはまるというアプローチです。この場合、その例証が真実か、トピックと関連しているか、それで十分な証明となっているかを検証する必要があります。

2. argument by analogy

「**類推**（**analogy**）」を用いるやり方で「**〜するのは〜するようなものだ**（**A is compared to B.**）」式論法で、英語でも日本語でもよく使われます。例えば、何らかの財政政策が機能しない理由として、過去に似たような状況で同じことをしたがうまくいかなかった」と述べるやり方です。この場合、その類似性と違いがトピックに関連しているかどうかを検証する必要があります。

3. argument by cause

何らかの行為や何らかのファクターが何かを起こしたという「**因果関係**（**cause and effect**）」を示して論を進めていくやり方で、この場合はその因果関係がトピックと関連し、本当にそれがありうるのかを検証する必要があります。

4. argument by deduction

これは 1. の inductive argument（帰納法）の反対の演繹的アプロ

ーチで、一般的に認められている事柄がある特定の場合にも当てはまるといった論法。通常、大前提（major premise）と小前提（minor premise）と結論（conclusion）から成る**3段論法**（**syllogism**）に基づきます。3段論法のよくある例は次のタイプです。

> 大前提：すべての人間は死を免れない。
> 小前提：ソクラテスは人間である。
> 結論：ゆえにソクラテスは死を免れない。

この場合、各前提が事実であるか、また大前提と小前提とに関連性があるかを検証する必要があります。

5. argument by authority

　これは専門家の発表した事柄や権威ある機関の統計などを用いて自分の主張を証明しようとするやり方で、この場合はその情報元が本当にエキスパートであるか、またそれが偏った見方をしていないかどうかを検証する必要があります。

効果的なアーギュメントをする上で避けるべき6つの注意点

1. 論点をずらさない（Get to the point.）

　これは前述の relevancy とも関連しますが、よりピンポイントにポイントを述べ、「**トピックや質問にピンポイントに答える**」ということを意味します。かつて英会話学校のコマーシャルで、「なぜこの学校を選んだのですか」という質問に対して、「子どもの英語教師になりたかったからです」というのがありましたが、これがその例です。つまり、英語学校は無数にあり、その多くが幼児教育も行っている状況なので、「数ある英語学校の中でこの学校は子どもの英語教育に特に力を入れており、プログラムもしっかりしていて、私が将来、子どもの英語教師になる上で学ぶことがどこよりも多いと思ったからです」などと述べなくてはい

けないわけです。同様に「大学に進学することのメリット」というトピックに対して、「アルバイトができるから」「一人暮らしができるから」のようなことを述べると、「大学**自体のメリット（inherent advantages）**」ではなく、**付随的メリット（secondary benefits）**を述べているのでrelevancyが弱くなります。

2. キーアイデアとサポートがミスマッチにならないようにする

　これは前に述べましたが、復習しておくと、キーアイデアに対してサポートが関連性のない主張になっているミスです。例えば、田舎よりも都市部に住むメリットの1つは「雇用のチャンスが多いから」というキーアイデアを提示したとします。それに対する具体例として「今や多くのグローバル企業は優秀な人材を求めている」と書いた場合、それらの企業が田舎ではなく都市に位置しているという条件付けがなければ意味を成しません。

3. 論理が飛躍 (a leap in logic) しないようにする

　これは後の No. 26 で解説およびトレーニングを行います。

4. 各段落のキーアイデアが重複しないようにする

　これは理由を2点述べているように見えて、実はそれらの内容が重複しているミスです。例えば「インターネットのメリットは？」という問いに対して1点目は「情報を得やすくなった」、2点目は「最新のニュースがすぐにわかるようになった」のようにキーアイデアが同じ内容になっているパターンです。この場合は、2点目の「ニュースがすぐにわかること」は「情報を得やすくなった」ことに含まれているので、別のポイントを述べる必要があります。

5. 個人的な経験で論証しようとしない

　社会問題に関して説得力のある強いアーギュメントを提示するには、**個人的な体験（anecdotal evidence）**は説得力がないので、一般的に

認識されている事例を提示することがポイントです。そのためには普段から様々な分野に関する教養とアイデア力を高めておくことが重要です。

6. 類語反復的 (tautological) アーギュメントをしない

　これは、理由を書いているつもりでも単に同じ意味の表現で置き換えているために全く理由になっていないケースです。わかりやすいレベルの低い例を挙げれば、**The reasons why most Japanese people don't take part in volunteer activities?**（たいていの日本人はボランティア活動をしない理由は？）というトピックに対して、It's because Japanese people are generally reluctant to be involved in volunteer work. と述べたとしても、ほとんど類語で言い換えただけでほとんど理由になっていません。これはまた Most Japanese have a propensity to avoid volunteer work. などと言っても同じことです。

　以上6点がアーギュメントの展開で避けるべき注意点です。慣れないうちはこれらを毎回チェックすることを心がけ、少しずつ論理性の高い一貫したエッセイが書けるようにしていきましょう。

　基本に戻ってもう1度復習すると、説得力のある論理（tenable argument）のエッセンスは**「強い（tenable）キーアイデアを述べて、それを効果的にサポートする」**で、弱いポイントは書かないようにし、次にそのポイントをサポートする、つまり強めるものだけを述べ、ポイントと少しでもそれていることやポイントを弱めることは一切書かないのが重要です。

　「子どもにとって田舎と都会のどちらで育つのがいいのか」というトピックに対して、田舎で育つのがいいスタンスでその理由を、"It helps children maintain their health by giving them a chance to be active in the countryside". とした場合はどうでしょうか。このアーギュメントは、田舎に住んでいても "active（= always busy doing things, especially physical or mental activities)" になるとは限らないし、都会に住んでいても色んな活動をすればアクティブになれるので問題があ

ります。そこで、It is more likely to promote children's health by giving them more chance to physically active in nature in the countryside. のように「比較の概念」を入れ、active に physically を加えて「言葉を限定する（定義を強くする）」とアーギュメントがよくなります。あるいは、「空気や水などの自然環境が田舎の方がきれいなので、より健康的になる」のように明らかに両者の間で異なる点を「比較の概念」を用いて述べればよくなります。

英語は「比較の概念」に関して厳密であるが、日本語はそうではない場合が多い。

例えば、日米の物価について話し合っているときに、Commodity prices are high in Japan.（日本の物価は高い）と言うと、「アメリカの物価は（総じて）安い」という意味合いになります。「アメリカに比べて安い」と言いたいときは、Commodity prices are higher in Japan (than in the US). のように「比較級」を用いて言わなければなりませんが、大抵の日本人英語学習者はライティングでこの比較級を用いるのを忘れてしまいます。とにかく2つのものを比較しながら述べているときは日本語の発想につられず、「比較級」を用いるように心がけましょう。

また日本語では、もともとある程度の発展や増加の概念があり、正確には「さらに発展させる」とか「さらに増大させる」と「さらに」をつけなくてはならない状況で「さらに」をよく省きます。しかし、英語では正確に、**further** develop ～や **further** increase ～と further をつけなくてはなりません。これも日本語における「比較の概念」の乏しさから生まれた結果で、英文ライティングでは要注意です。

情報の出所 (information sources) を明示する

これは「evidence として挙げる情報の出所を明確にする」とも言えます。特にリサーチをして書く場合に言えることですが、ライティングテストの場合でも、According to *Economist*、Pew Research Center estimates 〜のように情報の出所を明らかにした方が argument の説得力が増します。ちなみに Pew Research Center（ピュー研究所）とは、ワシントン DC を拠点として米国や世界の人々の問題意識や意見、傾向に関する情報を調査するシンクタンクのことです。

No. 25

5W1H を明確にする！

いつ、どこで、誰が、何を、なぜ、どのようにしたかを明確に述べる

　5W1H の明確化も日本人がよく忘れがちな点で、まず、「いつ（when）」を書き忘れ、**nowadays[in this day and age、currently]、up until now、for the past three decades、in the past、used to 〜**のような「時」を表す表現が抜けてしまいがちです。これも "interlingual transfer errors（母語の干渉）" の現われで、日本語は時制などにアバウトないわゆる "timeless language" なので、これが影響してそういった「時」を表す部分をうっかり書き落としたり、「過去」から「現在」まで続いていることなのに、「過去形」にしてしまうことがよく起こっています。

　また、「どこで（where）」も不明瞭になっています。たいていの人は自分が日本にいることを当然のことと思っている（take for granted）ので、**"in Japan"** をつけるのを忘れがちですが、読み手は日本人というよりもむしろ日本人以外の人が多いので、わかりきっていてもつけないといけません。また、世界で（in the world）も本当にそうなのかをよく考えて、**in most parts of the world、in many[some] parts of the world、throughout[all over] the world**（世界中で）、**in developed [developing] countries、in the Asian community**（アジアでは）、**in the international community**（国際社会で）、**in Scandinavian countries**（北欧諸国では）などを使い分けなくてはなりません。

　また、「誰が（who）」もわかりにくく、日本人は "we" をよく使いますが、それが一体誰なのかわかっていない場合が多く、**"the government（中央政府）"** か **local government**（地方自治体）か、**the private sector[private companies]**（民間企業）か、**the mass media**（マ

スコミ）か、**the general public[average citizens]**（一般の人々）か、**almost everyone、most Japanese** なのかを見極めてから主語を明確にしてライティングしましょう。日本語のエッセイを書くときにそれらを明確にしない習慣が身についているために、これまた母語の干渉が起こっていますが、英文ライティングでは主語を明確にすることが肝要です。

　最後に、「なぜ（**why**）」と「どのように（**how**）」ですが、これも日本人は混同しがちです。実際、日常英会話でも、何かを成し遂げた人に対して、How (did you do that)? と言うべきところを、日本語の「なぜそんなことができるんだ」にうっかりつられて、Why did you do that?（これだと非難している印象を与える）と言ってしまう人がいます。このためエッセイライティングでも、**Should** Japan 〜?（日本は〜すべきか）と why（理由）を聞かれているのに、**how**（打開策などの方法）を書いてしまったり、イントロでさえも **for the following three reasons**（理由）と **in the following three ways**（方法）を混同する人が多いのです。また、Is Japan's declining birthrate a national crisis? というトピックに対して、打開策（countermeasures）を書いてしまったりする人もいます。

　それから、"logical thinking" の好きな欧米人は、理由を聞かれていなくても何らかの主張をした後、because 〜と論を進めていく習慣がありますが、日本人は聞かれるまでは because 以下は述べない傾向があります。英文ライティングやプレゼンテーションの場合、読み手や聞き手は質問ができないため、何かを論じるときは必ず理由を述べながら進めていきましょう。

　このように5W1H の明確化は、論理明快な英文を書くための基本なので、英文ライティングでは常にそれを実践できるように意識的努力をしていきましょう。

No. 26

論理の飛躍（a leap in logic）をしない

これは No. 24 の「強いアーギュメント（valid arguments）をする」で触れましたが、要するに、アーギュメントが適切な段階を踏まずに急にかけ離れた結論に至ってしまうことをいいます。例えば、「留学のメリットは？」という問いに対する話の展開を、「海外の学生とのネットワークを築くことができるので人類の幸せにつながる」などとすることがそうです。論理的には「海外の学生とのネットワークを築くことができ、**外国の慣習にも精通することができるので、人脈ができ、将来現地とのビジネスがしやすくなる**」ならば OK です。

それではこのような、a leap in logic をしないように 2 問ほど練習問題を通してトレーニングを行いたいと思います。

問題1 アーギュメントが有効か考えてみてください。

Why do many Japanese withdraw into their homes?
（なぜ日本人には引きこもりが多いのですか）

［理由］

I think it's because Japanese people are often required to be perfect whether they are in schools or in workplaces. Thus, they lose confidence whenever they make a mistake.
（日本人は学校でも職場でも完璧を求められることが多いからだと思います。そのため、何か間違いを起こすたびに自信をなくしてしまうのです）

いかがですか。学校などで要求される perfect さが原因とありますが、これは弱いアーギュメントで、完璧さよりも bullying（いじめ）や

underachievement（落ちこぼれ）の方が、引きこもりになる可能性が高い。また、2文目ですが、必ずしも「自信を失う」→「引きこもり」とはならないので、**So what?**（だから何だ？）と言われています。こういった「論理の飛躍（**a leap in logic**）」を避けて、次のように理由を明確にしましょう。

Japanese workers are expected to be perfect in their work. Such expectation of perfectionism in a workplace often leads to accumulated stress, which can cause reluctance to interact with others and even refusal to go to work.（日本人ワーカーは仕事で完璧であることを期待されます。そのような職場における完璧主義への期待がしばしばストレスの蓄積につながり、他人との関わり合いが億劫になり、出勤拒否さえ引き起こしうるのです）

問題2 アーギュメントが有効か考えてみてください。
Why is there no system of tipping in Japan?
（日本ではなぜチップの制度がないのですか）

［理由］
This is because in the Japanese group-oriented society employees have a strong sense of belonging to their organization. Tipping will be considered to hamper the harmonious relationships among them.
（日本は集団社会なので、従業員の組織への帰属意識が高く、チップは和を乱してしまうものだと考えられているからです）

　これはいかがですか。まず理由の要点としては、「集団社会（group-oriented society）」であることよりも「チップが和を乱す（hamper the harmonious relationships）」ことの方が関連しているので、こちらをポイントにしましょう。さらに、**論理の飛躍がないように「チップが和を乱す」のはなぜかを明確に述べる必要**があり、「いたずらに競争心を煽ること」を理由に挙げて説明するとわかりやすくなります。これ

らのことを踏まえて改善すると次のようになります。

I think it's because tipping is believed to negatively affect harmonious relationships among workers by stimulating undesirable competition in the group-oriented Japanese society.
（チップは従業員の和を乱すものと考えられているからです。集団社会である日本ではいたずらに競争心を煽る好ましくないものと思われています）

　しかし、これよりも先に述べなくてはならないのは、次の点です。

It's because in Japan, tips are included in the services charges that customers are required to pay. Therefore, workers at restaurants and hotels take it for granted that they should offer good service to their customers, regardless of tipping.
（日本ではチップは客が支払うサービス料の中に含まれているので、レストランやホテルの従業員はチップの有無にかかわらず、よいサービスを提供するのが当然だという意識があるからです）
という点です。

　日本には昔から「風が吹けば桶屋が儲かる」というたとえがあるように、論理の飛躍をして、**It doesn't make sense.** と言われてしまうことが多いので、英文ライティングでは十分に注意して、そういったミスをしないようにトレーニングしましょう。

接続語や referencing で文のつながり（cohesion）をよくする

　文と次の文との**つながり**（**cohesion**）を作るのも日本人の苦手とするところです。日本人のライティングを読んでいると、センテンスとセンテンスとのつながり（cohesion）にも非常に問題があって、**"connectives（接続語）"** の使い方が間違っていたり、抜けていたりして、まるで箇条書きのような文章になっていることが多々あります。

　あるいは全く話しが変わっていたりしますが、これらもパラグラフの作り方と同様、日本語のライティングが論理明快に展開しないゆえに起こっています。例えば、「因果関係」があるのに、それを表す接続語が抜けていたり、「因果関係」がないのに、therefore のような接続語をつけたり、「逆説」でもないのに、"but" や "however" から始めたりするケースが多いのは、日本語コミュニケーションでは cohesion の意識が低く、「だから」や「…ですが…」を因果関係や逆説関係もなく使っているからです。それにつられるといった、これまた **"interlingual transfer errors（母語の干渉）"** が現われているのです。

　そこで、そういった cohesion を作る transition（話の移り変わり）の仕方には次の4つのパターンがあります。英文ライティングの際はそれらをうまく使い分けて、"transition" がスムーズになるようにしましょう。

---

1. **causal transition:** establishes a cause-effect relation between two ideas
   「因果関係」を表す therefore、as a result、consecuently などでつなぐパターン
2. **contrasting transition:** shows how two ideas differ

「逆接・対照関係」を表す although、but、on the other hand などでつなぐパターン

3. **complementary transition:** adds one idea to another
「追加情報」を表す and、in addition、also、next などでつなぐパターン

4. **chronological transition:** shows how one idea precedes or follows another in time
「時」を表す later、at the same time、in the process、while などでつなぐパターン

cohesionの精度をアップするreferencingをマスター！

ここでは cohesion（文やパラグラフ同士のつながり）の精度を高める **reference** について学習していきましょう。reference とは言語学では「指示対象」という意味で用いられ、主に「指示代名詞」のことを指します。まずは簡単な例で確認しておきましょう。

(1) I have **a brother**, and **he** works as an accountant.
(2) I went to **the Italian restaurant** last night, and **it** was fantastic.

まず(1)の he は a brother のことを、(2)の it は the Italian restaurant のことを指していますね。これらの代名詞を用いて前述、または後述の名詞を指す用法を **referencing** といいます。それでは、ここから早速応用に入っていきます。今回マスターしていただきたい項目は **cohesive noun phrases** というものです。これは何かというと、上記の所有、あるいは指示代名詞に特定のカテゴリーを表す総称名詞（**head noun**）を合体させて表す用法で、cohesion を改善し、読みやすい文章を書くために必須の項目です。まず簡単な英文でその1例を確認していきましょう。下線部に注目してお読みください。

In some developing countries, children living in rural communities do not have access to education. In order to improve **this situation**, some people believe that these communities need more schools and teachers

　この「代名詞＋**head noun**」の書き方に気づいていただけましたか。In order to improve this だけでも間違いではありませんが、このように **situation** を入れることにより、前文の状況を示すことがはっきりとわかり、文同士の関係をより明確にすることができます。

　それでは次は少し長めの英文をご覧いただき、次は下線部をどのように変えればよいか考えながら読み進めてください。

B

The 21st century has seen significant changes in many aspects of our lives. For example, increasing globalization has broken down cultural barriers. **This** is clearly reflected in the growing number of multinational companies where people from a wide range of backgrounds work in the same place.

　おわかりいただけましたか。This 自体に問題はありませんが、前述のどの部分を指すかがわかりにくいため、cohesion が悪くなっています。ここではこの箇所を改善するために、どのような head noun が適切かを考えなければいけません。次のような名詞を入れると this が何を指すかが明確になり、cohesion がよくなります。

This phenomenon is clearly reflected in the growing number of multinational companies where people from a wide range of backgrounds work in the same place. 前文の内容を要約した **phenomenon** を入れることで何を指すかが明確になりますね。このよ

うに、head noun をつける意識を持つことで cohesion を改善することができます。以下に一覧を挙げておきますので、文脈に応じて適切な語を選びましょう。

head noun 一覧

ニュートラル	ポジティブ	ネガティブ
feature、element、attribute、stage、phase、theme、factor、aspect	effort、achievement、benefit、opportunity、growth、progress、advantage	problem、challenge、difficulty、failure、decline、confusion、obstacle
状況・変化	手段	意見
environment、structure、change、phenomenon、system、development	approach、method、technique、measure、solution、remedy、treatment、possibility	opinion、perspective、viewpoint、stance、reaction、response、argument、statement

　選択のポイントは、<u>前述の内容を全体像でとらえ適切に要約している語を選ぶこと</u>です。では最後に、これまでの学習内容を活かして練習問題にトライしていただきましょう。各英文を読んで下線部の代名詞に続く head noun を選んでください。

head noun 選択問題にチャレンジ

1 下線部に続く **head noun** を考えてください。

One major advantage of playing individual sports can be the development of a sense of competition. There is usually intense rivalry among teammates who aim to gain a regular position by outperforming their peers. **This** can develop students' willpower to tenaciously tackle any challenges they may face.

2 下線部に続く **head noun** を考えてください。

Some people argue that increasing road capacity and adding bus lanes are effective solutions to traffic congestion. However, I believe **these** will make little difference in reducing overall traffic volume; instead, governments should encourage the use of public transport by extending railway links.

解答例

1 は前文の「熾烈なライバル争いがある環境」を指すので **environment** や **situation** などが適当です。2 は、複数形の these となっていることから前文の「道路の幅の拡張」と「バス専用道路の増加」という2つの方策を指すので、**measures** や **approaches** のような語が適当です。

それでは最後に cohesion をさらにワンランクアップさせるテクニックを紹介します。次の英文の下線部をご覧ください。

The world's population is predicted to reach around 9.7 billion in 2050, an increase of about 3.5 billion over a fifty-year period. **This significant growth** can pose serious threats to many parts of the world, due to factors including pollution and lack of resources.

お気づきになったと思いますが、先に紹介した this + growth の「指示代名詞 + head noun」に significant という形容詞が挿入されていますね。毎回入れられるとは限りませんが、このように前述の内容を適切に表した形容詞を加えることでさらに質の高い **cohesion** が形成されます。

以上で cohesion を向上させる方法のレクチャーは終了です。この reference に対する意識が高まり、適切な head noun を選択する力がつけば cohesion がかなり向上し、ライティングの質も向上します。**常に reference を意識してライティングに取り組みましょう！**

それでは最後に、参考のために次の文章の **cohesion**（**transition**）に着目してください。

Example 1 （リサイクルの重要性）

With（付帯状況）dwindling natural resource, it is vital to the Earth's survival that we recycle as well as conserve our natural resources. **In this sense**（この意味で）, I think it is great that people separate burnable and unburnable garbage. **But** I would suggest going a step further by requiring that nonburnable garbage be subdivided into plastics, glass and aluminum. **This way**（このようにすると）everything could be reused easily. **Needless to say**（言うまでもまく）, all paper products should be recycled and wet wastes should be separated to allow them to be turned into compost that could be used as fertilizer. **In fact**, reusing wet wastes as fertilizer would have the added benefit of reducing dependency on chemical fertilizers which have proven to harm the environment in some cases.

Some will argue that recycling will cost jobs because demand for new glass, plastic, aluminum, paper and chemicals will go down. **Indeed**（実際）the number of jobs in those industries will decline to some degree. **However**, any job loss would be more than offset by job gains in the new recycling industry. For many new companies will have to be set up to reprocess much larger amounts of waste.

Although the trading houses won't like this, another added benefit will be that resource-poor Japan will need to import less from overseas. **With** (付帯状況) the ever-more rapid depletion of many natural resources, this is the only way to save our planet. I, for one, want to leave my grandchildren a viable place to live in.

　いかがですか。connective words（つなぎの言葉）によって論理がうまく展開されているのがわかりますね。このように常に cohesion を意識してエッセイライティングに取り組みましょう。

No. 28

無生物主語の論理明快な力強い文にする

　無生物を主語にするという発想は、日本語と英語の**文化的背景の違い**が関わっています。**言語人類学（linguistic anthropology）**的には、日本は「**農耕文化（farming culture）**」のため、自然に順応することで農作物などの生活の糧を得られるという意識が植え付けられてきました。そのために**人為的な力よりも自然の力を受動的に受け入れる**という意識が定着し、「**〜になる**」と、事物を客観的にとらえる表現が好まれるようになったと思われます。これに対して欧米は「**狩猟文化（hunting culture）**」であり、自然に任せていたのでは食料は手に入らないので、**人為的な力が不可欠な状況の中、「〜をする」**という能動的な意識が定着し、「**因果関係（cause and effect）**」をはっきりさせるようになったといわれています。このことから**日本語は「なる言語」、英語は「する言語」**と呼ばれます。

　そして英文ライティングをする際、論理明快な英文を書こうとすると、この「なる言語」から「する言語」への転換が必要になってくるわけです。日本語の「AによってBになる」は「AがBする」と英語で表現し、因果関係をはっきりさせることができます。「する言語」への転換では、日本語ではほとんど使わない「**無生物**」まで主語にすることが多くなるということです。

「なる言語」から「する言語」へ転換し、無生物主語をマスター！

　ここでは日本語と英語の文化の相違から生じる発想の違いをマスターしましょう。まずは次の日本語を英語に訳してみてください。

〈例題〉次の日本語を英訳してください。
彼はベストセラー本で脚光を浴びた。

いかがでしょう。次のような英文が考えられたのではないでしょうか。
① He came into the spotlight thanks to his best-selling book.
② His best-selling book brought him to the spotlight.

　①は日本語と同様に「彼」を主語にし、叙述的に状況を述べています。それに対して②は「ベストセラー本」という無生物を主語にすることで、原因「ベストセラー本」と結果「脚光を浴びた」をはっきりと述べています。もちろん例題の英訳としてどちらも正解ですが、**英語のライティングでは②のように原因と結果を明確にでき**、①にある "thanks to his best-selling book." といった**副詞句を付け足さなくてもよいＳ＋Ｖ＋Ｏのすっきりした構文**にできる、無生物主語構文が好まれます。

　日本語の「ＡによってＢになる」という部分があるときは無生物主語というのを疑ってみる必要があります。Ａの部分を英語の主語にすると、「ＡがＢにする」という自然な英語になるケースがよくあるのです。

　なる言語的訳→する言語的訳の例は、この他に次のようなものがあります。
□ If you take this train, you can save 10 minutes. →The train (ride) will save you 10 minutes.
□ Because of my overwork, I ruined my health. →My overwork cost me my health. / My overwork ruined my health.
□ If we have that money, we can get through financial crisis.
　→That money can get us through the financial crisis.

　なお、無生物主語構文には **make、give cause〔bring about〕、lead to、result in、mean、encourage、discourage、require、contribute to** などがよく使われます。

いろいろな無生物主語

　では、どのような無生物主語構文があるのでしょうか。高校などの英語の授業でおなじみだとは思いますが、ここではどのようなものが主語になるのかをまとめてみましょう。

---

(1) 物タイプ
　文字通り、前ページの〈例題〉のように**具体的な「物」を主語**にします。
(2) 概念タイプ
　例えば Your stupid mistake got them into real trouble.（君の馬鹿げた失敗で彼らはひどい目にあった）のように**「概念」を主語**にします。
(3) 行為タイプ
　主に**動名詞を主語**にします。例えば Opening the lid can cause damage to the device.（ふたを開けると機器が壊れる恐れがあります）

　では次にこの無生物主語構文を作る練習をし、英語らしい「する言語」への発想転換をマスターしてください。

無生物主語の作文にチャレンジ

　次の日本語を上述のどのタイプかを考えて、無生物主語で英語に訳してください。

問題1 次の日本語を無生物主語で英訳してください。
彼が満点を取ったのでクラスの平均点が上がった。

解説＆解答例

なる言語的訳

　① The class average was raised because he got a perfect score.

これは受動態を使っているために因果関係が多少ぼやけてしまっています。これを「する言語的訳」、つまり「AがBする」では「彼の満点」が「平均点を上げた」なので "bring" を用い、「彼の満点がクラスの平均点を上へ持っていった」とするとうまくいきます。

する言語的訳
② **His perfect score brought the class average up.**

概念タイプ

問題2 次の日本語を無生物主語で英訳してください。
運動せずに食べ過ぎていたら生活習慣病になる。

解説&解答例
なる言語的訳
① If you eat too much with no exercise, you will develop a lifestyle-related disease.

　これは「AすればBになる」というif節を使って複文にした叙述的な英訳です。この文の読み手は主節にたどり着くまでに時間がかかってしまいます。これを「AがBする」という「する言語」の発想に転換すると、「食べ過ぎ」を主語にし「生活習慣病を引き起こす」という文にします。動詞は、"develop" をそのまま使うことができますが、"cause" や "lead to" も使うことができます。

する言語的訳
② **Eating too much with no exercise will develop a lifestyle-related disease.**
（別解）
③ **Eating too much with no exercise will lead to a lifestyle-related disease.**

行為タイプ

問題3 次の日本語を無生物主語で英訳してください。
電子機器、コンピューター、マイクロプロセッサによって、時間のかかる機械や操作員による調節の必要な操作の数が減少した。

【解説&解答例】
【なる言語的訳】

① Thanks to electronic devices, computers, and microprocessors, the number of operations that require time-consuming mechanical or human control has reduced.

これは、「Aによって」部分を "thanks to" を使って英訳したものです。文頭に副詞句があり、しかも主節の動詞部分が最後に2語とトップヘビーになってしまっています。「する言語」に発想転換すると、「AがBする」は「電子機器、コンピューター、マイクロプロセッサ」が「（数を）減少させた」となり次のような文になります。①と比べてすっきりしました。

【する言語的訳】

② **Electronic devices, computers, and microprocessors have reduced the number of operations that require time-consuming mechanical or human control.**

【モノタイプ】

問題4 次の日本語を無生物主語で英訳してください。
エレクトロニクスとコンピューター技術が進歩したので、新世代の自動分析機器が出現した。

【解説&解答例】
【なる言語的訳】

① Because electronics and computer technologies have advanced, new automated analytical instruments have been generated.

これは、「A したので」の部分を because 節を使って英訳したもので
す。複文で、主節の動詞部分が最後に3語とトップヘビーになり、しか
も受動態になっています。「する言語」に発想転換し、「A が B する」の
形にしてみましょう。「エレクトロニクスとコンピューター技術の進歩」
が「新世代の自動分析機器」を「出現させた」または「生み出した」と
すると次のようになります。

[する言語的訳]

② **Advances in electronics and computer technologies
have generated new automated analytical instruments.**
（別解）

③ **Advances in electronics and computer technologies
have led to new generation of automated analytical
instruments.** [概念タイプ]

No. 29

ダブル・ミーニングと韻を用いてインパクト・説得力を出す

英文ライティング、特にジャーナリズムでは、比喩（metaphor）、誇張法（hyperbole）、脚韻（end rhyme）、頭韻（alliteration）などを用いて、ユーモアとインパクトを作り出すことが非常に多いです。ここでは、意味が2通りに解釈できる語句をあえて使用する「ダブルミーニング」と「比喩」と「押韻」の効果的な用い方を紹介いたしましょう。

ダブルミーニングの効果的な使い方とは？

ミシュランガイドの記事で、東京のレストランが世界一のグルメのメッカになるにつれて、**Eat your heart out, Paris.** と言えば、「美食で有名なパリは泣くだろう」と eat out（外食する）の2つの意味がかかっています。また、**マグロを取り過ぎる**といなくなってしまうことを危惧して記事で、There's a **catch: Overfishing is killing off tuna stocks.** と言えば、**catch** が「マグロの収穫」と「思わぬ障害」のダブルミーニングになっています。

石油価格が下落する中、なかなか再上昇が期待できない状況で、**Pipe dreams** を使うと、「夢物語」というイディオムの意味と、「パイプラインを通して運ぶ石油」というダブルミーニングとなります。また、日本の父親は仕事と家庭の板挟みで家でバタンキューになっている状況を表した、**Flat out** では、「全力を尽くして、くたくたで」と「アパート（**flat**）」をかけています。次に、中国や米国で富裕層と貧民層との格差が増大する状況を表す、**How we gilded this age.** は、**gilded** が「経済成長が高くて裕福になる」という意味と「うわべだけの」の意味があり、一見裕福に見えて、実は貧しい人がたくさんいるという状況を表し

ている面白い言い方です。

　女性の力がどんどん高まる中での表現、Their **clout** goes beyond the shoes. は、**clout** が、「ハイヒールが地面を叩く音（美しさ・美意識の高さの象徴）」だけでなく、「社会的影響力を持つようになったこと」の2つの意味がかけられています。また、高度経済成長が続く中、天にも届くような摩天楼がどんどんと増える状況で、**The sky is the limit.** は、「可能性は無限」というイディオムの意味と、「高度成長とビルの高さ」の意味がかけられています。さらに、シンガポールの都市が栄えている状態を表現した、The Lion City **roars** ahead. の、Lion とはシンガポールの象徴マーライオン（Merlion）からきていますが、**roar** は、「lion がほえる」と、「乗り物が音を立てて進み、町が栄えている様」をかけています。

　その他の**ダブルミーニング**の例として、ソーラーパワー熱が高まっている状態を、The **heat** is on. で表し、「太陽熱」と「heat（興奮）」をかけたケース。オリンピックの記事で使われる、**Pulling no punches.** は、「（ボクシングで）パンチを引っ込めない」と「手加減しない」というダブルミーニングのイディオム。かつては日本のウォークマンなどがヒットしていたが、最近はぱっとしない状況を表した、**Japan lost its groove.** の groove は、「レコードの溝」という意味から「お得意のもの、いつものやり方、ビートに乗ったリズム」のトリプルミーニングがあり、生き生きとした表現です。

比喩の効果的な使い方とは？

　米国の不況の世界経済への影響の記事で、Layoffs have become America's **export** to the world.：レイオフがアメリカから世界に広がっている様を **export** を用いて表現しています。また、健康の記事でよく見られる表現に、You and your brain are **what you eat.** がありますが、「体と頭は食べるものによって作られる」という意味の比喩表現です。さらに、メディアに関する記事で、Most published books are stranded in **the twilight zone**.「出版物のほとんどは**異次元空間でさまよう**」、つまり、**どこにあるか**が**不明**という意味の比喩が使われています。

頭韻・脚韻の効果的な使い方とは？

　語頭で同一の韻を繰り返す「**頭韻（alliteration）**」の例ですが、ゲイライツ運動が世界中で勝利を収めている状況を、**W**inning the **W**ar: Why the Battle for **G**ay rights is **gai**ning **g**round across the **g**lobe. と表現しています。ここでは、wが2つ、gが4つと意図的に頭韻になるように子音を選び、特に**gay**と**gaining**は、韻を踏むことで力強く印象に残る表現です。その他、覚えやすくてインパクトがある頭韻の例に、He is my **mentors** and tor**menters**.（師であり苦しめる人）や The **downside** of **downsi**zing（人員削減のデメリット）、**do or die**（実行か死か）、**the fear of the flu**（インフルエンザの脅威）、**our friend or foe**（味方か敵か）、などがあり、特に最後の例の**foe**は文語的な語ですが、韻を踏むために意図的に使っている点が重要です。

　一方、語尾で同一の韻を繰り返す「**脚韻（end rhyme）**」の例としては、富裕層が人目を忍んでリッチな時間を楽しんでいる状態を、**Stealth Wealth**（密かなリッチ感）があげられます。これは **health** and **wealth** と同様に韻を踏んでインパクトがあります。このような、「頭韻」や「脚韻」のテクニックをライティングで使いこなせるようになれば、ライティング上級者の仲間入りです！

ヘッジング（hedging）を効果的に使いこなす

hedging とは「断定的な言い回し（**categorical statement /
definitive statement / absolute terms**）を避け、語気を和らげる
手法」を意味し、critical thinking における重要ワードです。この手法
はアカデミックライティングをはじめその他のエッセイやスピーチ、さ
らには日常会話においても幅広く用いられています。日本語でも、特に
政府をはじめとした公的機関による公式な文書や法律など、その他契約
書などにも使われています。それではレクチャーに入る前に、まず問題
にチャレンジしていただきましょう。

Q. 次の2文を読み、どういった点がまずいか、そしてどのように改善が
　必要かを考えてください（文法や語法に誤りはありません）。

（1）**Hosting international sports events stimulates the
economy of the host country.**
（2）**Basketball is the most popular sport in the US.**

解答例

　2つの文に共通する改善点はわかりましたか。それは「**断定的な響き
がある**」ということです。（1）は「国際スポーツ行事の開催は<u>絶対に</u>
開催国の経済を活性化させる」、（2）は「バスケットボールはアメリカ
で<u>間違いなく</u>最も人気のあるスポーツだ」というように響きます。これ
らはそれぞれ次のように改善することが必要です。

（1）Hosting international sports events **is said to** stimulate the
economy of the host country.

☞ **be said to ～**（～すると言われている）のように「**定型表現**」を使うことで緩和されています。

(2) Basketball is **arguably** the most popular sport in the US.

☞ 最上級や比較級を修飾する **arguably**（おそらく）という副詞を用いて語気を和らげています。

　このように定型表現や副詞を使うことによって、さまざまな形で断定を避け語気を和らげることができますね。このような手法を **hedging** といいます。ではここからは、この hedging の役割と具体的な使い方について詳しく見ていきましょう。

hedging の役割と使い方とは？

　アカデミックライティングでは「絶対に～だ」や「すべて～に当てはまる」のように表現してしまうと、他の研究者から批判を受ける懸念があるため書き手はこのことを常に念頭に置いておく必要があります。まずアカデミックなエッセイを書く上での前提として、伝えたい内容が「**fact（事実）あるいは common knowledge（常識）か claim（主張、見解）かを区別すること**」が重要になってきます。つまり、100% 例外なく間違いがない、あるいは今後も変わることのない事実であれば fact あるいは common knowledge、そして証拠やデータが確実性に欠けるものや、今後変わる可能性のあることなどであれば claim になるということです。次の例でこれらの違いを見ていきましょう。

・The sun rises in the east and sets in the west. はこれは太古の昔から変わらぬ現象であり、この先も例外なく変わることはない事実、または誰もが知っている常識、いわゆる「**不変の真理**」といわれる項目です。よって語気緩和は不要です。では、次の例を見ましょう。

・The world's population has significantly increased over the last few decades. も、国連の人口統計データを見てみると、世界の人口

は、2020年1月現在約77億人となっており、30年間でおおよそ24億人の増加がみられることから「大幅な増加」と表現することができます。一方で次の例はどうでしょうか。

・Tourism **will** become a major source of income in developing countries.

これだとかなりの確率でそうなるという響きがあるので、will を **can** に変えたり、**has the potential to become** のようにすれば語気が緩和されます。

このように絶対にそうとは言い切れないような例外が考えられる場合は **hedging language**（語気緩和表現）を用いて断定を避けることが重要になってきます。同様に hedging を使うことで、**over-generalization**（過度な一般化：主張や仮説があたかもすべての事象に当てはまるようにしてしまうこと）を避けることもできます。では最後に、この hedging の効果的な表現方法を見ていきましょう。

5つの hedging テクニックをマスター！

1. 動詞（句）を用いた hedging

seem to / tend to / suggest / indicate / assume / claim など

△ The theory is applicable to other scientific fields.

→ これだと「例外なく他のすべての科学領域に当てはまる」という意味になります。

○ The theory **appears to be** applicable to other scientific fields.

→ appear to を入れることで「～だと思われる」と断定を避けることができます。

2. 形容詞を用いた hedging

> many / possible / likely / potential / primary / certain
> など

△ Japanese people go to a Shinto shrine on New Year's Day.

→ このままでは「すべての日本人が元日に神社に参拝に行く」という意味になり、これは起こりえないので不適切な文です。

○ **Many** Japanese people go to a Shinto shrine on New Year's Day.

→ Many を付けることで「参拝に行く人が多い」という含みが出ます。

3. 副詞を用いた hedging

> generally / typically / probably / arguably / on average など

△ The number of foreign tourists reached 30 million in 2012.

→ 外国人観光客は「3000万人ちょうどに達した」という意味合いになるので不適切。特に大きい数値を表す際は hedging が必要です。

○ The number of foreign tourists reached **approximately** 30 million in 2012.

→ 外国人観光客は「おおよそ3000万人に達した」といったように、数値に幅を持たせることができます。

4. 名詞を用いた hedging

> possibility / probability / likelihood / potential / tendency / assumption など

△ Robots replace humans in the construction industry.

→「ロボットは人間に取って代わる」という断定的表現なので不適切。

○ Robots **have the potential to** replace humans in the construction industry.

→ have the potential to ～（～する可能性がある）を用いて、起こら

ない可能性もあるということを含ませています。

5. 助動詞を用いた hedging

> can / should / may / might / could / would など

△ Using computer devices damages health.

→「コンピューター機器を使うと絶対に健康に害を及ぼす」という断定的な意味になるので語気を和らげる必要があります。

○ Using computer devices **can** damage health.

→「害を及ぼしうる」という可能性を表現することができます。

　ここで注意したいのは will の用法で、will は「〜だろう」と勘違いしている人が多いのですが、次の文をご覧ください。

The Japanese government **will** encourage immigration in the near future.

　このままだと「日本政府は将来的にかなりの確率で移民受け入れを推進する」という含みがあるので語気緩和が必要です。この場合は **will** と相性の良い **probably** や **likely** を一緒に用いると適切な表現になります。

The Japanese government will **likely** encourage immigration in the near future.

　なお、予測のデータや計画が示されている場合に will を用いると「〜だろう」と「予測」を表すことができます。

The world population **will** reach roughly 9.7 billion in 2050.

　この場合の will は **is projected to** や **is estimated to**「〜だと予測されている」のように言い換えることが可能です。

6. その他、定型表現を用いた hedging

> It is generally believed that / It is often assumed that など

× Improving public transport systems is beneficial to many people.

→「公共交通機関のシステムに改良を加えることは間違いなく多くの人にメリットがある」という含みがあるので不可。

○ **It is generally believed that** improving public transport systems is beneficial to many people.

→ It is generally believed that（一般的には〜だと思われている）を入れることで語気を柔らかくしています。

7. 組み合わせによる hedging

☞ 1.〜6. の用法を組み合わせてさらに語気を弱める方法です。

・**It is often said that** eating plenty of fruit and vegetables **can** improve health.

→ It is often said that という定型表現と助動詞 can の組み合わせ。

・The data **seem to** prove that the phenomenon occurs due **largely** to human activity.

→ 動詞句 seem to と副詞 largely の組み合わせ。

いかがでしょうか。語気緩和の方法はつかんでいただけましたか。ただし、重要なポイントは「使いすぎには注意」ということです。hedging を多用すると自身の主張が弱くなりすぎるきらいがあります。例えば次のような形が overused とみなされます。

Generally, it **seems** that there is a **tendency** for **some** people to obtain a degree online .

☞ 1文に generally、seem、tendency、some のように4つは一般的に使いすぎで、**目安として多くても２つ**にしましょう。

最後に、データや主張に強い確証や根拠がある場合は語気を弱めるのではなく、強めることも一般的に用いられる手法です。

The research findings **clearly** show that there is a **strong** correlation between poverty and crime.

☞ clearly と strong を用いた強調

このように表現する内容が fact か claim かを判断し、そして自身が伝えたい主張の強さや内容によって適切に hedging を用いることでアカデミックなコンテクストに適した文章を書くことができるようになります。

それでは最後にまとめとして hedging の問題練習を行いましょう。次の「日本人のコミュニケーション行動」に関する英文の問題点を hedging の点から考えてみてください。

問題

Why don't many Japanese state a conclusion at the beginning of a speech?（なぜ多くの日本人は話の最初に結論を述べないのですか）

［理由］

The speech patterns and communication behaviors of Japanese and English are totally different from each other. In English, the conclusion comes first, and reasons or backgrounds follow it. On the other hand, in Japanese, background information comes first and then the conclusion follows. Therefore, many Japanese are surprised when the conclusion comes first during a speech.

（日本語と英語の話し方やコミュニケーション行動は全く異なっています。英語では、結論が最初にきて、理由や背景がそれに続きます。一方、日本語では背景情報が最初にきて、それから結論が続きます。従って、多くの日本人はスピーチで結論が最初にくると驚くのです）

いかがですか。これはアーギュメントにかなり問題があります。「日本語と英語のコミュニケーションのスタイルが違う」をポイントにして、その後は質問文を言い換えただけのサポート、いわゆる tautology（類語反復）パターンになっていて、これでは、日本人がなぜ最後に結論を述べるのかという根本原因（the root cause）について触れていません。

また、結論が先にくるかどうかに関する両言語の違いについて、両言語においていつもそうなると「断定」していますが、実際は比率が違うだけであると思われるので、generally、basically、usually、often などの副詞や tend to ～などを用いて断定を避ける必要があります。そこで次のように hedging を用いて書き換えましょう。

This difference in the style of communication between Japanese and other languages, especially Western languages, stems from differences in cultural frames of reference between them. While a Western frame of reference is **generally** based on dualism, a Japanese frame of reference is **basically** based on nondualism. In dualistic thinking, people **tend to** put the conclusion first based on quick generalizations, while in nondualistic thinking, people **tend to** put the background first as they don't always have to reach a conclusion. Another difference is that unlike individualistic Western society, Japanese society **generally** values group harmony even in communication. Therefore, average Japanese **tend to** put the conclusion last or leave the points of the argument vague to avoid arguments and verbal confrontations.

（日本語と他の言語、特に欧米の言語とのこのコミュニケーションスタイルの違いは、両者の文化的な発想の違いから来ています。欧米では概して二元主義のために物事を素早く割り切り結論を先に述べる傾向があるのに対して、日本では基本的に非二元主義で、常に結論を出さなくてもいいので背景から述べる傾向があります。また、個人主義的な欧米社会と違って、日本社会はコミュニケーションにおいても概して集団の調和を重んじるため、平均的な日本人は結論を最後に述べたり、ポイントをぼかしたりして言い争いが起こらないようにします）

logos（論理性）、ethos（信憑性）、pathos（情）を駆使する

交渉であれ public speaking であれ、言葉で人の心を動かし、説得するためには **logos**（論理性）、**ethos**（信憑性）、**pathos**（情）の3つの要素を備えている必要があるといわれています。

---

① logos（ロゴス）：appeal to reason（正当な理由を述べ、論理性に訴え説得しようとすること）

② ethos（エートス）：credibility（社会の通念や常識、道徳観、話者の人間性やステータスなど信用の元となるもの）

③ pathos（パトス）：appeal to emotions（情、特に哀れみの情に訴えて説得しようとすること）

---

logos とは今までに述べてきたように、**data**（データ［事実・統計・専門家の意見］）に基づいて、**warrant**（ワラント［主張をサポート］）する **justification**（正当な理由付け）をして **claim**（主張）するもので、論理分析（logical analysis）によって、実利性やメリットなどを論理明快に述べたりすることです。この justification がなければ説得力に欠けることはいうまでもありません。しかし、これだけでは頭でわかっても人の「心や行動」が動きません。そこで人を説得する場合は残りの ethos と pathos のすべてを使って行います。

ethos の例では、「これはノーベル賞受賞者の○○が言っているが…」とか「これは欧米では当たり前のことですが…」などと言うと、自分の意見やポリシーを持たない権威主義の人や（日本人に多い）欧米コンプレックスの人を説得しやすくなるでしょう。ethos とは credibility のことで、ビル・クリントン元アメリカ大統領が大統領選のキャンペーン

スピーチで、自分は中流家庭の出身であることを強調して、有権者との rapport を図ろうとしましたが、これは ethos に訴えかけるものです。このように家柄、学歴というのもまた ethos の1つです。

最後に **pathos** ですが、狭義では人間の「憐みの情」を利用して説得しようとするもので、広義では「人間の感情を揺さぶる」説得法です。例えば、動物愛護運動であれば、「動物実験をして動物が苦しんでかわいそうじゃないか」と言ったり、安楽死問題で「耐えられない苦しみから解放してあげなければかわいそうじゃないか」と言ったりする論法です。

人間は「感情の動物」なので、まず ethos で信用を作り、次に logos で納得させ、そして最後に感情に強く訴える pathos で締めくくるといったパターンが説得の定石となっています。次の大学院志望の理由を書いたエッセイでは、ethos は自分の「仕事経験とそこでの問題発見」に、logos は「教師になった理由や大学院を志願する理由」に、pathos は「転職前の苦悩や英語教育への情熱」に現れています。

Example 2（大学院志望の理由）

　I worked as a secretary for a medical professor, a world-famous DY at DY university for ten years. **Proud of my work**（自分の仕事に誇りと満足感を抱いていたため）, I had dedicated myself to the secretarial work. **But in the process**（しかしその過程で）, I grew more and more anxious about my future and career objectives. "What life can a thirty-three-year-old woman without children live? How can I live the rest of my life without feeling any regret? What do I live my life for?" **Through this soul-searching**（こういった内省の中で）, one day I got the revelation that I have to prove my worth to other people and I must leave something "tangible" to the next generations!

　As time went by（やがて）, my increasing desire to grow out of the "unsung heroine" drove me further and further into the

---

search of more challenging work that would give me a real sense of accomplishment. **Three years later**, my chance encounter with my class teacher at senior high school gave me a new life, namely a teaching post at the senior high school that I graduated from.

Since then, I have been working as a teacher of English at ABC High School, making tenacious efforts to improve my teaching every day. **However**, despite the crucial importance of communicative competence, the English education at Japanese high school remains rigid, focusing on the notorious rote memorization and the grammar-translation approach. **Mired in this quandary**（この難局の中で）, even the efforts of AETs (Assistant English Teachers, who are native speakers of English) won't work. **The reality is that**（現状は）excessively tricky questions in grammar and reading comprehension given in the rigorous college entrance exams are seriously undermining student's drive for English study. In this approach, the "real thrill" of English study will never come!

This deadlock in the current English education of Japan has made me keenly realize how urgent it is to revolutionize the traditional way of English teaching into more "effective" ones that stimulate and enhance students' motivation for language learning. **Then** I have groped and groped for new methods and tried hard to break the impasse. **This struggling** has triggered off my interest in *TESOL programs. "I must reach for the wisdom of the predecessors and share insights into English teaching with other devoted educationists and researchers from all over the world!"

Fortunately（幸運にも）, I just learned from Japanese and

American friends of mine that the TESOL program at XYZ is the best in America for its excellent faculty and methods in this field. Their fervent admiration for the XYZ program has intensified my interest in TESOL. **Now** I am convinced that XYZ University is the only university where I can learn the essence of teaching English to speakers of other Languages.

In this age of growing multiculturalism, it is my pride any joy to study English with energetic and aspiring people who are willing to sacrifice themselves to create a brighter future. I have the desire, dedication, and determination to get to the "heart" of English and to accomplish my lifework of bringing the joy of English to every one in the world.

* TESOL：他言語話者に対する英語教授法（Teaching English as a second or foreign language）

いかがでしたか。pathos もさることながら **"transition"** がスムーズなために使われている語彙は難しくてもわかりやすいでしょう。また "this soul-searching、this quandary、this approach、this struggling" のように「**this＋名詞**」で前文とつないで transition をうまく行っている「レファレンシング」にも注目してください。

ethical and valid argumentation（倫理にかなった論議をする）

　ここでは、避けるべき argument の反則技について述べておきましょう。それには次の8個の **"argument fallacies"** というのがあります。

アーギュメントの反則技（argument fallacies）

1. **hasty generalization:** a fallacy that makes claims from insufficient or unrepresentative examples（不十分な例で主張をサポートするもの）

2. **post hoc ergo proper hoc:** a chronological fallacy that says a prior event caused a subsequent event（時間の前後関係を因果関係と混同した虚偽の論法）

3. **slippery slope:** a fallacy of causation that says that one action inevitably sets a chain of events in motion（エスカレート論法）

4. **red herring:** a fallacy that introduces irrelevant issues to deflect attention from the subject under discussion（相手の注意をそらす戦法）

5. **appeal to tradition:** a fallacy that opposes change by arguing that old ways are superior to new ways（伝統を重視

する論法）

6. **false dilemma:** a fallacy that confronts listeners with two choices when, in reality, more options exist（偽りのジレンマ論法）

7. **bandwagon:** a fallacy that determines truth, goodness, or wisdom by popular opinion（大衆意見による正当化論法）

8. **ad hominem:** a fallacy that urges listeners to reject an idea because of the allegedly poor character of the person voicing it（人格攻撃戦法）

　まず1.の **hasty generalization** は、ごく一部の政治家がセクハラをしたという事例から「政治家というものはよくセクハラをする」というように、すべての政治家がセクハラするかのように主張するパターンです。テレビ CM にもあったような、「歯医者さんお薦めの歯ブラシです」も、1人の歯医者かもしれないのに多くの歯医者が薦めているという印象を与えていて、この応用例といえます。

　2.は「偶然の一致」に「因果関係」を見出そうとする場合がそうです。俗にいう「雨男」がその例で、その人が来たときにたまたま続けて雨が降っただけで「雨男」にされてしまったら、この **post hoc ergo proper hoc** が使われています。また、自分の応援している野球チームが勝ったときにギャンブルで勝ったことが数回起こった場合などに、両者に「因果関係」があると主張するようなパターンです。

　3.の **slippery slope** は、「エスカレート論法」のことで、例えば「もし導入する消費税を3％にすれば、やがては5％になり、そのうち8％に、そしてついには10％まで上がって大変なことになる」というパターンの論法です。たまたま実際にそうなってしまいましたが、それがいつも起こるとは限らないのに、「どんどんひどくなっていく」と勝手に決めつ

ける論法で、これも政治家がよく用いる反則技です。

4. の **red herring** は重要時事英語語彙で、よく政治家などが記者会見で自分に不都合な質問をされたときに、**関係のないことを言って話題をそらそうとする**パターンの反則技で、これも卑怯なやり方です。

5. の **appeal to tradition** は、昔からの伝統的なやり方のほうが今のやり方よりも優れていると理由も述べずに勝手に決めつけて、「新しい制度は話にならない」「今の若者はなってない」と断定し、既得権益を守ろうとするタイプの論法で、これも全然説得力がありませんが、横行しているケースが多々あります。

6. の **false dilemma** は、何らかの問題の**打開策の選択肢が2つしかない**というふうに見せかけて説得しようとするものです。例えば、「戦うか降伏するしかない」などと言って、和平交渉などの歩み寄りの代案を述べない過激派的な論法です。また、防衛費増大の論議で、「防衛費を上げるか国を弱体させるかのどちらかだ」といった論法によって、誰しも国を弱体させることを望んでいない意識を利用し、防衛費を上げなければならないかのごとく錯覚させるパターンもそうです。実際は国力を強化するには経済を強化したり、科学技術力をつけたりするという方法もあるということを忘れさせてしまうもので、よく好戦的な政治リーダーが用いるこの論法も反則技です。

7. の **bandwagon** は、「みんながそう言っています」「皆さん使っています」のように「**大衆の言動・行動**」を述べて、それをあたかも真実のように思わせる論法で、これはよくセールスパーソンが用いる手口です。

8. の **ad hominem** も重要語彙で、相手の意見に反論するのではなく、その人の**人格を批判することで相手の説得力を弱めようとする**ものです。よく政治討論などで相手の**人格攻撃（character assassination）**をして笑い者にすることで、その人の政策までも叩こうとする反則技です。

　これらは、正式のディベートではマイナスポイントなので見られませんが、ディベートをスポーツとすると、何でもありのけんかやプロレスに例えられる日常の口論、政治討論や答弁ではよく見られます。unethical

や invalid なので、論理的アーギュメント力を高めたい人は避けるようにしましょう。

　こういったすべてのことを踏まえて、有効なアーギュメントをする力を UP するためには、**普段からトピックの「賛否両論（pros & cons）［メリット・デメリット］」を考える**（ディベート思考の基本）**習慣を身につける**必要があります。そして、さらに反論の反論を予測し、**1人ディベート（self-debating）**、つまりディベートのシミュレーションができるようになれば、何らかの問題を多面的に掘り下げて考え抜くことができます。訓練をすれば、何らかの意見が頭に浮かぶやいなや、その反論や弱点が浮かび、それをまた自分で反論するスピードがどんどんと速くなってきて、将棋でいう十手先以上までも素早く「読む」ことができます。その結果、素早くメリット・デメリットのどちらが大きいかを判断できるようになります。

　また、社会問題の論理的発信力 UP には、**「因果関係と打開策はセットで考える」**トレーニングが必要です。つまり、問題解決のためには、まずその原因を究明し、その問題の**「根本原因（the root cause）」**は何かを突き止める必要があります。そして次に、もし問題が解決できずに、事態が改善されないまま続けばどういうことになるかという**「最終結果（the end result）」**を推論する必要があります。この根本原因と最終結果の徹底分析・予測に基づいて、その**「打開策（countermeasures）」**が割り出されていくわけです。

　最後に、論理による説得以外に人を説得するのに必要なエレメントとしては、読者にトピックを重要と思わせ、読者に作者としての能力、熱意、信頼性を感じさせ、読者と興味や目標や意見などが同じであるなどがあります。これらに沿って強いアーギュメントをすることを念頭に入れておきましょう。

能動態(active voice)、肯定形(affirmative forms)を用いる

　日本語では、明らかに自分たちが主体的に商品を製作したにもかかわらず、「新商品が開発された」と言ったり、「論文では〜と書かれてある」と言ったり、「調査の結果、〜がわかった」のように、行為の主体がわかりきっている場合でも「受動態」を用いるケースが多々あります。これらを直訳すると、A new product was developed.、In this paper, 〜 is written.、As a result of the research, 〜 was found. のようになりますが、ところが英語では、Our researchers developed a 〜、This paper describes 〜、The research indicates that 〜のように「能動態」を使います。

　同様に、「誰にも見つかるなよ」「寒さに負けるな」「山が見える」「給料を上げてもらった」のような日常の動作表現でも、"Don't be seen by others."、"Don't be beaten by the cold."、"The mountain can be seen."、"My pay was raised." のような「受動態」ではなく、ふつう英語では let を用いたりして、**Don't let anybody see you.、Don't let the winter cold get you down[beat you]. / Brave the winter cold.、I can see the mountain.、I got a raise.** のように「能動態」を用います。英語の受動態は、English is spoken in that country.（They speak English in that country. よりベター）のように行為の主体がわかりにくいときや、言いたくないときに用い、日本語のようにやたら用いないことに要注意です。

　また英語は、「否定形(**negative forms**)」よりも「肯定形(**affirmative forms**)」を用いる比率が日本語より多く、例えば日本語の「〜しないように」は、in order to や so as to の「否定形」を使って例えば in order [so as] not to hit the car とするより、avoid を用いて **in order to**

avoid hitting the car とか **in order to avoid the collision** のように「肯定形」とした方が英語らしくなります。英語は相対的にダイレクトでダイナミック（action-oriented）な言語文化を持っているのです。

論理的アーギュメントをするための表現集

　話を論理的に展開するためには、特に「**因果関係**」の表現や、「**逆説**」や「**追加**」などを表す文と文をつなぐ表現（**connectives**）の知識と運用力が重要です。そこで、この章の最後では、そういった接続表現をはじめとして、アーギュメント力をぐーんと UP させるのに役に立つ表現集を挙げておきましょう。

1. 因果関係の表現の使い分けをマスター！

□ **accordingly**（したがって）：「**予想した結果**」を示す

There aren't many jobs available. **Accordingly**, companies receive hundreds of resumes for every opening.（仕事は少ない。それゆえに、会社はどんな空きに対しても多数の履歴書を受け取る）

□ **consequently**（その結果）：「**結果の妥当な根拠**」があることを示す

They've increased the number of staff. **Consequently**, the service has improved.（スタッフを増やした結果、サービスが向上した）

□ **hence**（それゆえ）：「**必然の結果**」を表す学術論文で用いられる堅い語

The trade imbalance is likely to rise again next year. **Hence** a new set of policy will be required soon.（来年にまた貿易不均衡が起こりうる。従って早急に新しい一連の方策が求められる）

□ **thus**（このように、従って）：結果を表すが「このように」の意味を持つので因果関係は弱い

The houses were used for soldiers. **Thus** the structures survived the Civil War.（これらの家屋は兵士が使ったので、南北

戦争にも耐えた）

□ **therefore**（それゆえに、従って）：「**必然の結果**」を表し、「**結論**」を強調する

We were unable to get funding and **therefore** had to abandon the project.（資金を得られなかったので、プロジェクトをあきらめざるを得なかった）

□ **under the circumstances**（こういった状況で）：「**主に厄介な状況**」を示す

Under the circumstances, our company will lay off some workers.（この状況の中、わが社は数名をレイオフするだろう）

2. 逆説表現の使い分けをマスター！

□ **however**：but より逆接が強く、副詞で**文頭・文中・文尾に置ける**
Some of the food crops failed. **However**, the cotton did quiet well.

□ **yet**：but、however より「**対比**」が強く、**意外性のある発言を導く堅い語**
They charge incredibly high prices, **yet** customers keep coming back for more.

□ **still**：副詞・接続詞として用いられ、「それでもやはり、まだ」
Traffic was bad, but we **still** made it to the movie on time.

□ **nevertheless**：非常に堅い語で「そうだったとしても」
It's a difficult race. **Nevertheless**, thousands of runners participate every year.

その他、逆説の表現には次のものがあります。
□ **but on the other hand**（これに反して）
□ **The other side of the coin is that 〜**（見方を変えると〜である）
□ **but at the same time**（しかし同時に）

□ **but the fact remains that 〜**（しかし実際は〜）
□ **contrary to popular notions**（一般の考え方とは違って）
□ **to[on] the contrary**（それどころか、にもかかわらず）
□ contrary to one's predictions[expectations]（予測［期待］に反して）
□ even so（たとえそうでも）
□ instead（そのかわりに）

　日本語では「**接続詞（connectives）**」が「**潤滑油的役割**」を果たす場合が多く、日本語の「〜ですから、だから、〜ですが、〜ならば」などは、因果関係や逆説や仮定を表わさずに、「**強調**」や、語気を緩和する「**潤滑油**」的な役割をしています。そのため英語で発信するときには日本語の感覚につられないように注意しましょう。
　例えば、「傘を返しますから貸してください」を
Please lend me your umbrella because I will bring it back to you. とすると変な英語になってしまいます。**借りたものを返すのは当たり前で、傘を借りる理由にならないからです。**この場合は「傘を貸してください」と言った後に I'll bring it back to you. I promise. のように because を省いて言います。
　また、英語に自信がないため英語圏に行くのを迷っている人に対して、「アメリカへ行ったら何とかなるさ」を
If you go to America, it's going to be fine. と言っても論理的ではなく、「どうしてそんなことがわかる」と返されてしまいます。英語の発想で言うと、Go to America and worry later. となります。

3. 追加の表現の使い分けをマスター！

　さらなる詳しい情報を伝える必要があるとき、その役割をするのが以下の表現です。

furthermore	：「別の論点」を加え、「議論」を強める堅い語
moreover	：「新情報」を加える堅い表現
in addition	：「予想以上」のさらなる情報を加える
on top of that	：不愉快な状況で「さらに問題が起こる」ことを示す
what is more	：議論を裏付けて「強調する情報」を加える
besides	：「簡単な内容を追加する」会話的な語

□ **by the same token / similarly** / likewise（同様に）
　By the same token, Japanese women are attracted to American men.（同じように、日本人女性はアメリカ人男性に魅力を感じる）

□ **the same thing applies to**［is true of］〜（同じことが〜にもいえる）

□ **specifically**（具体的に言うと）

□ **incidentally**（ちなみに）

4. 強調の表現の使い分けをマスター！

　強調の表現は、重要なポイントを提示し発言にアクセントをつける働きをします。以下の表現を使えば、論点が明確になること間違いなしです。
　まずは、文と文をつなげる強調の表現を見ていただきましょう。

「事実」を表す表現のニュアンス使い分け

indeed 　：情報を加えて「話のポイント」を強調する

---

in effect	：発言は完璧ではないが、その「**妥当性**」を示す
in fact	：人の「**注目を引くような発言**」をする
in reality	：人が考えつかないような「**物事の本質**」を伝える
in actuality	：発言の正しさを強調する「**真相・実情**」を述べる非常に堅い語

□ **the point [thing] is ～**（私が言いたいのは～である）

□ The name of the game is that ～（肝心なのは～である）

□ The bottom line is that ～（要するに言いたいのは～である）

□ **The fact [reality] is ～ / The truth [crux] (of the matter) is ～**（実は～である）

□ **The problem is that ～**（困ったことは～である）

□ **The biggest concern is ～**（最大の懸念事項は～である）

□ **Our top priority is ～**（最優先事項は～である）

□ believe it or not（まさかと思うでしょうが）

□ It is important to note that ～（～は重要である）

□ **Most important (of all) is ～**（最も重要なことは～である）

□ **There is no question [doubt] that ～**（疑いもなく～である）

□ **There is every reason [no reason] to believe that ～**（絶対に～である [～ではない]）

□ It is undeniable that ～ / There is no denying that ～（～は否定できない）

□ We cannot overemphasize the fact that ～（～をいくら強調してもし過ぎることはない）

□ **It is no exaggeration to say that ～**（誇張抜きに言って～である）

5. 比較・対照に関する表現をマスター！

　アーギュメントには物事の比較・対照がつきものです。物事の良し悪しを比べることによって発信者の言いたいことがはっきりとわかるよう

になります。

- □ (**when / as**) **compared with** ～（～と比べて）
- □ **unlike** ～（～と違って）e.g. unlike before（以前と違って）
- □ **in**（**sharp**）**contrast to** ～ **/ as opposed to** ～（～とは（全く）対照的に）
- □ **apart from** ～（～はさておき）e.g. **Apart from** a couple of spelling mistakes, this essay looks fine.
- □ **by any standard**（どこからみても）
  e.g. The building was still magnificent **by any standards**.
- □ **on one hand S + V, but on the other hand S + V.**
  （一方では～だが他方では～だ）
- □ **by comparison**（比較すると）
- □ **by[in] contrast**（対照的に、比較して）
- □ at the one end of the spectrum S + V, but at the other end of spectrum S + V.（片側の極地に立って言えば～だが、逆の極地に立って言えば～）

6. 意見・感想の表現をマスター！

- □ **I think it is safe to say that** ～（～と言っても過言ではない）
- □ It is legitimate to say that ～（～と言うのは妥当である）
- □ **It is reasonable to think[suppose] that ～**
  （～と考えるのはもっともである）
- □ **The extreme argument of this is that ～**（極論すると～である）
- □ **interestingly / surprisingly / ironically**
  （面白いことに、不思議なことに、皮肉なことに）
- □ **It is regrettable [a pity / shame] that ～**（～は残念である）
- □ **It is interesting to note that ～**（～は面白い）
- □ **The advantages of ～ outweigh the disadvantages.**
  （～の長所は短所に勝る）

☐ **inevitably / It is inevitable that ～**（必然的に～である）

☐ **It is natural[no wonder / not surprising] that ～**
（～は当然だ）

　この他にも、アーギュメントにおいて非常に役に立つ表現を挙げておきます。

《視点・状況判断に関する表現》

☐ **from the economic[global / historical] point of view
[perspective]**（経済的［世界的、歴史的］に見れば）

☐ in light[view] of the situation / **considering[given] the
situations**（この状況から）

☐ based on the analysis[data / evidence]（この分析［データ、証拠］
に基づいて）

☐ **in terms of ～ / in the sense that ～**（～の点においては）

《場合・状況に関する表現》

☐ **in this case**（この場合）/ in the case of ～（～の場合）

☐ **depending on the situation**（状況に応じて）

☐ in this connection（これと関連して）

☐ ～ is no exception.（～は例外ではない）

☐ **in any case**（いずれにしても）

☐ **at this rate**（この調子では）

《推量に関する表現》

☐ **It is a matter of time before S + V.**（～は時間の問題である）

☐ **It is (highly) likely[unlikely] that ～**（おそらく～であろう［～
ではないだろう］）

☐ **There is a strong possibility that ～**（～の可能性は高い）

☐ There is no guarantee that ～（～しないとも限らない）

☐ There is a long way to go before ～（～にはほど遠い）

□ ～ is a remote possibility.（～にはほど遠い）

《例を挙げる表現》
□ take ～ for example / for example / for instance ～（例えば～）
□ A typical example of X is Y.（Xの典型的な例はYである）
□ ～ is a case in point.（～はまさにその例である）

「率直に、正直に言う」ニュアンスの使い分け

to tell (you) the truth（正直に言うと）
［物事を認めたり、包み隠さずオープンに正直に個人的な意見を伝える］
frankly speaking（率直に言うと）
［相手が好まず怒らせるかもしれないが、正直でダイレクトな意見を言う］
to be candid（率直に言うと）
［困難で痛ましいことや、相手をまごつかせる不愉快な真実を正直にダイレクトに言う］
honestly speaking（正直に言うと）
［真実を伝え、相手を信じさせるように強調する］

《定義に関する表現》
□ This is what ～ is all about.（～とはそういうものである）
□ It is defined as ～（～と定義されている）
□ by definition（定義上）

《分類・列挙に関する表現》
□ X is divided into Y types[categories].（X は Y に分類される）
□ ～ is[go] as follows（～は次の通りである）
□ firstly[first / First of all] ～, secondly ～, finally（第1に～、第2

に〜、最後に〜）

☐ **last but not least**（大事なことを1つ言い残したが最後に）

☐ **X is polarized into either A or B.**（X は A か B に二極分化される）

☐ **〜 range from X to Y.**（〜は X から Y まである）

☐ X is rated as Y on a scale of one to ten.
（X は10段階評価で Y である）

《一般論・一般認識に関する表現》

☐ **The standard practice is that 〜**（〜と相場は決まっている）

☐ **〜 is the norm[rule].**（〜が常識である）

☐ we are now in the age when 〜（〜という時代を迎えている）

☐ That's how it has always been.（昔からそう決まっている）

☐ **It is no longer the case with 〜**（〜はもはやそうではない）

☐ X is still the case in 〜（X は〜において今でもそうである）

☐ **Conventional wisdom holds that 〜**（古くからの常識では〜である）

《記憶・回想に関する表現》

☐ **if I remember correctly[rightly]** / if my memory serves me correctly（私の記憶が正しければ）

☐ **in retrospect**（振り返って考えてみると）
    e.g. **In retrospect,** we should never have let it happen.（振り返ってみれば、あんなことはあってはならないことだった）

「言い換え」表現のニュアンス使い分け

in other words（言い換えると）
［先に述べた発言の「簡単な説明や表現」をする］
put it another way（言い換えると）

[「わかりやすいように」別の表現で説明する]
that is（to say）（すなわち）
[発言を正したり、より詳しい情報を伝える]
namely（すなわち）
[さらなる情報を伝え、「物事を正確にはっきり」と伝える]

《時に関する表現》
□ **in the process**（そのうち、その過程で）
□ **eventually / sooner or later**（最終的に）
□ as the time goes by / **in the course of time**（やがて）
□ **in the past**（かつては）/ at present（目下）/ **in the future**（将
来は）
□ **for the present[moment] / for the time being**（さしあたり）
□ since then / ever since（それ以来）
□ at this moment in time（現時点では）
□ at this stage（現段階では）
《その他の表現》
□ **This stems from the fact that ～**（これは～というところから
来ている）
□ **against the backdrop**（この背景には）
□ It is my (fervent) prayer that ～ / My firm belief is that ～（～
と固く信じてます）
□ **It is high time that ～** / The time is ripe (for ＋ 人 to ～) /
Now is the time (for ＋ 人 to ～)（今こそ～するときだ）

　さて、いかがでしたか。ためになったでしょうか。こういった表現を
プレゼンテーションやディスカッションなどでどんどん使って、わかり
やすくて説得力のあるアーギュメントをしましょう。

第6章
世界情勢の見識・人生哲学力・
向上心を高める

世界情勢や異文化、歴史に関する見識を深め、英文記事を書く practice をする！

　第1章で、英文ライティング力を UP するには、世界情勢に関する見識、人生経験、想像力に加えて、人生哲学や世界情勢の分析に関するライティング練習を日頃からすることが重要であると述べました。さらに日本の国語教育ではそれらが鍛えられていないのに対して、欧米では、それらのテーマに関して論理的に意見をまとめる訓練を小学生のときから受けていると言及しました。そこで、その違いを認識していただくために、アメリカの学生が子ども時代からどのような作文トピックでライティングトレーニングをしているのかについて述べていきたいと思います。

　アメリカの教育機関 English Educational Service のオンライン作文学習プログラム「Criterion」には、小学校4年生から中学・高校・大学・大学院へ行くための試験（GRE）に出題されるトピック、TOEFLの essay トピックなどが400以上あり、それらを分析すると、アメリカの国語作文でどのような能力が鍛えられ、求められるのかがわかります。

小学校高学年〜中学前半のエッセイトピック

　まず小学校の4・5年、中学の前半では主に以下の6つのカテゴリーがあります。以下の例は4年生の問題からです。小学校では「論理的思考力」と「想像力」を鍛えるためのトピックが中心となっています。
- cause-and-effect essays（因果関係を説明する文）
  例：「家事の中の1つを挙げて、それを誰もしなかったとしたら生活はどのように変わるかについて述べなさい」
- compare-and-contrast essays（二者を比較・対照する文）

例：「自分の好きな教科と嫌いな教科を挙げて、似ている点と異なる点を述べなさい」

- descriptive essays（物事を描写する文）

　例：「雨の中、外にいたときの経験について描写しなさい。またどのように感じたかも述べなさい」

- narrative essays（物語文）

　例：「ある日空飛ぶモップを見つけました。そのモップはどこから来たか、それで何をするか、物語を書きなさい」

- persuasive essays（自分の意見を述べる主張文）

　例：「どんなペットを飼いたいか理由を挙げて説明しなさい」

- process essays（手順・方法などを説明する文）

　例：「朝起きてから学校に行くまでのプロセスを説明しなさい」

中学後半〜高校のエッセイトピック

　中学の後半と高校では、「因果関係」「比較・対照」「手順」に関して、**事実に基づいて何かを解説・説明する expository essays（説明文）**が重要になってきます。そして、小学生向けのトピックにもあった、自分の意見を理由と共に主張する **persuasive essays（主張文）**もレベル UP して、「何かの意義」「何かをすべき・すべきでないか」などの**「価値論題」**となり、「人に〜をするよう・〜しないよう説得する」タイプの問題が多くなります。

- expository essays（説明文）

　例：「永遠にとどまっておくことができる年齢を選べるとしたら、あなたは何歳を選ぶかを、その理由と共に述べなさい」

- descriptive essays（物事を描写する文）

　例：「あなたのお気に入りの持ち物について描写し、外観や手触りなどが重要な理由について述べなさい」

- narrative essays（物語文）

　例：「あなたとあなたの親友の1人がどのように出会い、どのように

親友になったのかについて描写しなさい」

・persuasive essays（自分の意見を述べる主張文）

　例：「春の天気のよい日、先生に外で授業をするよう説得するエッセイ
　　　を、予測される反対意見に対する反論も準備しながら書きなさい」

大学レベルのエッセイトピック

　大学レベルになると、エッセイトピックはほぼすべて persuasive essays（主張文）タイプとなります。しかし、TOEFL は non-native speakers 向けなので、persuasive essays タイプと expository essays タイプが混在しています。

大学2年生レベル
・persuasive essays（自分の意見を述べる主張文）

　例：「私たちが選ぶ英雄・ロールモデルの有無が、社会や私たち自身
　　　にどんな影響を与えるか」

TOEFL iBT
・persuasive essays（自分の意見を述べる主張文）

　例：「大学卒業後、故郷で暮らすのと異なる町で暮らすのとどちらが
　　　よいと思うか」

・expository essays（説明文）

　例：「多くの学生が海外留学するが、それはなぜか」

　いかがでしたでしょうか、全体像はわかっていただけたと思います。アメリカではこういった作文練習を通して、生徒の様々な能力を評価し、開発しようとしています。そして、これらの能力とは次の10の項目に分かれます。

アメリカの国語教育が伸ばそうとしている10の能力

1. imaginativeness（想像力）

　　小学4年生のファンタジー系の話に見られる「架空の物語を作り出す能力」だけでなく、「テクノロジーがなくなったらどうなるか」や「次の世紀に何か起こるか」といった「仮想の状況（**hypothetical situations**）や未来を想像する力」は、英検、TOEFLをはじめとする英語検定試験でも重要なスキル。

2. organizational skills（企画力）

　　どういう行動をどういう手順で行うか、誰に仕事を割り振るかなどを決定する能力です。例えば「あなたの街で何か変えるとしたら何を変える？」や、「クラスパーティーを楽しくするのにすべきこととそれを実行する手順とは」といった **process essays**（手順・方法の説明文）や、解決策（**problem solving**）を求めるエッセイで必要な能力。

3. cause-effect analysis ability（因果関係分析力）

　　大学準備レベルの「自分に起こった challenging な経験が自分の人生にどんな影響を与えたか」といった、「因果関係」の分析能力。

4. comparative analysis ability（比較分析力）

　　複数の事物について、様々な観点からその「類似点」と「相違点」を述べる能力で、**比較・対照エッセイ**に必要です。また、何か1つを選び出す問題（例：「成功に一番重要な要素は何か」）でも、選ぶ過程で他のオプションと比較する必要があるので、この能力が重要。

5. descriptive analysis ability（描写分析力）

　　物事・事象の説明をするために分析する能力で、**factual description**（**事実描写**：何が起こったかを描写したり、物の説明をしたり、利点・欠点などを述べたりするのに重要）、**emotional description**（**感情描写**：ある時にどのように感じたかなどを述べたりするのに必要）、**perceptual description**（**artistic sensitivity**：「五感を使って感知する力」で、味覚・視覚・聴覚描写をするのに重要）の3つ。

6. categorization ability（分類力）

「物事を分類する能力」で、どのエッセイでも重要なスキルです。いくつかの理由を挙げて理由1、2、3という場合や、類似点・相違点を挙げる場合などに必要な能力。

7. philosophical analysis ability（哲学的分析力）

大学生向けのトピックでみられる知性と教養に裏づけられた高度な分析力で、単なる実利的な利点や欠点を越えて、書き手の価値観（教養・人生経験が必要）が反映されるもの。例：Present your perspective on the issue below, using relevant reasons and/or examples to support your views.

"Wisdom is rightfully attributed not to people who know what to look for in life but to people who know what to ignore."

8. rhetorical ability（修辞的能力）

persuasive ability（説得力：類推などの論理的説得に相手の心に訴えかける表現力が加わった言語能力）と、**creative writing**（創造的ライティング）や **vivid descriptions**（生き生きした描写）などに必要な **literary ability** という2つの能力。

9. sensitivity 感性

emotional（何らかの感情を表現する力）と **perceptual**［**artistic**］**sensitivity**（五感で感じる力）の2つで、例えば、「お気に入りのものについて描写する問題」の場合、外見、手触り、香りなどまで描写する、つまり「感じる能力」が重要。

10. observational ability（観察力）

周りの物事を意識的にとらえる能力で、**awareness of daily life**（日常生活への問題意識）と、**awareness of social problems**（社会問題や共同社会への問題意識）の2つ。

このようにアメリカが小・中・高校・大学の国語教育で段階的に伸ばそうとしているのは、「想像力」「人を説得し、自分を売り込む能力」「イニシアティブを取るリーダーの能力」「人生を深く考え、それを言語化

する能力」「個人的経験と社会問題を関連づける能力」「哲学的思考能力」です。これらは英語のライティングで非常に重要な要素ですが、受信力の養成が中心の国語教育を受けてきた日本人学習者が苦手とするものです。また、日本の国語教育でよく課せられる読書感想文的な作文トピックや、「〜について書きなさい」といった曖昧な指示しか出さない作文トピックとは大きく異なることがおわかりでしょうか。こういった事実をしっかりと認識し、一からやり直す覚悟でライティング力 UP トレーニングに励めば道は開けてきます。第7章の実践問題編では、今まで述べてきたことを会得していただくために、英語の各種資格検定試験問題やビジネス・サイエンスの世界での文書作成問題を通して、スキル UP 実践トレーニングを行います。

　最後に、英文ライティング力とそのための英語力全体を UP させる向上心の重要性について述べたいと思います。よく人生は旅にたとえられます。つまり、目的なく旅をしているように見えても、人は皆、何らかの目的に向かって旅をしているのと同様に、人生も、目的を持って生きていないように思える場合でも、我々は皆、必ず何らかの目的・目標・使命・意義のようなものを持って生まれ、生きて、あの世へと旅立つということです。この awareness（悟り）に基づく「目的意識」の重要性が英語の学習にも当てはまります。

　そこで、awareness が少ない人にもそれをを高めていただくために、英語の各種検定試験のレベルやそのスキルの見地から、英検1級指導経験36年（合格者2000名以上輩出）に基づくランキングを記したいと思います。これを参考にして目標設定をしてみてください。

　ちなみに **CEFR**（セファール）とは、ヨーロッパ全体で外国語学習者の習得状況を示す際に用いられるガイドラインで、レベルは一番下の A1 から最高レベルの C2 に分かれています。日本でも昨今、各種外国語試験で CEFR に置き換えた点数を併記するなどし、積極的に CEFR を教育現場でも取り入れ始めています。CEFR の導入により、異なった試験

を受験したとしても、各人の外国語におけるおおよその実力の伸びがわかり、勉強する際の大きな励みになると注目されています。そして、C1を目指すレベルでは、ケンブリッジ英検の Advanced は取りやすく、国連英検特 A 級は2次試験がやや難しく、工業英検1級は難関といえます。また、ライティングのスコアが一番辛いのが IELTS です。ちなみに、語彙問題のレベルが一番高いのが米国大学院入試の GRE の Verbal セクションです。

No. 35

人生経験を積み、英文パッセージを書く practice をする！

〈英悟道ランク表〉

＊「英悟道」―英語を通して高める道

① 入門者：英悟道５級
英検４級・CEFR A1 レベル
［書く能力のスピードがないレベル］

　家族・日課・趣味など個人的なトピックや、時間・日にち・場所などについての簡単な Q&A ができる。英語を始めて半年ぐらいで達するレベルで、認識語彙は300語ぐらいあるが運用語彙は100語ぐらい。英語放送はあいさつ程度のところしか聞き取れず、理解度1%以下。話す英語も片言程度。

② 初心者：英悟道４級
英検３級・TOEIC200点・CEFR A1 レベル
［ごく簡単な英文が書けるレベル］

　趣味、部活動などなじみのあるトピックに関して、日常生活に関する簡単な事実を限られた構文で描写できる。中学校卒業レベルの英語力。最も効果的なプログラムで英語を1日約3時間勉強すれば1年（1000時間）ぐらいでこのレベルに達する。認識語彙は500語ぐらいあるが、運用語彙は200～300語ほど。英語放送は理解度3%以下でほとんどわからない。

③ 初級者：英悟道３級
英検準２級・TOEIC350点・CEFR A2 レベル
［日常の事柄についてかろうじて通じる英語で発信することができるレ

ベル]

　簡単な英語で、自分の意見や気持ちや日常的な出来事や学校・地域などについて述べることができる、平均的高校2年生ぐらいの英語力。最も効果的なプログラムで1日約3時間勉強すれば2年（2000時間）ぐらいでこのレベルに達する。認識語彙は1000語ぐらいあるが、運用語彙は500語ほど。英語放送理解度は5％以下。

④ 中級者：英悟道2級
英検2級・TOEIC 540点・IELTS 4.5・TOEFL iBT 42点・CEFR B1レベル
［日常の事柄を4割、社会問題を2割、何とか通じる英語で発信できる］

　公の場などで問題を説明でき、自分の関心がある社会問題について自分の意見をある程度発表し、聞き手からの質問にもなんとか対応できる。短い新聞記事ならあらすじや要点を説明できる。平均より高めの高校生の高校卒業レベルの英語力。最も効果的なプログラムで1日約3時間勉強すれば4年（4000時間）ぐらいでこのレベルに達する。認識語彙は4000語ぐらいあるが、運用語彙は1500語ほど。英語放送理解度は約10％。

⑤ 中級者：英悟道1級
英検準1級・TOEIC 760点・IELTS 6・TOEFL iBT 70点・CEFR B2レベル
［日常生活・人生哲学を6割、社会問題を4割、大体通じる英語で発信できる］

　日常的な事柄から様々な社会問題・学問分野まで幅広いトピックの話し合いで、自分の考えや視点を述べることができる。平均より数段高い大学生の英語力。最も効果的なプログラムで1日約3時間勉強すれば6年（6000時間）ぐらいでこのレベルに達する。認識語彙は8000語ぐらいあるが、運用語彙は3000〜4000語ほど。英語放送理解度は約20〜30％で、英字新聞や簡単な英字誌記事は読むことができ、その読解速度は100〜150 wpm。

＊ただし海外留学経験のない日本人の場合、TOEFL iBT に関しては60点台になる率が高い。

> この段階がボーダーライン。「英検1級」を最終目的にし、合格後に英語学習の意欲が減退する人は「白帯」に逆戻りするので、さらに上のランクを目指して精進すれば英語修得への未来が開ける。

⑥上級者：英悟道初段

英検1級・TOEIC 920点・IELTS 7・TOEFL iBT 92点・CEFR C1レベル

［日常生活・人生哲学を7割、社会問題を6割、論理的に英語で発信できる］

　日常的な事柄からビジネス、様々な社会問題・学問分野まで幅広いトピックの話し合いで、自分の意見を論理的かつ正確に表現でき、各分野の目的に合った言葉遣いが効果的にでき、複雑なトピックに関しても論じて適切な結論でまとめることができる。英語でプレゼンテーションやミーティング・交渉ができ、通訳士や翻訳士の見習いとして仕事をし始めるレベル。最高峰の大学生の英語力。最も効果的なプログラムで1日約3時間勉強すれば8年（8000時間）ぐらいでこのレベルに到達できる。認識語彙は10000語以上あるが、運用語彙は5000～6000語ほど。英語放送理解度は50～60％で、英字誌読解速度は200～250 wpm ぐらい。

＊ただし、「受信型の英語学習」を中心に勉強している場合は検定試験にはパスしても発信力は弱い。

⑦ 上級者：英悟道2段

英検1級・TOEIC満点・IELTS 8・TOEFL iBT 108点・通訳案内士・工業英検1級・国連英検特A級のうちの5つ以上取得・CEFR C2レベル

［日常生活・人生哲学を8割、社会問題を7割、論理明快に英語で発信

できる]

　口語・慣用表現を使いこなして、細かい意味のニュアンスを正確に伝えることができ、状況にあった文体と効果的な論理構成で記述・論述ができ、読み手・聞き手に重要な点を把握・記憶させることができる。最も効果的なプログラムでインテンシブに1日約3時間勉強すれば10年（1万時間）ぐらいでこのレベルに到達できる。認識語彙は2万語以上あるが、運用語彙は8000〜1万語（英字新聞で使われるような書き言葉をかなり使いこなせる）、英語放送理解度は60〜70％、英字誌読解速度は300 wpm ぐらいで、プロの通訳士や翻訳士に多いレベル。

⑧ 超級者：英悟道3段（検定試験の域を超えた段階）
［日常生活・人生哲学を9割、社会問題を8割、引き締まった論理的な英語で発信できる］

　英字誌の記事を書くことができ、運用語彙1万〜1.5万語（英字新聞や『タイム』に使われる書き言葉は大体使いこなせる）、英語放送理解度70〜80％、英字誌読解速度は350〜400 wpm ぐらい。また、英検1級、工業英検1級、国連英検特A級、GRE などを対策クラスを準備しなくても教えることができ、上級者向けの英語学習本を執筆したり、洋画字幕翻訳者、同時通訳者、英語ニュースライター、英字新聞ライターなど一流の英語のプロとして活躍できるレベル。

⑨ 達人：英悟道4段―5段
［ネイティブ教養人と比べて全く遜色なく、どんな哲学的な問題や社会問題についてもレトリカルで引き締まった論理的な英語で発信できる］

　ここから作品や演説で勝負する段階で、4段は一流英字誌のような記事や洋書を書くことができるレベルで、5段はそれを真にエンジョイできるレベル。運用語彙は、4段は1.5万〜2万語、5段は2万〜3万語、英語放送理解度80〜90％、英字誌読解速度400〜500 wpm 以上。ここからが正念場で、歴史に残る名著・演説を残したり、世界で活躍できる優れた人材を育成したりする真の「菩薩の道」を歩むための努力を怠っては

いけない境地である。

　いかがでしたか。英悟道のランク UP を目指すための英語学習の目標は立てられましたか。現在の皆さんがどのレベルであるとしても、仕事で英語が必要であったり、英語を仕事に活かそうとする国際派ビジネスパーソンなら、ランク⑥ぐらいを目指すべきかと思います。よって英検1級や TOEIC920 点が目標というのは妥当だと思いますが、問題はその目標を達成した後、それまでのモチベーションが激減し、またランク⑤以下に下がってしまうという危険性です。検定試験対策勉強は「**諸刃の剣（double-edged sword）**」です。目標達成まではモチベーションは非常に高いのですが、試験合格やスコア達成のために勉強すると、それを達成した後に一気に意欲が減退してしまいます。

　私は、過去36年に渡って英検1級対策指導を行い、2200名以上の人を合格へと導いてきましたが、英検準1級や TOEIC 600 点前後レベルから英語の勉強を本格的に始めたレベルの人にとっては、英検1級や TOEIC 920 点はまるで雲の上、ものすごい英語力がいると思っていたのが、いったんそれを自分がクリアすると、ほとんどの人は「何だ、大したレベルではないな、英語の運用という見地からは程遠いな」と気がつきます。そこで、自分が達成できるレベルより**1ランクぐらい上を目標**にしておけば、テンションを下げることなくスキル UP トレーニングができ、また、そのランクに達しなくてもその1ランク下のレベルのスキルを維持することができます。よって皆さんの今のレベルが、ランク④であればランク⑥を、ランク⑤であればランク⑦を目指しましょう。1ランク上ではなく必ず2ランク上を目標にすることが重要です。

　ところで、英語放送、英字誌、英文ライティングや社会問題ディスカッションなどで、**英語を真にエンジョイできるようになってくるのはランク⑦から**だと思います。それまでは、英語放送を聞いても、『タイム』を読んでも、洋画を見てもわからないことが非常に多く、英文ライティングも文法・語法、論理の展開で問題点が多く、とてもそのままでは読み手に自信を持って配布できるものは書けません。またスピーキングも

母国語とのギャップが甚だしいためにフラストレーションがたまり、英語の勉強はかなりチャレンジングかもしれません。英語を活用するという意味ではまだまだ問題が多いので、今のレベルがランク⑤の人はランク⑦を目指しましょう。

　ちなみに、私が英語を本格的に勉強するようになったきっかけは、日本でのフルブライト留学1期生で評論家の竹村健一氏のような人間になりたいと英語勉強を始めた頃に、英悟道の開祖である松本道弘氏著の『速読の英語』を読み、その「英悟道ランキング」に感銘を受けたことです。私は、中学生のときに英検2級に受かり、成人してからの再スタート時点で英検1級の1次試験合格レベルであったので、まずはそのランキング表の3段（英語放送理解度8割、『タイム』読解スピード350 wpm 以上、運用語彙2万語以上）を目指そうと思ったのが始まりです。そしてランキングで初段ぐらいに達したときには、松本道弘氏を打倒するのを目標にしました。

　よく「あまり高い目標を立てずに、小さな目標を立て、それを1つずつクリアしていくことで、やる気と自信を高めよ」と言われますが、**語学の習得に関しては「小さな目標」と「高い目標」の両方を同時に持つことが必要**です。前者は、目標レベルと自分の現在のレベルに違いがあり過ぎたときにくじけてしまうのを防止する対策として有効です。例えば、英検準1級レベルの人が1級を目指して勉強するとなかなかパスしないのでやる気がなくなってしまう、というような場合の重要なファクターです。1級を何度受けてもパスしない場合は、その中間的な目標であるTOEIC 860点やTOEIC S&W それぞれ160点や通訳案内士試験合格などを目指して勉強すれば、比較的達成しやすいので、英語学習のモチベーションを維持することができます。

　このことはランク⑥から⑦を目指す場合も同じです。かつて英検1級にパスした後、工業英検1級になかなかパスしない生徒がいたので、士気が下がることがないように、同時に TEP TEST (The Technical English Proficiency Test of the Joint Program in Technical Communication of the University of Michigan and Waseda University) の1級や翻

訳検定も同時に受験するように指導しました。その結果、それらの資格検定試験にパスし、そこから学ぶことも多く、スキルもUPし、モチベーションも維持することができ、最終的には資格が4つも増えることにつながったというメリットがありました。

　しかし、**英語の習得とそのための勉強は「長期戦」**です。そこで、この小さな目標だけでは、達成したときにモチベーションが激減して、またスキルダウンしていくので、自分が数年ぐらいで達成できうると思えるレベルより1ランク上の目標、つまり「**高い目標設定**」が必要になってきます。英検準1級やTOEIC 700点ぐらいの人で、高齢のために短期・長期記憶が衰えたとか、仕事が忙し過ぎて勉強時間が1日に1時間も取れないという人にとっては、英検1級が自分にとって5年以上かかるぐらい高い目標となるので素晴らしいのですが、昔から英語が得意で頭も良く、目標を立ててから1年ぐらいで1級にパスしてしまうようだと、次の目標がなくモチベーションが落ちるという危険性があるので、目先のことだけを考えて視野が狭くなってしまわないように、英悟道ランキング表を見てあらかじめ対策を考えておく必要があります。

　さて、そういった意味で、視野を広げ、英語力を効果的にUPするためによく取られるアプローチが「正規留学」と「資格検定試験対策」の2つですが、それぞれ一長一短があります。ともに漫然と趣味で英会話をエンジョイしたり、自分の力で読んだり聞いたりできる英語を楽しんだりするよりは、チャレンジングで負荷も高く英語力がランクUPしやすいでしょうが、それでも次のような問題があります。

　正規留学は、英語力を最も早くUPさせる手段として昔から効果的とされてきましたが、欧米の大学や大学院修了者が、留学後に英検1級合格を目指して勉強しているケースも多いぐらいで、留学前にTOEIC 900点やIELTS 7点ぐらいで渡米して2〜3年留学した後もスコアがほとんど変わらず、語彙力・文法力もあまりUPせず、「資格3冠」（英検1級、通訳案内士、TOEIC 980）獲得も難しいという状況が起こっています。つまり、資格試験に直結するスキルはその対策勉強の方が有利な場合が多いということです。しかし、留学中の様々な状況のリスニングやペー

295

パーライティングを通じて英語による論理的思考力やリサーチ力がUPし、「人間力」がUPし、異文化への洞察が深まる (broaden one's cultural horizons [enhance cross-cultural awareness]) など、資格検定試験対策では身につかない能力がUPするので、たとえTOEICやTOEFLのスコアが伸びなくても得るものは大きいはずです。

これに対して「資格検定試験対策」の方は、英語学習の環境を自ら作り出していかなくてはならないので、**3D**（**discipline、dedication、desire**）、つまり**自分で努力する力**が鍛えられます。また、各検定試験にフォーカスした勉強をするので試験に速くパスし、スコアがUPしていけば英語のスキルもUPし、様々な知識も身につき、達成感が得られます。しかし、国際的見地から見ると、**偏った人間（unsuccessful intercultural communicator）**になる可能性があります。事実、英検準1級レベルの人でも、優れたガイダンスに基づく効果的なプログラムでインテンシブに勉強すれば、3～4年で資格3～5冠レベルには達しますが、資格検定試験には現れない力（視野の広さとコミュニケーションスキル [intercultural communication skill]）を身につけるためには、3年ぐらいコスモポリタンな英語圏に留学するのが理想的です。

こういった2つのアプローチの一長一短を踏まえた上で、奢ることも落胆することもなく、研鑽を積んでいきましょう。TOEIC、英検をはじめとする様々な検定試験合格を目指して勉強し、それらをクリアしていけばスキルはかなりUPしていきます。TOEICは、文法・語法の基礎力やビジネスに関するリスニング力・リーディング力を身につけるのに効果的な試験で、一方、英検1級の対策学習は高度なスキルを身につける点で最もバランスの取れたものと言えます。この資格対策を基盤にその他の検定試験にチャレンジしていけば、様々な英語のスキルや知識がUPしていくことでしょう。

人生や社会について深く考える哲学的な人間となり、英文ライティング力を UP させる向上心を持つ

英悟道十訓

さて、以上で英語の習得レベルの指標とそれぞれのレベルに到達する方法の目安がおわかりいただけたと思います。では最後に、英語学習者（特に大学生や一般社会人）が、英文ライティング力を含めて、バイリンガルになるためのスキル UP の最も効果的な方法のエッセンスを表した「英悟道十訓」について述べていきましょう。

1. **Capture the essence of English by learning basic English vocabulary and grammar.**（基本動詞・形容詞・名詞・前置詞を学び、英語の真髄をつかむ）

2. **Use an English-English dictionary every day to develop a feeling for the English language.**（毎日、英英辞典を引いて英語の語感を鍛える）

3. **Practice English writing and debating to develop critical thinking abilities.**（英文ライティングとディベートによって論理的思考力を鍛える）

4. **Practice speed reading to increase your vocabulary and general knowledge.**（英字誌などの速読で語彙力・知識力を UP させる）

5. **Practice "repeating" and "shadowing" every day to learn the rhythm of English.**（英語放送のリピーティングやシャドウイングで英語のリズムを身につける）

6. **Expand your horizons through cross-cultural experiences.**（留学や国際交流など異文化体験をして視野を広げる）

7. **Practice translation to gain insight into "languacultural differences" between English and your mother tongue.**（翻訳によって英語と母語との発想の違いを洞察する）

8. **Study for various English qualification tests to develop your English skills and self-discipline.**（資格検定試験を活用して英語のスキルを UP させ、自己鍛錬に励む）

9. **Practice yoga to open your chakra to maximize your potential.**（ヨガを実践して「チャクラ」を開き、自己の可能性を最大限に高める）

10. **Let's enjoy the process of attaining spiritual enlightenment through English study.**（英語の勉強を通して真理の探究と悟りへの道をエンジョイする）

1. 基本動詞・形容詞・名詞・前置詞を学び、英語の真髄をつかむ

　まず、芸術であれ格闘技であれ、どんな分野でも「基本」が大切と言われ、入門すると最初はまず基本を身につけるように言われます。しかし、英語における基本の習得は、子どもと大人でアプローチが変わってきます。子どもの英語学習では、アルファベットの正しい読み方や単語の発音が基本で、語彙や英文法の学習は「習うより慣れろ」と理屈を考えずに自然に身につくように、どんどん生の英語を音読しながら吸収し

ていくことが重要であると言われます。

　しかし、大人の場合、正確な英語の発音を身につけるのはほぼ手遅れ
で、勉強効率が悪いので、「基本動詞」や「前置詞」をはじめとする**基本
語のコンセプトをつかんで、それらを自由自在に駆使**できるようにする
ことの方が数段重要です。それらはネイティブの子どもが10歳ぐらいに
なるまでに日常生活を通じて感覚的に身につける「英語の核」といえる
部分で、この「英語の基本」の習得なしにビッグワードばかりを使うの
は本末転倒です。ちなみに英語は、中国語と異なって発音の許容度が高
いので、例えば pregnant なら、カタカナ英語でも pregnant with the
meaning（含蓄ある）というようなよく使われるフレーズにすれば通
じるので、常にフレーズで文脈を作るようにしましょう。

　また、中学高校で習う英文法の学習では実際のところ、名詞、冠詞、
前置詞、時制などの文法項目のコンセプトをつかめていないので、発信
レベルでは使いこなせないことを認識し、そのエッセンスをつかむ必要
があります。前著『スーパーレベルパーフェクト英文法』はそれぞれの
コンセプトを紹介していますので、ぜひお読みください。それから「英
語は進化する」ということも踏まえ、昔習った文法が現代でも通用する
かどうかもチェックする必要があります。その意味で、コーパスの1つ
であるグーグル検索は1つの目安になります。とにかく、スピーキング
やライティングで、助動詞、冠詞、前置詞、時制、接続語、様々な構文
などを使いこなせるようになるためには、**英文法を「頭」と「ハート」と
「体」でつかむ**と同時に、「コーパス」とも比較しながら言語への洞察を
深めていく必要があります。

2. 英英辞典で英単語の定義をつかんで語感を鍛え「英悟」する

　英英辞典の重要性は、これまで何度もお伝えしてきましたが、知って
いると思い込んでいる単語でも英英辞典でその意味を調べてみる慎重さ
と dedication が欲しいものです。

3. ライティングとディベートで論理的思考力を鍛える

　critical thinking ability の重要性は繰り返し述べましたが、この能力を鍛えるためには、英文ライティングとディベートトレーニングが効果的です。特にエッセイは週に最低 1 つは書いて添削を受けるのが効果的で、英検 1 級、TOEFL iBT、IELTS、TOEIC S&W などエッセイライティングの問題を含んだ試験の対策トレーニングをする必要があります。

　またディベートに関しては、正式のディベートでなくても、ポイントを述べてそれを証明したり、相手のポイントを反証したりするアーギュメントトレーニングでもかまいません。その意義については、私の前著書『英語で意見を論理的に述べる技術とトレーニング』でも詳述しました。また、できれば「1 人ディベート」も実践していただきたいものです。自分が賛成なら反対の立場に立って、反対なら賛成の立場に立って自分の論点を叩き、「究論」していきます。それができれば intellectual maturity があるといえます。そのための基礎体力作りや準備段階が、エッセイライティングのトレーニングです。

　とにかく、英語の発信力を UP させるには、固定観念や既存の価値観にとらわれず社会問題を掘り下げ、**賛否の両方を検討する（put an issue into perspective）**ことのできるロジカル（クリティカル）シンキング力を養う必要があります。

4. 速読で語彙力・知識力を UP させる

　「速読」の重要性に関しても言うまでもありません。英語力（読解力）を UP するには、精読と速読・多読は「車の両輪の関係」で両方とも重要です。構文解析や和訳練習などを行う伝統的な高校の授業の精読ではなく、英検のように行間を読んだりポイントをつかんで読解問題を解くときに必要とされる「精読」と、必要な情報を探したりするための「速読」の両方が必要です。精読だけで速読・多読のスキルがなければ英字新聞や英字誌が「積読」になってしまいますし、高度なレポートやペーパーを書くためのリサーチが困難になります。とはいえ、多読だけでも文章を深く読み込むことはできません。

　学校教育では、英文読解問題を重視するわりに、多読の要素があまり鍛えられていないのでトレーニングが必要です。実際、1分間に250語のスピードで読まないと、全体像をつかんだり作者の言いたいポイントがつかめなかったりするので、「速読」をこの第4訓では強調しています。効果的に英語力をUPさせるために速読は不可欠です。音読は語彙・表現力をUPさせますが、それだけを中心に勉強していると、英文を大体200 wpm以下のスピードでしか読めません。それでは情報力がUPしないので、音読と並行して「速読」も300 wpmぐらいのスピードで行う必要があります。もし両者のバランスを取るのが難しい人は、「音速読200 wpm以上」にチャレンジするのもいいでしょう。私の場合は、音読は250 wpm前後のスピードで、黙読はその倍以上のスピードで行います。『タイム』『ニューズウィーク』『サイエンティフィック・アメリカン』など多くの文献を一気に読むために、速読は避けては通れません。

5. リピーティングとシャドウイングで英語のリズムを身につける

　この重要性も、幼児の言語学習プロセスを見れば容易にわかります。子どもが親の使う英語を聞いてそれを真似して覚えていくように、英語を聞いてそれを真似て言うリピーティングやシャドウイングを英語習得の初期の段階から行わなければなりません。これは「受信力」と「発信力」を同時にUPさせることのできる非常に効果的な英語学習法です。

　近頃英語の音声教材が激増しましたが、社会問題について討論できるような英語の発信力をUPさせるためのお薦めの中上級者向け教材として、NHKのラジオ講座「実践ビジネス英語」のテキストや雑誌『CNN ENGLISH EXPRESS』などをシャドウイングするのを日課にしましょう。その習慣がない人が英語を習得するには、こういった自己の殻と習慣の力を破る力（determination to break out of one's old mold and the power of inertia）が要ります。習慣化し、1日最低30分は行いましょう。

6. 留学や国際交流など異文化体験をして視野を広げる

　優れた英文ライティングをするには、豊富な人生経験（**broad**

experience）、視野の広さ（**cross-cultural awareness**）と思考力（**critical thinking ability**）、創造性（**creativity**）が必要です。それらを同時に UP できるのが「異文化体験」です。特に留学をして世界中の学生と意見を交換しながら、視野を拡大し知的刺激を受けるのは、単に海外旅行をするより効果的です。私の場合、年に大体3回ぐらいは世界各国に繰り出して短期滞在して異文化を吸収すると同時に、自分のスクールでも毎月、アメリカ、カナダ、イギリス、ニュージーランドなどの英語圏だけでなく世界中の様々な国（フランス、フィリピン、メキシコ、バングラディッシュ、トルコなど）からゲストを招いて PID（Presentations Interviews Discussions）セッションを行っていますが、新たな発見が多く刺激的で、ライティングのためのインスピレーションがどんどん湧いてきます。

7. 翻訳によって英語と母語との発想の違いを洞察する

　子どものときは頭も柔らかく、母語もまだしっかり身についていないので、英語で英語を学ぶという「直説法（**total immersion**）」で外国語を学び、「習うより慣れる」方が効果的です。しかし、大人の場合は母国語が染みついており、頭も堅く、母語の干渉が強いので、それらを逆に利用し、**英語の発想と日本語の発想の違いを把握して、発想転換すること**をトレーニングした方が効果的な場合も多いのです。事実、翻訳トレーニングは通訳・翻訳者を目指す人のための試験や従来型の大学入試で重視されているもので、両言語の発想の違いを比較することによって cross-cultural awareness が高まり、「英悟」することができる非常に有益なものです。その意味では、通訳案内士試験や工業英検など、「間接法」である通訳・翻訳力を鍛え、日英両文化を洞察するアプローチも重要です。

8. 資格検定試験を活用して英語のスキルを UP させ、自己鍛錬に励む

　資格検定試験を用いてのスキル UP 効果は言うまでもないでしょう。様々な試験を受けることによって、モチベーションを高めると同時に様々な分野の語彙や知識が英語で身についていきます。

9. 10. ヨガを実践して「チャクラ」を開き、自己の可能性を最大限に高め、英語の勉強を通して真理の探究と悟りへの道をエンジョイする

　第９訓と第10訓は、単なる英語学習の域を超えてライフスタイル・精神論に入ってきますが、実際はこの２点が最も重要で、**何の分野の追求をする場合にもあてはまる「核」となる原則（principle）**です。実際、酒やタバコや食事などで快楽を追求して不摂生となったり、目標もなく漫然と生きたり、すぐに落ち込みネガティブになりがちの人は、活力がなく、病気にかかりやすく、勉強する時間や意欲がなくなりやすく、高齢化社会を生き抜いていけなくなります。

　そこで重要なのが、ヨガなどによる「**チャクラ（「気＝エネルギー」の出入口）**」の活性化、そこから生まれる「**高い志**」、そしてエジソンが「1万回失敗しても、1万回のうまくいかない方法を発見できてよかった」と語ったような「**ポジティブシンキング（精神力）**」です。一時的な試験の結果ではなく、英語の勉強を通して**視野を広げ（broaden one's cultural horizons）**、様々な能力を高め（**realize one's potential**）、**人間力を鍛える（build one's character）**ことこそが現代社会に求められている「英悟道の極意」であると信じています。

　私がヨガをして悟ったのは、最初の頃、体が硬くて、足を開いて床に胸をつけようとしても痛いだけだったとしても、苦しいときにやめてしまうのではなく、どんどん筋肉が伸びていくと自己暗示をかけて、深呼吸と共に頑張ると段々と柔らかくなってくるということです。つまり、「**ポジティブイメージング（精神力）**」を持って努力のプロセスをエンジョイすることが、何の分野においても**潜在能力を最大に引き出し（maximize one's potential）**、真理探究と自己実現（**self-actualization**）をするのに重要であるということです。

　それでは皆さん、明日に向かって英悟の道を、

　Let's enjoy the process!（陽は必ず昇る！）

第7章
実践問題編

さて、前章まで本書の「理論編」では**36のライティングテクニック**を学んでいただきました。第7章の「実践問題編」では、それらの**テクニックを実際に問題の中で駆使しながら、マスターしてください**。扱う問題は、工業英検*に出題されるテクニカルライティングの問題、英検1級のエッセイ問題、TOEIC Writing レターライティング問題、IELTS Task1、Task2のエッセイ問題、TOEFL iBT のライティング問題です。これらはいずれも「**36のライティングテクニック**」を身につけるのに**とてもよい練習になりますので、ぜひ最後までトライしてみてください**。

　まずは「**工業英検*に出題されるテクニカルライティング**」とはどのようなものなのか、またなぜ重要なのかを見ていきましょう。

　＊ 2020年5月より「工業英語能力検定（工業英検）」は「技術英語能力検定（技術英検）」へと名称変更されます。

---

1. テクニカルライティングのコツをマスター！

　テクニカルライティングとは広義では、「**情報を正確に効果的に伝達するための文書**」を書くためのテクニックです。科学技術分野にとどまらず、実務の文章全般、例えば**論文、レポート、ビジネスレター、マニュアル、特許、提案書、契約書**などの文書で、この技法が求められます。このような文書は、行間を読んでいろいろな解釈ができる**文学作品などとは対極をなし、読み手に想像力を要求せず誰が読んでも全く同じ内容が伝わらなければなりません**。さもなければ間違った情報が読み手に伝わり、ビジネス、学術分野などでの**不利益が生じる可能性があるからです**。そのためテクニカルライティングでは1つの解釈しかできないような表現を用い、情報を3C、つまり**正確に（correct）**具体的に**明確（clear）**かつ**簡潔（concise）**に書く必要があります。ここではどのようなことに気をつけるとよいかを学び、そのコツをマスターしましょう。

動詞を効果的に使う

(1) 直接的な動詞を使う

　日本語では特に重要ではない動詞を使う場合がありますが、テクニカルライティングでは**余分な表現を省き**、直接的な動詞を使って、**動作を簡潔に**表さなければなりません。

〈例〉
① Use this device to measure the product.
　（製品の寸法をはかるために、この機器を使用してください）

☞ 動詞が2つ登場します。"use" はこの文ではメインの動作ではなく "measure" が直接的な動作となりますので、次のように書くと、すべき動作を具体的に伝えることができます。

② **Measure the product with this device.**
　（この機器を使って製品の寸法をはかってください）

(2) 強い動詞を使う

ⅰ) specific な動詞を使う

　幅広い意味を持つ基本動詞 give、get、have 等よりも **provide、supply、retain** など、音節の多い語を用いて読み手の解釈の幅を狭め、正確に伝わるようにします。

ⅱ) 動詞＋名詞は動詞1語にする

　英語には補助的な働きをする弱い動詞と名詞を組み合わせた表現があります。しかし、テクニカルライティングでは冗長になることを避けるため、1つの動詞で表します。

〈例〉
③ We made a decision how to improve customer satisfaction.
　（どのように顧客の満足度を高めるかを決定した）

☞ "make" はそれ単体で動作を表せず、読み手は "decision" まで読んでやっと本来の動作がわかります。ここでは、次のように "decide" を用いることで、早く正確に簡潔に情報を伝えることができます。

④ **We decided how to improve customer satisfaction.**

ⅲ）S＋V＋O 構文を使う

　　「AがBする」というこの構文は、因果関係などを簡潔、明確に表現できるので最も好まれます。（＊「無生物主語」p. 245参照）

〈**例**〉働きすぎて体をこわした。

⑤ **My overwork cost me my health.**

　☞「働きすぎが健康を損ねた」という無生物主語にすることで、"I ruin my health because of my overwork." よりも少ない語数で明確に情報が伝わります。また、"The sign on the display is an indication of the operation error." のようなS＋V＋C構文も "The sign on the display indicates the operation error." と動詞 "indicate" を使ってS＋V＋O構文にすることでスッキリとした文にできます。

（3）能動態を使う

　英語で**受動態は**あまり好まれず、使うときは「**行為者がわからないとき**」「**行為者を言及する必要がないとき**」「**行為者を述べたくないとき**」「**話を旧情報から新情報の原則に基づいて、論理的に進めたいとき**」などです。能動態にすることで語数が減り、強い表現になります。

あいまいな語を使わない

（1）主観的な修飾語句を用いない

　big、many、large、fast、good、effective、close to、a few 等の形容詞（句）・副詞（句）や、some、very、etc. など、主観的な意味を持つ修飾語は、書き手と読み手で正確な情報の共有がしにくいため、**具体的に数値などで表現**します。

〈**例**〉

× ⑥ Place <u>several large</u> pieces of board on the unit.

○ ⑦ **Place <u>five</u> pieces of board of <u>50 × 50cm</u>.**

☞ ⑥の "several" と "large" が、⑦ではそれぞれ "five" と "50×50cm" とリライトされています。数値化することで客観性が生まれ、正確に情報が伝わります。

(2) 汎用名詞や代名詞を用いない

thing、factor、something、one のような汎用名詞や、あいまいな代名詞の使用を避ける。

〈例〉

× ⑧ The <u>good thing</u> of the new power generation is the thermal efficiency.

○ ⑨ **The <u>advantage</u> of the new power generation is the thermal efficiency.**

☞ ⑧の "good thing" を⑨では "advantage" と、より具体的な語を使って情報を明確にしています。

わかりやすい表現をする

(1) 表現を統一する

同じことを繰り返し書く場合は表現を統一します。例えば、同じ動作をパラフレーズすると、読み手は解釈するのに時間と労力を要し、効率的な情報伝達の妨げとなります。

〈例〉

× ⑩ Water flows from <u>the faucet</u> into the sink until <u>the tap</u> reaches the automatic timeout limit setting.

○ ⑪ **Water flows from <u>the faucet</u> into the sink until <u>the faucet</u> reaches the automatic timeout limit setting.**

☞ ⑩では the faucet を the tap と言い換えていますが、⑪では統一しており、同一の蛇口であることがはっきりします。

(2) 肯定文を使う

英語では否定文よりも肯定文が好まれ、テクニカルライティングでも**情報がストレートに伝わりやすい肯定文**が使われます。

〈例〉
× ⑫ This device does not have any defective parts.
○ ⑬ **This device has no defective parts.**

☞ ⑫の否定表現 "does not have any" を⑬では "no" を用いて肯定文にしました。これにより**語数も減り、情報がストレートに伝わります。**

(3) 堅い難解な語は使わない

世界に通じるボーダレスイングリッシュの見地から、**業界用語（jargon）**や難解な表現を避け、読みやすく易しい単語や表現を使います。専門用語を使う場合も的確な語句を用います。

〈例〉
aggregate→total、whole
antithesis→opposite
comestibles→food
elucidate→clarify

nomenclature→name
vitreous→glassy
coagulation→clotting（凝固）

テクニカルライティングの要点はおわかりいただけましたか。テクニカルライティングの核となる**3C**をマスターするスキルアップトレーニングとして最適なのが工業英検対策勉強です。まずは「**英文引き締め問題**」と「**日英翻訳問題**」にチャレンジしていただきましょう。

英文引き締めのためには本書で学んだ次のようなテクニックを用います。

〈**英文引き締めテクニック**〉
1. 無生物主語を使う。（p. 245参照）
2. 「分詞構文」「付帯状況」「省略（p. 108参照）」「倒置（p. 53参照）」などの構文を利用する。

3. specific な語彙を使う。（p.67参照）
4. 接頭辞・接尾辞を使う。（p. 99参照）
5. ハイフン表現を駆使する。（p. 99参照）
6. 主語を統一する。（p. 32参照）

2. 工業英検の英文引き締め問題を攻略！

英文引き締めはテクニカルライティングの「真髄」

　テクニカルライティングでは情報を3C つまり正確に（**correct**）具体的に明確（**clear**）かつ簡潔（**concise**）に書く必要があることは先述の通りです。工業英検では毎回、「普通に」書かれた英文を、テクニカルライティングの技法に基づいてリライトする問題が出されます。練習問題や過去問を通してテクニカルライティングを身につける良いトレーニングになりますので実際にチャレンジしてみてください。

英文引き締め問題にチャレンジ！

（＊便宜上、1文ごとに番号をつけています）

問題
Rewrite the following passage into a clearer and more concise format in English.
① Attacks of migraine, which have a negative influence on somewhere around 730 million people all over the world, last for the duration of four hours to 72 hours in most cases. ② Most people who suffer from this disease come down with migraines which often but irregularly happen for up to two weeks a month. ③ In contrast, people who have constantly recurring migraines account for nearly 8% of the entire migraine population and afflicted with the suffering of migraine for 15 days or longer in

a month. ④ Before people have an attack of migraine, they undergo symptoms such as exhaustion, mood swings, and nausea. ⑤ About 30% of people who suffer from migraines have an experience of disturbances of eyesight before the migraine headache starts. ⑥ The entire economic burden caused by migraines in the U.S. , which includes direct costs of medicine and indirect costs such as a reduction in work days, is estimated to be a total of $17 billion on an annual basis.　　（163 words）

解答例&解説

①＋②＋③ **Nearly 730 million people worldwide suffer from migraines for 4 to 72 hours, with sporadic cases lasting up to two weeks and chronic cases（about 8％）more than 15 days a month.**

☞ ①、②、③は共に "migraine"（偏頭痛）の状況説明なので1文にまとめることができます。①の "Attacks of migraine（片頭痛の発作）" は "attack" に言及せずとも意味が通じるので省略し、"migraine" とします。"which have a negative influence on somewhere" は②以降に書かれている具体的な症状でカバーされているので省略できます。"around 730 million people all over the world" は "nearly 730 million people worldwide" と引き締め、"last for the duration of four hours to 72 hours in most cases" は "for" に期間を表す意味があるので "last" を省き、**数字は "for 4 to 72 hours"** と揃えましょう。（数字の表記 p. 188参照）②の "Most people who suffer from this disease" 部分は "nearly 730 million people worldwide suffer from migraines" に含まれるので省略。"often but irregularly happen（頻繁だが不規則に）" は同意の "sporadic" と1語で書き変えることができます。③の "people who have constantly recurring migraines" は "chronic cases" と2語で表現できます。"account for nearly 8％ of the entire migraine population" は "chronic cases"、つまり慢性患者の占める割合なのでカッコつきで "(about 8%)" とします。"afflicted with the suffering of migraine" は "suffer from migraines" と同じ内容、"15 days or longer in a month" は "more than 15 days a month" とし、②の "two weeks a month" と "a month" が**共通項なのでまとめて書くことができます。**

---

④ ＋ ⑤ **Before the onset of migraines, patients often have symptoms like fatigue, mood swings, and nausea, with 30% of sufferers experiencing visual disturbances.**

☞ ④と⑤は偏頭痛の症状について書かれているので1文にまとめることができます。④の "people have an attack of migraine" は**同意の** "the onset of migraines" と名詞句にすると引き締まります。"they" は具体的に "patients" とします。"undergo symptoms" や "exhaustion" は仰々しいので それぞれ "have symptoms"、"fatigue" とわかりやすい単語に変えます。⑤の "about" は省略し、"people who suffer from migraines" は "sufferers" と1語に。"have an experience of" は動詞 **"experience"** 1語にし、(「動詞＋名詞は動詞1語にする p. 307参照) "disturbances of eyesight" は "visual disturbances" と1語減らします。さらに **with を使った**付帯状況表現「**with＋目的語＋分詞**」を用い "with 30% of sufferers experiencing visual disturbances" と引き締めましょう。

---

⑥ **Including direct medical costs and lost workdays, migraines are estimated to cost the US $17 billion annually.**　　　　　　　　　　　　　(74 words)

☞ 挿入されている 関係代名詞節 "which includes ～ such as a reduction in work days" 部分は**分詞構文にして文頭に出し、**主節の存在をわかりやすくさせます。"costs of medicine" は "medical costs" に "a reduction in work days" は "lost workdays" と引き

締めます。"The entire economic burden caused by migraines ～ is estimated to be" は "migraines are estimated to cost" とスッキリ表現できます。"on an annual basis" は同意の "annually" と1語で表現できます。

いかがでしたか。これまで学んだ技法を使って163語の英文が74語まで語数が減り、冗長部分をなくして簡潔にわかりやすいスッキリした文になりました。ではもう1問。

3. 工業英検の日英翻訳問題を攻略!

実務にも直結する日英翻訳

工業英検の日英翻訳問題では主に科学技術系の内容が出題されますが、この分野は特許翻訳など実務にも直結しています。医療、化学、特許分野は比較的景気の影響を受けにくいうえに、**日英翻訳のできる翻訳者の数が少ない傾向にあるため**、**需要は安定してあり**、日英翻訳のスキルがあれば強みになります。ここでは工業英検の過去問を通して日英翻訳のスキルアップを目指しましょう。

日英翻訳問題にチャレンジ!

以下の文を「テクニカルライティング調」で翻訳してください。

問題

Translate the following Japanese passage into English.
①エンジン内には往復運動を繰り返すピストンやバルブといった部品や、回転運動を繰り返すクランクシャフトやカムシャフトといった各種部品がある。②これら部品の金属同士が直接接触すると、金属疲労や発熱を起こし、運動エネルギーを無駄に消費してしまう。③そのため、「エンジンオイル」と呼ばれる潤滑油をエンジン各部に供給し、なめらかに動くようにしている。④潤滑油でこうした可動部間の摩擦を防ぐための機構を「潤滑装置」という。 （工業英検2019年5月1級-IV問題より）

解答例&解説

①エンジン内には往復運動を繰り返すピストンやバルブといった部品
や、回転運動を繰り返すクランクシャフトやカムシャフトといった各
種部品がある。

**An engine has various components, including
reciprocating pistons and valves, a rotating crankshaft,
and a rotating camshaft.**

☞ 「エンジン内には〜がある」の部分は「**なる言語的**」表現なので "have"
を用いてＳ＋Ｖ＋Ｏ構文の「**する言語**」に変換します。「〜といった」と
は他にも存在する中の一部」という意味なので "including" を使います。

②これら部品の金属同士が直接接触すると、金属疲労や発熱を起こ
し、運動エネルギーを無駄に消費してしまう。

**Direct contact of these metal components would cause
metal fatigue and heat, resulting in loss of kinetic energy.**

☞ 「接触すると〜を起こし」は「**なる言語的**」表現なので「接触が〜を
起こす」とＳ＋Ｖ＋Ｏ構文の「**する言語**」に変換します。また、可
能性の度合が "will" よりも低い "would" を用います。「運動エネル
ギーを無駄に消費してしまう」は「結果として運動エネルギーの
無駄な消費になる」と解釈し、**分詞構文を使って情報を追加**します。

③そのため、「エンジンオイル」と呼ばれる潤滑油をエンジン各部に
供給し、なめらかに動くようにしている。

**Thus, a lubricant called engine oil is supplied to these
engine components for smooth operation.**

☞ 「潤滑油を供給し、動くようにしている」は**主語が明らかでない**ので、
"a lubricant" を主語にし、**受動態**にします。「なめらかに動くように
している」は名詞句 "for smooth operation" にして引き締めます。

315

> ④潤滑油でこうした可動部間の摩擦を防ぐための機構を「潤滑装置」という。
>
> **A lubrication system refers to the mechanism of preventing friction between such moving components with a lubricant.**

☞ 「機構を潤滑装置という」を主節にして書く方法もありますが、主語が長くて top-heavy になるので述部を入れかえて書くことができます。主語になる部分「潤滑油でこうした可動部間の摩擦を防ぐための機構」は "the mechanism that uses a lubricant to prevent friction between such moving components" とすることもできますが、**関係代名詞を用いずに** "the mechanism of preventing friction ～" とすることで、**語数が少なく引き締まった文**になります。

　いかがでしたでしょうか。英文引き締め問題、日英翻訳問題は難しかったでしょうか。それでは今度は、テクニカルライティングでの技法が求められる**マニュアル、仕様書、契約書、要約文**について**スキルアップ実践トレーニング**にまいりましょう。

4. 工業英検のマニュアル（manual）問題を攻略！

マニュアル（manual：取扱説明書）の重要性

　2017年に改訂された工業英検では毎回、**manual**（取扱説明書）の英訳やリライト問題が出題されます。これはますます進むグローバル化に伴い、**使用者に情報が正確に伝わる英文マニュアルを作成することが重要である**という現状を反映したものであると思われます。製品の一部分である**マニュアルは、製品と使用者との橋渡し的役割を果たさねばならず**、品質が悪い場合ユーザーに事故などの不利益を及ぼし、それが製品への信頼を損ねる可能性があります。しかし、残念ながら現段階では多くの日本のマニュアルは、日本独自の論理をそのまま英語に直訳したものも多く見受けられ、改善の余地があるようです。このことを踏まえ、

ここでは**実務に直結するマニュアル作成**のポイントをマスターするとともに工業英検マニュアル問題にもチャレンジしてみてください。

マニュアルの対象読者は？

マニュアルには取り付け方法を説明する installation manual や操作方法を説明する operations manual などがありますが、その対象読者は、製品や設備のユーザー、つまり**専門的な知識を持たない一般老若男女から技術者までと幅広く**、必要な情報を効率よく得ようとしている場合が多いと考えられます。

マニュアル英語の特徴は？

では、マニュアルで使用すべき英語表現にはどのような特徴があるのかを見ていきましょう。情報のありかがすぐにわかるように目次を作成し、イラストや写真などを盛り込みレイアウトを工夫するなどとともに、次のような点に注意して作成します。

---

1. 平易な表現を使い1文を短くする
 ☞ 誰にでもすぐに理解されるわかりやすい語句を用います。
  例）火事を防ぐために防火布を使用してください
   × Utilize an incombustible fabric lest fires occur.
   ○ **Use a fireproof cloth to prevent fires.**
2. 命令文を使って時間順に手順を書く
 ☞ 読み手の主語を読む手間を省き、また時系列に書くことで、求められる動作を簡潔に伝えられます。また**禁止事項は否定命令文で**書きます。
3. 助動詞を使って説明する
 ☞ 助動詞を使うことで断定を避け、動作の可能性度合いを示すことができます。
  例）must「〜しなければならない」、will「必然的に〜となる」、

should「〜すべき、〜した方がよい」、can「〜できる、〜かもしれない」、may「〜してもよい、〜かもしれない（can よりも可能性が低い）」

4. DANGER、WARNING、CAUTION、NOTE などで注意を促す

☞ これらの項目を設けることで読み手は注意事項をすぐに確認でき、事故などを防ぐことができます。

DANGER：命に危険を及ぼす可能性のあるレベルの事項
WARNING：人体に障害を引き起こす可能性がある事柄
CAUTION：製品に損傷をもたらす可能性がある事柄
NOTE：使用者が満足に製品を使うための事柄

5. "you" を使って語りかける

☞ you を使うことで動作の主体が明確になり、一般の読み手が説明を理解しやすくなります。

マニュアル作成にチャレンジ！

　英文マニュアルの特徴や作成ポイントはだいたおわかりいただけましたか。では次に、実際にマニュアル文を作っていただきましょう。

（＊便宜上、1文ごとに番号をつけています）

問題1

①ペン先を水平より上に向けての筆記はお避けください。②激しく振ったりショックを与えたりするとインキがもれる場合があります。③使用後は必ずキャップをしめ、ペン先を収納してください。④衣服などにインキが付くと落ちない場合がありますのでご注意ください。⑤高温になる場所に置かないでください。⑥42℃以上になるとインキが無色になります。

解答例＆解説
① **Do not write with the pen point upwards.**

☞「筆記はお避けください」は「書かないでください」と簡潔にできます。

② **Do not give it a hard shake or shock to avoid ink leakage.**

☞「激しく振ったりショックを与えたりする」と「インキがもれる場合があります」には因果関係があり、さらに叙述ではなく「激しく振ったりショックを与えないでください」と命令文にしてポイントを明確にします。また shake、shock は可算名詞であることにも注意しましょう。

③ **Be sure to cover the cap and retract the tip after use.**

☞「必ず〜してください」は be sure to 〜や make sure to 〜で表現します。「ペン先を収納する」は "retract the tip" です。

④ **Be careful not to let the ink stain your clothes because the stains may not wash off.**

☞「インキが付くと落ちない場合があるので注意する」は「インキは落ちないので付かないように注意してください」と解釈でき、こちらの方がポイントが明確になります。「インキが付く」は let を用いて表現することで、主節の主語を統一することができ、すっきりとした文になります。

⑤＋⑥ **Do not keep it at more than 42 ℃ to prevent the loss of its ink color.**

☞⑤「高温の場所に置かない」と⑥「42℃以上になるとインキが無色になる」は関連があるので別々に書かず、「42℃以上になるとインキが消えるので高温のところに置かないでください」と1文にまとめて簡潔に書きます。なお、「インキが無色になる」は "the loss of its ink color" と名詞句にすると引き締まった文になります。

　いかがでしょうか。ポイントを捉えて命令文にできましたか。⑤と⑥を合体させるなど、関連情報はまとめて簡潔にすることも重要だとおわかりいただけたのではないかと思います。

　これを踏まえて次の問題に参りましょう。今度は「洗濯機」のマニュアルです。**日本語直訳ではなくポイントをとらえて論理明快で簡潔な文**

を考えてみてください。

（＊便宜上、1文ごとに番号をつけています）

問題2

①スピン・バスケットの洗濯物には、バスケットの動きが完全に止まるまで、触れないでください。②バスケットの洗濯物が、バスケットがゆっくりと動いているときでも、手に巻きつくことがあります。③子どもがバスケットを見たり、洗濯機の周りで遊んだりしないでください。④スタンドまたはボックスを洗濯機の近くに置かないでください。⑤子どもが浴槽に落ちて負傷したり溺れたりすることがあります。⑥機械を分解したり改造したりしないでください。⑦火災、感電、誤動作の原因となり、けがの原因となります。⑧機械の定格ラベルに示されている適切な電源を使用してください。⑨火災や感電の原因となります。

解答例＆解説

---

①＋② **Do not touch laundry in the spin basket during the operation, or it may be wrapped around the hand.**

☞ ①と②は共に「バスケットの動き」に関する危険性への注意事項なので「～洗濯物に触れないでください、さもなければ…」と1文にまとめて命令文にします。また双方とも洗濯機が動いているときのことなので「操作中」を表す "during the operation" でまとめましょう。この表現はマニュアルでよく使われるので覚えておくと便利です。

---

③＋④＋⑤ **Do not let children get close to the washing machine or place the stand near the machine to prevent children from getting injured or drowned from falling into the tub.**

☞ ③は誰への指示かわかりにくいので、Do not let children のように します。また、③、④、⑤は「子どもへの危険性」に関する注意 事項です。⑤「子どもが浴槽に落ちて負傷したり溺れたりすることが あります」ので③「バスケットを見たり、洗濯機の周りで遊んだり しないでください」、④「スタンドまたはボックスを洗濯機の近くに 置かないでください」と因果関係を明らかにし、1文にまとめて命令 文にします。また、否定命令文を使って "let children get close ～" と "place the stand ～" を "or" でつなぎます。

---

⑥＋⑦ **Do not disassemble or modify the machine to prevent injuries from fire, electrical shocks, and malfunctions.**

☞ ⑥「機械を分解したり改造（すること）」が⑦「火災、感電、誤動作 の原因となり、けがの原因になります」と解釈できるので「火災、感 電、誤動作によるけがを防ぐために機械を分解したり改造したりし ないでください」と1文にまとめることができます。

---

⑧＋⑨ **Use proper power sources indicated in the machine to prevent fire or electrical shocks.**

☞ ⑧「機械の定格ラベルに示されている適切な電源を使用してくださ い」と⑨「火災や感電の原因となります」の関係を考えると「火災や 感電を防ぐために機械の定格ラベルに示されている適切な電源を使用 してください」と解釈できるので、1文にまとめてスッキリさせます。

5. 工業英検の仕様書（specification）問題を攻略！

仕様書（specification）とは

　日本語でも「スペック」としておなじみの言葉になっている**仕様書 （specification）**とは、製品の材料・構造・サービスなどが満たすべ

き規格・規定・保証といった**要件を明確に記載する**ものです。つまり**仕様書は製品の**、かくあるべき「出来上がりの形」を記したものであり、製作の効率を高めます。つまり良い仕様書があると世界中でも水準をそろえて製品の製造ができます。ゆえに、読み手が実際に製品を製造、検査、試験、設置できるように、「細心の注意を払って正確でわかりやすく書く」ことが要求されます。**工業英検でも**、モノづくりのデザインを明確にするために重要な役割を果たす**仕様書をリライトする問題が過去に出題された**ことがあります。ここでは英文仕様書の書き方をマスターし、工業英検対策にも役立ててください。

仕様書の対象読者は？

仕様書には design specification（設計仕様書）、construction specification（建設仕様書）、product specification（製品仕様書）、material specification（材料仕様書）、maintenance specification（保全仕様書）、inspection specification（検査仕様書）などの種類がありますが、**対象読者は製品を検査する技術者や製品の部品・材質・構造について知りたい一般消費者**です。従って、少なくともある程度の技術的知識を持つ人であると考えられるので**適切な技術用語を使って、正確に書く**ことが大切です。

仕様書英語の特徴は？

では、仕様書で使用すべき英語表現および記載事項にはどのような特徴があるのかを見てみましょう。

〈英語の特徴〉

1. 助動詞を用いた平叙文を使う

☞ 製品や設備が満たすべき要件を記載するために、「～することになっている」という相手に**強い強制力を表す助動詞 shall** を使った平叙文を多く使います。また、shall と同様に強い強制を表す

> must や should「〜を推奨する」、may「〜してもよい（許可・任意）」、will「〜となる（書き手の意志）」といった助動詞をよく使います。
>
> ## 2. 命令文も使う
> ☞ 操作手順や試験方法には命令文を使うことがあります

仕様書では特に助動詞 "shall" と "will" の使い分けに注意が必要です。

〈記載事項〉

> ## 1. 適用範囲を記載する
> ☞ 仕様書の冒頭に、通常、仕様書が何を規定するものであるか、その適用範囲を記載します。
>
> 例）This specification is applied to the crystal oscillator used for the communication system.（本仕様書は無線システムに使用される水晶発振器に適用される）
>
> ## 2. 要件を記載する
> ☞ 仕様書は工業製品・設備が満たすべき要件を記載します。
>
> 例）Any dust or liquid shall be completely removed prior to installation of this unit.（ユニットに付着したほこりや液体は設置前に完全除去するものとする）

工業英検の仕様書問題にチャレンジ！

では、以上の特徴やポイントを踏まえ、工業英検に出題された問題にチャレンジしましょう。

問題

The following is an excerpt from specifications for protection guard. Define the requirements in English in a correct, clear, and concise format.

防護フェンス：
①機械のオペレータや機械設置場所にいる従業員を、回転パーツや飛散する切りくずなどの危険から守るため、防護フェンスを設置しなければならない。②防護フェンスには、出入口のドアの開放時には全ての機械機能を停止するインターロックを設ける。③防護フェンスは、表10に記載する寸法および強度の要件を満たすものとする。

（工業英検2007年11月1級−Ⅴ問題より）

解答例&解説

Guard fence:
① **A guard fence shall be installed to protect the machine operator and other workers in the surrounding area from the rotating parts and scattering chips.**

☞「防護フェンスを設置しなければならない」が主節になります。さらにこれは仕様書なので強制力の強い助動詞 **"shall"** を用います。「機械設置場所にいる従業員」は 少し難しいですが、「機械のオペレータ」と「その（機械の）そばにいる他の従業員」と解釈できるので"the machine operator and other workers in the surrounding area" と訳せます。オペレータも "worker" の一員なので、"other" を入れないと筋が通らなくなりますので要注意です。

② **The fence shall be equipped with an interlock that discontinues the entire machine operations when the entrance door is open.**

☞「インターロックを設ける」と断定表現されていますが、仕様書なので「設けるものとする」と規定の意味で書かれていると解釈でき、強制力の強い助動詞 shall を用います。「〜を設ける」"be equipped with" はよく使う表現なので覚えてしまいましょう。「全ての機械機能を停止するインターロック」は関係代名詞を使って、

"an interlock that discontinues the entire machine operations" とします。「出入口のドアの解放時」は「出入口のドアが開いているとき」"when the entrance door is open" とします。

> ③ **The fence shall satisfy the requirements of dimensions and strength described in Table 10.**

☞ 「要件を満たすものとする」は "satisfy the requirements" に強制力の強い助動詞 "shall" を付加します。「表10」は "Table 10" です。

6. 工業英検の契約書 (agreement) 問題を攻略！

英文契約書 (agreement) とは

　海外企業との取引時に交わされる英文**契約書 "agreement [contract]"** は、日本語での契約書とは異なります。**国内取引では信義・誠実の原則（good faith）に従って互いの信頼関係に依るところも多く、和文契約書での様式は原則として問われません。中には規定されていない事項については契約者と顧客との協議によって定めることもできると記載され、後日協議するケースもあります。一方、国際取引では口頭証拠排除の原則（parol evidence rule）に従い、英文契約書等の書面に記載されたことのみが、契約内容となり、口約束等は成り立ちません。** これからより一層進むグローバル化の中、英文契約書の重要性が増すと思われます。それを反映してか、工業英検でも過去に契約書のリライト問題が出題されました。ここでは英文契約書の特徴を学び、工業英検対策にも役立ててください。

契約書英語の特徴は？

　では次に契約書で用いられる英語、特に助動詞の意味をみてみましょう。

〈契約書での助動詞〉

1. shall
   ☞ **法的強制力**を持ち、「〜しなければならない」「〜するものとする」。「義務」「強制」「将来の約束」を表します。must と類似していますが、通常 shall が使用されます。否定形は shall not「〜してはならない」。

2. may
   ☞ **許可または権利**の意味で使われ、「〜することができる」。否定形は may not「〜する権利がない」になります。より強い禁止には上記 shall の否定形 shall not が使われます。

3. will
   ☞ **法的義務**を表す「〜する」の意。shall が客観的な強制力なのに対して、will は契約当事者の認識も含めた印象です。

　契約書では特に助動詞 "shall"、"may"、"will" の使い分けに注意が必要です。

工業英検の「契約書問題」にチャレンジ！

　では次に、契約書で用いられる英語の特徴を踏まえ、工業英検に出題された問題にチャレンジしてみましょう。

問題

The following is an excerpt from an agreement in Japanese and its poor translation into English. Answer the question below.

（工業英検2019年5月1級−Ⅶ問題より）

3.1.2 業務の管理

プロジェクトに参加する団体は、その団体が提供し、データセキュリティに影響を与える可能性を持つあらゆる業務について、以下の各項を担保する。

a）当該業務が、第2節で規定された要件に合致していること。

---

b）当該業務が文書に記載され、当該記載には危険分析を行うに十分な内容が含まれること。

c）当該業務が、第4節に規定された技術要件に適合した形で管理されていること。

3.1.2 Management of services

The organization that takes part in the project ensures that all services provided by the organization that have a possibility of giving an impact on data security;

a) should be in conformity with the requirements that were specified in Section 2

b) should be described in documents and the description should contain the contents that are sufficient for conducting risk analysis

c) should be being managed in the form that matches the technical requirements that were stipulated in Section 4.

（1）The poor translation involves many errors typical of an inexperienced Japanese translator, for instance, the use of "should." Rewrite the translation properly for use as an agreement.

解答例＆解説

3.1.2 Management of services

The participating organization shall ensure that all its services that can impact data security:

☞ "The organization that takes part in the project" を "The participating organization" とすることで、読み手は情報を文頭から得ることができます。"ensures" ではなく、**契約書での法的強制力を持つ "shall ensure"** とします。"provided by the organization" は冗長なので省きます。"that have a possibility of giving an impact on 〜" に関しては、**"have a possibility of"** は文法ミスで助動詞 **"can"**、**"giving an impact on"** は 動詞 **"impact"** それぞれ1語でリライトして引き締めることができます。

a) conform to the requirements specified in Section 2

☞ ここから続く **a)**、**b)**、**c)** で使われている **"should"** は契約書では「推奨」の意味になり不適切です。"be in conformity with" は "conform to" と引き締めます。

b) be described in documents so that sufficient information is provided for risk analysis

☞ "and the description should contain the contents" は "be described" 部分とオーバーラップして冗長なので省きます。"the contents that are sufficient for" は contents の意味が曖昧なので information と明記し、"sufficient information is provided for" とリライトします。"conducting" は不要なので省きます。

c) be managed in accordance with the technical requirements specified in Section 4

☞ "be being managed" に関しては、進行形はふさわしくないので being を省きます。"in the form that matches" は "in accordance with" と句で引き締めます。"that were stipulated" は、過去分詞で "the technical requirements" を修飾できるので "that were" を省略し、さらに法律などによって「規定されている」を意味する "stipulated" よりも、「詳細に明記されている」の意の "specified" がふさわしいのでリライトします。

7. 工業英検の要約文 (abstract) 問題を攻略！

要約文 (abstract) とは

要約文（**abstract**）は、記事や論文などの概要です。その目的は読み手が効率よく本文の内容を理解し、その論文などを読むかどうか判断できるようにすることです。そのため、要約を書く上で重要なのは、**最も重要な主題を見極め、キーワードを浮き彫りにし、些末な情報は除外す**

ることです。このような要約力は学術界やビジネスなどあらゆる場面で重要な要素で、良い要約文がなければ読み手に研究内容や企画内容などを読んでもらえない、もしくは正しく伝わらない可能性が高まります。

　限られたワード数の範囲内で、文の内容を効率よく読み手に伝え、文全体を読みたい気分にさせることです。

〈英語の特徴〉

---

1. 簡潔に書く

☞ 指定ワード数内で読み手に伝えるべき主題やキーワードを過不足なく簡潔に書き、効率よく情報を伝えます。

2. 時制に注意する

☞ 過去形：「実験を行った」など過去の事象のみに用います。

例) Experiments showed the precision of tumor motion.

現在完了形：過去のことが今も有効な場合に使います。

例) Researchers have built the first quantum computer.

現在形：過去・現在・未来ずっと普遍的に事実であることに使います。

例) The installation of the dynamic damper requires a partial reduction in the diameter of the chisel.

要約文問題にチャレンジ！

　ではここで、実際に要約文を作る練習をしてみましょう。

　まずは、工業英検でも出題されてきた「**和文→英文**」要約問題にチャレンジしてみてください。

（＊便宜上、1文ごとに番号をつけています）

問題1
次の和文を英文60語以内の英文に要約しなさい。
①多くの動物にとって、音はその生存にきわめて重要な役割を担っている。②すなわち、外界からの音を介して、外敵の存在を知る一方、自分から音を発することによって、自己の存在を顕示したり、他の固体に情報を伝達したりするのである。③さらにある種の動物は自己の発した音波を用いて周囲の環境や餌を探知する能力を備えている。

（工業英検2004年11月2級−V問題より）

解答例&解説

　このパッセージでは**動物が生きていくうえで重要な「音」**が主題になっていることがわかります。**①がトピックセンテンスになっているので主節**にし、②と③で具体例を追加情報としてまとめます。英語は主語を統一してスタイルよく書くことが好まれますので（「主語統一」p. 32参照）、"sound" を主語にします。また、②③の具体例を "enemy detection, information transmission, territorial expansion and food hunting" のように**名詞句でまとめる**と引き締まった文になります。以上のことを踏まえてまとめると、次のようになります。

Sound plays very important roles in the survival of most animals, including enemy detection, information transmission to their own species, and territorial expansion and food hunting through sound utterance.

（29 words）

ではもう1問まいりましょう。
（＊便宜上、1文ごとに番号をつけています）

問題2
次の和文を英文60語以内の英文に要約しなさい。

①コレステロールといえば、肥満、高脂肪食品のとり過ぎ、遺伝体質などが原因とされているが、それ以上にテレビの見過ぎで子どもの血液中のコレステロールが増えることが新たにわかった。②1,066人の青少年を対象としたカリフォルニア大学アービン校での調査（小児科医 Kurt V. Gold 等）によると、血液中のコレステロール値（200mg/dl）の高い子どもの53％が1日に2時間以上テレビを見ているという。③ Gold 医師は、テレビとコレステロールの関係を「運動不足だけでなく、コマーシャルにつられてスナックや高脂肪の健康に悪い食品を食べ過ぎる」からだと説いている。

（工業英検1991年11月2級−V問題より）

解答例＆解説

　全体を読むと、②で述べられているテレビの見過ぎと子どもの高コレステロールの関連に関する**調査結果が主題**だということがわかりますので、これを**主節**にします。①の背景前半は「それ以上に」と否定していることから**不要な情報なので省略**します。**具体的な数値**「1日に2時間以上テレビを見ている」や「コレステロール値（200mg/dl）の高い子ども）」はそれぞれ "prolonged TV viewing"、"higher cholesterol among children" のように**概念化**します。また、「（長時間テレビを見ることで）運動不足になり、ジャンクフードを食べ過ぎる」と解釈し "discourages exercise and encourages junk food consumption" のようにまとめると簡潔な文になります。

　以上を踏まえてまとめると、次のようになります

The UC Irvine's new research conducted by Dr. Gold attributes higher cholesterol among children to prolonged TV viewing that encourages lack of exercise and junk food consumption. (27 words)

　いかがでしょうか。言語を問わず文章を読む際、まずは日本語に要約

する習慣を身につけるとよいトレーニングになるでしょう。

次はいよいよ「英文→英文」要約にチャレンジしていただきます。ハードルが高く感じられるかもしれませんが、考え方は「和文→英文」と同じ要領です。

(＊便宜上、1文ごとに番号をつけています)

問題3

Summarize the following passage in up to 70 words in English. Enter how many words you have used in the parentheses below the answer column.

① The growth rate of aging populations is globally projected to continue to rise. ② Furthermore, the number of patients with dementia in a bedridden state is expected to increase. ③ Dementia patients are restricted in many aspects of their daily lives. ④ This paper proposes a nursing-care robot system using a head-tracking device for dementia patients in order to improve the quality of their life. ⑤ This system consists of a robot, a tablet, a head-tracking device, and a wireless communications unit. ⑥ The robot has a camera and the camera images are displayed on the tablet screen. ⑦ The patients' head position is automatically detected by the head-tracking device. ⑧ By using this system, the patients will be able to control the robot by moving their head while they watch the camera images on the tablet screen. ⑨ First, we explain the research process. ⑩ Second, we describe the outline of the robot system. ⑪ Third, we explain the design technique of the tablet screen considering the head movements and the head strain in order to reduce operational errors. ⑫ Finally, we present experimental results to assess the effectiveness of this system and the tablet screen.

解答例&解説

With an increase in the number of dementia patients with limited daily activities, this paper describes our robot system with a head-tracking device to enhance the quality of their life.

☞ まず①②③で述べている背景を要約し、"with" を使って句でまとめます。"in bedridden state"、"restricted in many aspects of their daily lives" など**具体的な部分**を "with limited daily activities" と**概念化**します。

④がこのパッセージの主題です。⑤〜⑧はこの機器の具体的な働きなので詳細は書かず、"with a head-tracking device to enhance their quality of life" と**概念化**。

After discussing the research process, the outline of the robot system, and the design method of the tablet screen to reduce operational errors, this paper shows the experimental results to assess the effectiveness of this system. (66 words)

☞ ⑨〜⑪を "discuss" した後、⑫に至る、という構成です。⑪にある "considering the head movements and the head strain" は具体的な描写なので省きます。

"this paper shows the experimental results" が**結論**部分です。

　和文要約から英文要約へと徐々に要約文作成に慣れ、いろいろな**場面で有効なこのサマリーのスキル**を身につけていただけることを願ってやみません。

　さて、**テクニカルライテイングのコツ**はつかめていただけましたか。この技法をマスターすると、学術、ビジネス、日常生活など**いろいろな場面でのコミュニケーションが円滑**になります。さらにこのコンセプトは日本語にも応用できますので、言語を問わず、日常皆さんが目にする文章を「テクニカルライティング調」に変換するにはどうすればよいかを常に意識しておくと、**テクニカルライターへの道が開ける**ことでしょう。

「実践問題編」の後半では、英検1級のエッセイ問題、TOEIC Writing レターライティング問題、IELTS Task1、Task2 のエッセイ問題、iBT TOEFL iBT のライティング問題を通じて、本書で紹介したテクニックをマスターしていきましょう。まずは、英検1級のエッセイ問題からまいりましょう！

8. 英検 1 級ライティング問題を攻略！

英検1級のライティング問題は与えられたトピックについて200-240 ワードでエッセイを書き上げることが主なタスクです。特に次の2点に注意して書くことが大切です。

① 理由を3つ含めること
② イントロダクション、メインボディ、コンクリュージョンの構成で書くこと

特に重要な点は①において自身の主張をサポートする**論理的な理由を3つ挙げる**ことで、これが英検1級エッセイ問題を攻略するためのポイントです。ではまず Sample Question と過去4年間で出題された問題をいくつか見ていきましょう。

○ Sample Question 1（2019年第2回）

Is space exploration worth the cost?

年度	テーマ
2019年第1回	「感染病は今後数十年にわたってより重大な問題になる」という意見に賛成か反対か。
2018年第1回	「2020年のオリンピック開催は日本にメリットがある」という意見に賛成か反対か。
2017年第3回	日本はアメリカとの関係について再考するべきか。

2017年第2回	先進国は移民制度を推進するべきか。
2016年第1回	「世界平和の実現は可能である」という意見に賛成か反対か。

　このようにエッセイタイプは主に「**賛成か反対か**」「**〜すべきか**」「**将来的に〜か**」の3種類の設問文に分かれます。おわかりのように世界の社会問題への認識と時代予測力、加えて英語の論理的思考力と問題解決力が問われるテーマが主となっています。つまり、エッセイライティング攻略のためには「**各分野の背景知識**」＋「**洞察力**」＋「**論理的見解**」の3つの要素が求められる非常にチャレンジングな問題といえます。

　では最後に採点基準について見ておきましょう。英検1級のエッセイ問題は次の4つの観点から評価が行われます。

観点	概要	配点
内容	タスクで求められている適切な内容が書けているか。主張が本題に沿っているか。	8
構成	パラグラフごとのまとまりがあり、主張に一貫性があるか。	8
語彙	一般語彙と、トピックに関係のある分野別語彙が正確かつ幅広く使えているか。	8
文法	正確で幅広い文構造が運用できているか。	8

　ただし、この配点（合計32点）はあくまで**素点であり、最終のスコアではありません。最終的には**英検独自の「CSE スコア」（素点をもとに統計的手法で計算された得点）により、エッセイライティングは全体の**3分の1を占める850点満点**で換算されるシステムになっています。

　また、**最も重要な採点基準は「内容」**で、タスクで要求されている項目以外のことを書いたり、非論理的なことを書いてしまうと、いくら文法や語彙が正確であっても0点になってしまいます。

それではこれらを踏まえたうえで早速実践問題にトライしていただきましょう！

英検1級エッセイ問題にチャレンジ！

● Write an essay on the given TOPIC.
● Give THREE reasons to support your answer.
● Structure: introduction, main body, and conclusion
● Suggested length: 200−240 words

TOPIC

> Should job promotions be based on performance or on seniority?

問題攻略法

　昇進は「実績や貢献度などの成果」か「年功序列」のどちらをベースにして行われるべきか、というテーマで、二次試験でも出題される可能性が高い重要なトピックの1つです。では、いくつかのキーアイデアの例を両面から見ていきましょう。

「成果主義制（performance-based）」を採用すべき

> ・**Productivity**（生産性）
> 　成果を上げた分だけ報われるので、従業員のモチベーションが上がり、その結果会社の生産性が上がります。
> ・**Economic growth**（経済成長）
> 　成果主義は高い技術を持った優秀な人材を確保しやすくなるため、業績アップにつながり、結果的に地域や国の経済成長につながります。
> ・**Cost reduction**（コスト削減）
> 　成果主義において生産性の低い年配の従業員は淘汰されることから、人件費のコスト削減が可能になります。

「年功序列制（seniority-based）」を採用すべき

- **Group harmony**（一体感）
  年功序列は個の成果よりも集団としての成功が大切なため、チームワークが高まります。
- **Loyalty**（忠誠心）
  年功序列は帰属意識が高くなり、より忠実に業務遂行を果たすようになります。
- **Skill development**（スキルアップ）
  年功序列はベテラン社員のスキルやノウハウを若い世代に継承し伝えていくことができるため、若手のスキルアップにつながります。また、同じ会社で特定のスキルを長期的に磨くことも可能です。

　このようにスタンスとキーアイデアを決め、具体例を考えて書けばより説得力のあるエッセイに仕上げることができます。では次に、改善が必要なエッセイを一緒に考察していきましょう。

添削前エッセイ（成果主義をベースにするべき）

　It has been a contentious issue in Japan whether companies should adopt a performance-based or seniority-based promotion system. Personally, I believe that promotion should be decided based on performance for the following three reasons.

　Firstly, the performance-based system can boost productivity. Salary increases based on the achievement of workers. ① Thus, this system will increase productivity and profitability, thus leading to more prosperity.

　Secondly, the performance-based promotion system can develop workers' job skills and competitiveness. Companies that adopt that system appeal to many skilled workers who are seeking well-paying jobs. If they get a job in such companies, there will probably be fierce competitions among those workers. ② This can encourage them to improve their skills ③.

　Finally, workers are evaluated more properly. ④ It is sometimes difficult for those who do not have a high academic background. However, performance-based promotion provides all workers with equal opportunities to get promoted, meaning that performance is evaluated properly.

In conclusion, I believe that workers should be promoted based on their performance not on age for these three reasons: improved productivity can be improved; workers' skills can be developed; and workers are given equal opportunities.　　　　（188 words）

評価

内容	構成	語彙	文法	合計
4	6	6	6	22 / 32

ワンランク UP 添削レクチャー

① これは「論理の飛躍」のミスで論理的な流れが欠けています。①の箇所に以下の文を入れると論理性が改善されます。

This system makes workers realize that their contributions are valued. This awareness can enhance their motivation for work, encouraging them to channel more energy into work.

こうすることで「給与が上がる」→「貢献度が評価されていることを実感でき、それによって仕事への意欲が高まり、その結果さらに仕事に精を出す」→「生産性と利益の向上につながり、会社は繁栄する」のように自然な論理展開が完成します。

② This が何を指すかが曖昧なので、p. 241 の referencing で紹介した head noun を活用します。前文の内容から「競争の激しい環境」ということが読み取れるので、ここは **This competitive environment** のようにします。

③ この英文は最後が言葉足らずになっています。最後に理由を入れる方がより説得力のある文に変わるので、**as they try to outperform their peers** と書き加えます。

④ このパラグラフは非論理的で、トピックから逸れているため「内容」の評価がマイナスになります。下線部は「成果型昇進制度の方が学歴に関係なく評価されることから、昇進するチャンスが平等に与えられる」という内容になっていますが、年功序列制は**学歴ではなく年齢と共に昇進する制度**のため、学歴との関連性は極めて薄いといえます。

では最後に模範解答例をご覧いただき、適切な表現や描写方法をマスターしていただきましょう。

モデルエッセイ（成果主義をベースにするべき）

There have been considerable debates about whether job promotions should be based on performance or seniority. Personally, I believe that workers should be promoted based on individual contribution and ability for the following three reasons.

Firstly, this system can enhance companies' productivity. The core principle of performance-based promotion is that workers are rewarded according to the results they produce regardless of age. Therefore, this system can increase workers' motivation for and engagement in work, thus leading to increased productivity.

Secondly, performance-centered promotions contribute to the development of the national economy. Companies that adopt such systems appeal to many job-seekers, especially those with high motivation and considerable expertise. Companies with such workers are more likely to become more successful by generating more profits thus stimulating the economy as a whole.

Finally, this system leads to economic viability of companies. One negative side of seniority-based promotion is that workers' salary increases regardless of competence. High salaries for unproductive workers can be a heavy financial burden on companies. In contrast, performance-based promotion systems benefit companies' finances by reducing unproductive workers' salaries.

In conclusion, for these three reasons: companies' productivity increase, national economic development, and labor cost saving, I believe that workers should be promoted based on their achievements or contributions. (207 words)

◇ **Words & Phrases**

- □ stimulate the economy　経済を活性化させる
- □ economic viability　経済的持続性
- □ a heavy financial burden　大きな金銭的負担

◇スコア UP ポイント◇
出題頻度の高いテーマについて「賛成か反対か」を考え、理由を3つ考える習慣をつけること。英検1級エッセイ問題攻略の鍵は「背景知識のインプット」＋「説得力のあるアーギュメントの構築」にあり！

9. TOEIC E メール作成問題を攻略！

　TOEIC のライティングはスピーキングと合わせて TOEIC SW という名称で呼ばれ、話す・書く発信力を計るテストとしてここ10年間で受験者数は約10倍になり、2018年にはおおよそ4万人が受験しました。ライティングは合計8問で構成され、試験時間は約60分です。
　まずは各タスクの概要を確認しておきましょう。

内容	問題数	解答時間	主なタスク
写真描写	5	合計8分	示された2つの語句を使い、1文で写真を描写する。
E メール作成	2	合計20分（各10分）	E メールを読み、それに対する返信メールを作成する。
エッセイライティング	1	30分	与えられたテーマについて意見を述べる。

合計は200点満点で、1～9の Proficiency level によって採点結果が出ます。今回は Q6、7で出題される **E メール作成問題**を取り上げてレクチャーを行っていきます。ビジネスを中心としたフォーマルなレターライティングにおいては一定の書式やルールに従って文章を構成する力が求められます。TOEIC のレターライティングは、「クライアントとのやり取り」「上司への提案」などに対して適切な応答を10分以内に考えて E メールを作成するというチャレンジングなタスクです。では次に3つの重要な採点基準を確認しておきましょう。

1. Response（タスクへの応答）

これが最も重要で、設問で求められていることに適切に応答することが重要です。特に話の**主題からの逸脱（off-topic）**には注意が必要です。

2. Style（文章の形式）

E メールで求められる**レターライティングのフォーマット**に従って書かなければいけません。特に書き出しや結びの表現などもマスターしておく必要があります。

3. 語彙・文法

E メールライティングに適切な語彙や文法表現が使われているかが重要です。特にフォーマルな表現を使わなければいけないため、**語彙のフォーマル度を理解したうえで語句を選択する力**が求められます。

ではこれらのポイントを踏まえたうえで早速、実践問題にトライしていただきましょう！

Q. 次の E メールに適切な返信を10分以内で考え書きなさい。

From: Clare Milsom
To: Public Transport Council
Subject: Complaint about transport system
Sent: May 13, 2:52 P.M.
Dear Sir or Madam,
Over the past few months, there have been significant delays on the Exeter Line. I take the 7 a.m. train from Red to Selves, and my train has been over 10 minutes late more frequently than in the past. Could you please tell me why this problem is occurring and how you plan to deal with it?
Yours faithfully,
Clare Milsom
Directions: Respond to this email as if you are a council staff member named James Anderson.

問題攻略法

　ここでの主なタスクは「以前に比べて電車の遅延が頻発していること」に対する返信です。まずは遅延が増えた原因を自分で考えなければいけません。また、solution に関しては比較的すぐに対策が可能な内容にする方が賢明です。例えば、「車両を増やす」「ラッシュ時に駅員の配置を増やす」「増便する」などが考えられます。ただし10分という時間の制約があるので簡潔に書くことを心がけてください。それではまず改善が必要なエッセイを一緒に考察していきましょう。

添削前エッセイ

Dear Ms. Milsom,

I appreciate your email and ① ~~I am very sorry~~ for the inconvenience in the morning. ② ~~I'd~~ like to explain why this problem has taken place and offer solutions we have in mind.

It has been caused by a recent increase in the number of people living around the main station on the Exeter Line. Over the last few years, ③ the ~~number of~~ local population has risen because of construction of apartment buildings and leisure facilities, and this ④ ~~attracted many people than we had thought~~. Due to this population increase, the platforms and the trains are overcrowded, thus causing frequent delays.

About the solutions we are thinking about, we will increase the number of train services during peak times. This is expected to allow passengers to take trains without worrying about ⑤ ~~being crowded~~. Another solution is to put staff on platforms. They can help passengers get on the trains more smoothly or deal with unexpected ⑥ ~~problems, such as helping sick people.~~

⑦ ~~Best regards,~~

James Anderson

ワンランク UP 添削レクチャー

① I am very sorry はインフォーマルなので、ここはフォーマルな **I sincerely apologize** に変えましょう。

② フォーマルなレターライティングでは短縮形を使いませんのでここは **I would** とします。

343

③ これは語法のミスで、**redundancy（冗長）**になっています。
population は "the number of people" のことで population には
number の意味が含まれているため、ここでは number of は不要です。

④ これは時制のミスです。ここで述べられている事実は過去数年前
から現在までのことなので、**has attracted more people than we
previously thought.** のように時制を現在完了形に変えます。

⑤ ここは **relevancy（関連性）** に問題があります。主題は delay（遅
延）の解消方法を提示することであるにもかかわらず、「混雑を心配する
ことなく」のように話が逸脱しているので、**significant delays**「大幅
な遅延」のように変えます。

⑥ これは **categorization（分類）** のミスです。A such as B とする
場合、B は A に含まれていなければいけませんが、helping sick people
（人を助けること）は problems の一例ではありません。よって、**cases
where passengers need urgent help** のように変えます。

⑦ 最後の結びの語ですが、Best regards は顔見知りの間柄に使う丁
寧な表現です。こういった見知らぬ相手へ送る場合の丁寧な表現は、
Sincerely（yours） や **Yours faithfully** などが適切です。

　レターライティングはアカデミックなエッセイばかり書いていると意
外と知らないルールや表現もあり、少しチャレンジングかもしれません
が、一定の形式に慣れれば短期間で改善することができます。それでは
最後に、この添削前エッセイにリライトを施した模範解答例をご覧いた
だき、適切な表現や描写方法をマスターしていただきましょう。

モデルエッセイ

Dear Ms. Milsom,

I appreciate your time to contact us about the recent delays on
the Exeter Line. I would like to respond to your email with some
solutions we have in mind at present.

The primary factor that has caused the lengthy delays is a recent surge in the local population around the main station on the Exeter Line. The station area has seen increased construction of apartment buildings and leisure facilities, which has attracted far more residents over the last few years than previously estimated. This increase means the number of passengers on the station platforms and the trains themselves have excess capacity, thus causing frequent delays.

As for the solutions, we are planning to run more train services or add extra cars to express trains, especially during peak times. This will provide more space and accommodate more passengers. Another solution we are considering is deploying more staff on platforms. They will not only help passengers get on the train more smoothly, but also deal with unexpected problems on the spot.

We believe these approaches will reduce delays and guarantee safe journeys for our customers.

Sincerely,

James Anderson

◇ Words & Phrases

□ lengthy delays　大幅な遅延	□ excess capacity　定員超過
□ during peak times　ピーク時	□ deploy　〜を配置する

◇スコア UP ポイント◇
攻略の鍵はレターライティング特有の形式と、文体そして表現の習得にあり。数をこなせば短期間で得点源にできる！

10. IELTS Task 1 エッセイ問題を攻略！

IELTS の Task 1 のエッセイは「グラフやダイアグラムの分析＋描写」が主なタスクで、150 ワード以上を書き上げなければいけません。求められる力は、グラフ特有の表現や描写表現の正確で幅広い運用力に加え、素早い情報処理・分析能力、そして限られた時間で情報を整理して文章を作る構成力です。ではまず、出題されるエッセイのタイプと概要を確認しておきましょう。

○ グラフ問題（数値の変化描写が主なタスク）
・line graph（線グラフ）　　　・bar graph（棒グラフ）
・pie chart（円グラフ）　　　　・table（図表）
・two graphs（上記の４つのうち２つが組み合わさったタイプ）

○ ダイアグラム問題（手順の描写が主なタスク）
・map（地図、見取り図）　　　・flow chart（フローチャート）

出題頻度としては「グラフ問題」がおおよそ８割を占めます。よって、賢明な対策方法としては、グラフ問題をしっかりと書けるようにしておくことが最優先です。

次に評価基準について確認しておきましょう。スコアリングは0～9.0の間で0.5刻みに算出されます。IELTS ではこの **Task 1** の配点が**全体の３分の１を占めます**。そして Task 1 は次の４つの観点からエッセイの評価が行われます。

観点	概要	割合
Task Achievement（TA） （タスクの達成度）	主な特徴が描写されているか。必要に応じ比較できているか。overview（概要）が書かれているか。	25%

Coherence and Cohesion (CC) （一貫性と意味のつながり）	情報がパラグラフごとに整理されており、文同士のつながりが明確か。	25%
Lexical Resource（LR） （語彙力）	正確で幅広い語彙の運用ができているか。	25%
Grammatical Range and Accuracy（GR） （幅広い正確性のある文法力）	正確で幅広い文法項目が使えているか。	25%

　これらの4観点がそれぞれ0〜9.0で評価され、それらを合計して平均した値が最終的なスコアとなります。

例) 6.0 (TA) + 7.0 (CC) + 6.0 (LR) + 7.0 (GR) = 26 ÷ 4 = 6.5

　Task 1の概要はつかんでいただけましたか。ではこれらを踏まえたうえで実践問題にトライしていただきましょう！

IELTS Task 1 問題にチャレンジ！

The chart below gives information on the number of visitors to the main attractions in one European country between 1995 and 2015.

Summarise the information by selecting and reporting the main features, and make comparisons where relevant. Write at least 150 words.

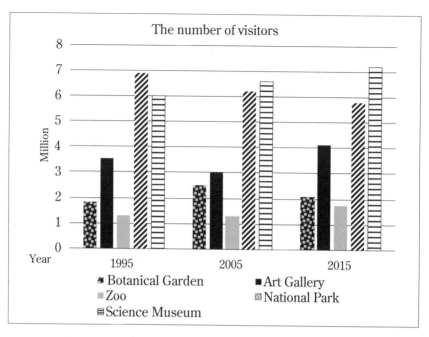

The number of visitors

- Botanical Garden
- Art Gallery
- Zoo
- National Park
- Science Museum

ではまずこの問題の攻略法から一緒に見ていきましょう。

問題攻略法

　このような複数の年代が示されているグラフは、**時系列に描写していくことが一般的です。**このグラフでは観光地ごとの入場者数の変化を年代とともに明確にし、そしてどの程度数値に変化があったかを書く必要があります。必ず述べなければいけない項目は「1995年に最も入場者数が多かった National Park が20年間で減少したこと」、その一方で「Science Museum」は増加が見られ、2005年には National Park を上回ったことです。加えて、Botanic Garden と Art Gallery の20年間の変化、そして最後は Zoo にはほとんど数値に変化が見られないことを描写するとよいでしょう。また、最終的に20年間で数値がどう変わったか（〜増えた、減った、…倍になった等）を加えても構いません。語彙や文法に関しては**比較級や対照を表す表現**（in contrast、similarly など）を上手く交えながら描写することが攻略の鍵です。では改善が必要なエッセイを一緒に考察していきましょう。

添削前エッセイ

The bar graph shows the number of people who visited various ① ~~places~~ in one European country in the years 1995, 2005 and 2015. Overall, ② ~~we can see that~~ all the destinations except national parks saw increases in the number of visitors over the 20-year period.

In 1995, national parks were the most popular destination, but they came second in 2005 and 2015. The number of visitors to the attraction in those years were about 6 million. ③ ~~However,~~ the popularity of science museums increased afterwards. Ten years later, they became more popular than national parks, with the number of visitors falling below 6 million in 2015.

④ <u>Botanical gardens and art galleries</u> fluctuated between 1995 and 2015. The number of visitors to botanical gardens peaked at 2.5 million in 2005, but fell to 2 million in 2015. Art galleries, on the other hand, saw a decline of 0.5 million from 1995 to 2005; however, the figure then increased ⑤ ~~for~~ over one million. ⑥ Zoos recorded the lowest total. Slightly over 1 million people visited and this figure remained the same for 20 years from 1995 and 2015.

評価

TA	CC	LR	GR	Overall
6.0	6.0	7.0	6.0	6.5

ワンランク UP 添削レクチャー

① places は曖昧なのでもっと specific な名詞で表現しなければいけません。**sightseeing spots** や **tourist attractions** に変えましょう。

② we can see that に関しては、グラフを見ているのは明らかなのでこういった意味をなさない言い回しは不要です。また、we のような人称代名詞も IELTS では避ける必要があります。

③ ここは National Park と Science Museum を比較していること

から逆説の however ではなく、対象を表す **by contrast** が適切です。こういった副詞を入れることで**文同士の関係（cohesion）**が明確になります。

　④主語と動詞の不一致のミスです。botanical gardens と art galleries が fluctuate（変動する）したのではなく、**入場者数が fluctuate した**ので、**the figures for** botanical gardens and art galleries のように主語を補わなければいけません。

　⑤前置詞が間違っているミスで、ここは for でなく、**差を表す by** を入れなければいけません。このように **by** を使うことで「100万人（以上）増えた」と表現できます。

　⑥ここも③で触れた cohesion を明確にするための表現が必要で、いきなり Zoos とすると前文との関係性が曖昧になります。よって、ここは **In contrast to those two sites** のように対比表現を入れ、前後関係を明確にしましょう。

　グラフ問題に必要な表現やポイントを交えながらレクチャーを行いましたが全体像はつかんでいただけましたか。それでは最後に模範解答例をご覧いただき、適切な表現や描写方法をマスターしていただきましょう。

モデルエッセイ

　The graph shows the number of visitors to various sightseeing spots in a European country in the years 1995, 2005 and 2015. Overall, all the destinations except national parks saw increases in the number of visitors over the 20-year period.

　In 1995, national parks were the most popular destination, with nearly 7 million people attending. In subsequent decades, however, the number of visitors dropped to roughly 6.2 million in 2005, and then around 5.8 million in 2015. In contrast, science museums showed an increase in the number of visitors from 6 million visitors in 1995, after which it is set to exceed national parks in 2005 with 6.5 million visitors. In 2015, science museums reached the top:

around 7.2 million people visited the site, while 5.8 million people went to national parks.

Zoos recorded the lowest total—1.5 million—but this figure remained almost unchanged over the twenty years. Conversely, the figures for botanical gardens and art galleries showed fluctuations in attendance. The number of visitors to botanical gardens peaked at 2.5 million in 2005, but fell to 2 million in 2015. Art galleries on the other hand, revealed a decline from 1995, to a low of 3 million in 2005, before it surpassed 4 million.

(208 words)

◇ Words & Phrases

□ subsequent　後の　　□ conversely　それとは反対に
□ peak at 〜　〜（数値）で最高値を記録する　　□ reveal　〜を示す

◇ スコア UP ポイント ◇

グラフ問題の場合は「数値の表現ミスがないこと」に最大限の注意を払い、各項目を「比較」させながらエッセイを仕上げよう！

11. IELTS Task 2 エッセイ問題を攻略！

　IELTS の Task 2のエッセイは**与えられたトピックに対して250ワード以上を書き上げること**が主なタスクです。求められる力は、文法や語彙運用能力に加え、出題されるアカデミックな分野の「**背景知識**」、そして論理性の高い文章を書き上げるための「**クリティカルシンキング**」などが挙げられます。ではまず、出題される主なエッセイのタイプと概要を確認しておきましょう。

① Argumentative essay
→ 与えられた1つの見解に対し自分の意見を中心に書き進めるエッセイ。

○ Sample Question

Students at school and university should learn more from their teachers than through the Internet and TV.
To what extent do you agree or disagree with this statement?

② Discussion essay
→ 与えられた2つの見解を議論しながら書き進めるエッセイ。

○ Sample Question

Some people believe that educational qualifications will always bring success in life. Others say that educational qualifications will not necessarily lead to success.
Discuss both these views and give your own opinion.

③ Cause and solution essay
→ ある問題に対しその原因と解決策、または影響について書くエッセイ。

○ Sample Question

The huge volume of traffic is a serious problem in cities and towns all over the world.
What are the main causes of this problem?
What can be done to improve the situation?

　以上がTask 2で出題される主なエッセイタイプです。
　次に評価基準について確認しておきましょう。スコアリングは0〜9.0の間で0.5刻みに算出されます。IELTSではこのTask 2の配点が全体の3分の1を占めます。そしてTask 2は次の4つの観点からエッセイの評価が行われます。

観点	概要	割合
Task Response（TR）（タスクへの応答）	問題で求められている内容が書けているか。エッセイの主題が問題に沿っており、具体例が示されているか。	25%
Coherence and Cohesion（CC）（主張の一貫性とパラグラフや文同士のつながり）	主張が論理的で一貫性があるか。パラグラフや文同士のつながりが明確で読みやすいか。	25%
Lexical Resource（LR）（語彙力）	正確で幅広い語彙の運用ができているか。テーマに関連した分野別語彙が使えているか。	25%
Grammatical Range and Accuracy（GR）（幅広い正確性のある文法力）	正確で幅広い文法項目が使えているか。	25%

　Task 1と大きく異なるのは **Task Response（TR）** で、その他の項目はほとんど同じと思ってください。また、Task 1同様にこれらの4観点がそれぞれ0〜9.0で評価され、それらを合計して平均した値が最終的なスコアとなります。ちなみにこれまでの指導、研究、受験経験から言うと、IELTSのエッセイは文字数が多ければスコアが高くなるわけではなく、だらだらした長い文章はスコアが低くなる傾向にあります。ですので、Task 2に関しては300ワード以内に収まるように普段から無駄なく簡潔に書くトレーニングをしましょう。

　ではこれらを踏まえたうえで実践問題にトライしていただきましょう！

Recent technological developments have greatly changed our ways of life in a positive way.

To what extent do you agree or disagree with this statement? Give reasons for your answer and include any relevant examples from your own knowledge or experience. Write at least 250 words.

問題攻略法

　まずは評価基準の1つにある **Task Response**（タスクへの応答）に着目することが大切です。この問題の重要ポイントは設問文にある **To what extent** の箇所です。つまり賛成か反対かだけではなく、**どの程度か**（completely、generally、partly など）を決め、それに沿って意見を展開することが重要です。Agree の場合はテクノロジーの発達によるプラス面を中心に、Disagree であればマイナス面を中心に書けばよいでしょう。ポイントは「**特定の分野を明確にして書くこと**」で、こうすることで具体的な論理展開が可能になります。ではいくつかキーアイデアを見ていきましょう。

プラス面

分野	具体的なメリット
教育	遠隔学習（**distance learning**）が可能になり、自宅から海外の大学をはじめとした機関で学位や資格取得が可能になった。
通信	SNS の普及により情報発信が容易になり、様々な媒体を通してコミュニケーションが可能になった。
生活	オンラインショッピングの普及により、場所や時間帯を選ばずに買い物が可能になった。

| 仕事 | 在宅勤務（**telework**）の普及によりフレキシブルな労働形態が可能になった。
ロボットの普及により効率化が進み、人件費削減や**人員不足**（**a lack of workforce**）を補えるようになった。 |

マイナス面

分野	具体的なデメリット
教育	ネット上での誹謗中傷が増え、**いじめ**（**cyberbullying**）も増えた。暴力的、あるいは卑猥な動画やウェブサイトへのアクセスが容易になり、子どもの成長に悪影響を与えた。
健康	オンラインゲームやスマホゲームの普及により、特に子どもの依存症が増え、**精神衛生**（**mental health**）に悪影響を与えた
通信	直接的コミュニケーションが減ったことで人間関係の希薄化、さらには言語能力の低下が起こった。
社会	**個人情報の盗難**（**identity theft**）やハッキングなどのサイバー犯罪が増えた。また、**情報の漏洩**（**information leakage**）による被害も増加した。

　このように分野を決め具体例を考えて書けば、より説得力のあるエッセイを書くことができます。では次に、改善が必要なエッセイを一緒に考察していきましょう。

添削前エッセイ

　In recent years, technology has made progress and ① ~~changed our ways of life in a positive way.~~ Personally, I generally agree with this idea because effective use of technology can benefit our society as a whole.

　Advances in technology have been highly beneficial to many industries. ② ~~Robots are helpful~~ in producing more products more quickly and precisely than humans ③. This has enabled companies to reduce production costs. Additionally, robots that are used in hospitals are useful in doing work because the healthcare industry is suffering from a lack of staff. Thanks to robots, ④ <u>nurses and doctors have more time to concentrate on operations and training, which improves the quality of medical services.</u> Another benefit is significant improvement in the quality of life. For instance, online shopping has become popular and allowed people to do shopping more easily. It is convenient to buy a variety of products ⑤ ~~at home~~. In addition, items are much cheaper than those sold at offline stores, ⑥ ~~and people are able to buy necessary goods easily~~ even when they feel sick or tired.

On the other hand, there are several drawbacks to recent technological progress. One is that people can become a victim of cybercrime. For example, when they access ⑦ <u>websites</u> their personal information, including their credit card number and pin code can be stolen.

In conclusion, I agree with the idea that recent development in technology has improved the quality of people's lives, especially in industry and shopping. ⑧ <u>I speculate that people will be able to enjoy more benefits in the future because further technological development is likely to occur.</u> (264 words)

評価

TR	CC	LR	GR	Overall
6.0	6.0	7.0	7.0	6.5

ワンランク UP 添削レクチャー

① 問題文の丸写しになっており、IELTS では全体の文字数としてカウントされないので要注意です。文意をくみ取って **significantly improved the quality of our lives in various ways.** のように

パラフレーズしましょう。

②前文に many industries とあることから、どのような産業なのかを具体的に示すと同時にロボットの種類も明確にすることが必要です。例えば **In the manufacturing industry, for example, industrial robots are helpful** のように変えるとワンランク UP した文章になります。

③「なぜロボットが人間よりも速く正確に多くの製品を作ることが可能か」という理由を入れる必要があります。例えば **because they are capable of operating continuously without taking any break or leave** のような理由を入れれば、よりアーギュメントの強い文に変わります。

④主題から逸れている例です。前文に suffering from a lack of staff（人員不足で困っている）とありますが、この下線部では人員不足が解消されることを表すような具体例がなく「手術や研修に集中できる結果、医療サービスの質が改善される」と書かれているだけです。このような **off-topic sentence は IELTS では大きなマイナスポイントとなる**ので注意が必要です。

⑤at home と限定すると「家でしかオンラインショッピングができない」というニュアンスになってしまうので、whenever and wherever they want to（いつでもどこでも）のように変えましょう。

⑥この部分は **redundancy**（冗長）になっており不要です。つまり前述の内容を少し表現を変えて繰り返しているだけなので省略します。

⑦少し言葉足らずで、どのようなウェブサイトなのかを specific に述べることが重要です。そこで **harmful websites containing illegal content** のように書けば明確で伝わりやすい英語に変わります。

⑧IELTS の結論部はボディ部分で書いた内容を簡単にまとめるだけなので、一般的なアカデミックエッセイで見られるような予測や提案などの補足は不要です。

では最後に模範解答例をご覧いただき、適切な表現や描写方法をマスターしていただきましょう。

It is often pointed out that significant technological advancement over the past several decades has greatly improved many aspects of our lives. I generally agree with this idea because widespread use of various technologies have benefited our society as a whole in terms of industrial efficiency and convenience.

One classic example of progress in technology is higher production efficiency in various industries. In the manufacturing sector, for instance, extensive automation and the introduction of industrial robots have contributed significantly to increased output of high-quality products with greater speed and precision than those of human workers. These improvements have not only boosted overall productivity but also helped many companies cut labour costs. Another benefit brought by technology is greater convenience. For instance, the increased availability of online shopping has enhanced the quality of people's lives, particularly the elderly, people with reduced mobility and rural residents who have difficulty traveling to physical retail stores. This shopping method allows them to order almost any grocery or household items regardless of location.

On the other hand, however, there are several drawbacks to recent technological progress. One such negative side is the increased exposure to cybercrime. Internet users are likely to fall victim to identity theft, fraud and hacking when they inadvertently access harmful websites or download virus-infected data. These potential risks can not only cause a significant financial loss among users but may also result in an invasion of privacy.

In conclusion, although internet users can suffer damage caused by internet-related crime, I would argue that technological development has brought considerable benefits, including improved industrial efficiency and access to online stores.

(267 words)

◇ Words & Phrases

☐ output　生産高　　☐ fall victim to 〜　〜の被害者となる
☐ identify theft　個人情報の盗難　　☐ inadvertently　うっかりと
☐ invasion of privacy　プライバシーの侵害

◇スコア UP ポイント◇
Task 2は「主題から逸れない」「書きすぎない」を常に念頭に置き、普段から無駄のない引き締まったエッセイを書く訓練を積むべし！

12. TOEFL iBT Independent 問題を攻略！

　この Independent のエッセイ問題は、提示されたトピックに対しエッセイを書くタスクです。非常にタイトな時間で300ワード以上のエッセイを仕上げなければいけないため、素早いタイピング力に加えて、各分野の背景知識や文章構成力、そしてアイデアの構築力が求められます。まずは Sample Question とともに主なエッセイのタイプを確認しておきましょう。

① Agree or disagree essay
→ 提示された問題文に対して賛成か反対かを述べるタイプのエッセイ。
○ Sample Question

Do you agree or disagree with the following statement?

People living in the 21st century have a better quality of life than those living in past centuries.

② Discussion essay
→与えられた2つの見解のどちらに賛成するかを選び書くエッセイ。

○ Sample Question

> Some claim that governments should provide free university education. Others argue that the students themselves should pay for full tuition fees.
>
> **Which view do you agree with?**

③ Option-based essay
→ 提示された選択肢を選び、それについて書き進めるエッセイ。

○ Sample Question

> **The number of species are disappearing at a dangerous rate around the world every year.**
> **Which one of the following solutions do you think is the most effective to protect endangered species?**
>
> A. Governments should introduce stricter laws that ban human activity.
> B. Governments should create more safer areas where endangered species are protected.
> C. Governments should encourage the use of public transport and the purchase of sustainable products.

　以上が Independent で出題される主なエッセイタイプです。出題される分野は幅広く上記の①の Sample Question のような非常に抽象的な設問や、「子どもは学校に通わせるよりも家で教育する方がよいか」のような具体的な問題も含まれます。

　採点基準と評価方法は **Development**（話の展開）、**Organization**（文章構成）、**Grammar and Vocabulary**（文法と語彙）の３つの観点から各**5点**、合計**15点満点**でスコアが算出されます。

　また、Independent のタスクに関しては、これまでの指導、研究、受験経験から言うと、**目安として350〜400ワードぐらいのレンジで**

書くことがハイスコア（**15点中12点以上**）につながるといえます。当然、文法、語法、文章構成が正確で論理性があることが前提ですが、Independent は文字数が多ければスコアが上がる傾向が見られます。

　以上が Independent の概要と重要な頻出分野と採点基準です。ではこれらのポイントを踏まえたうえで早速、実践問題にトライしていただきましょう！

TOEFL iBT Independent 問題にチャレンジ！

Do you agree or disagree with the following statement?

Schools should focus more on teaching science-related subjects than on other subjects.

Use specific reasons and examples to support your answer.

問題攻略法

　Independent の Task は論理的なアイデアの構築が非常に重要です。この問題の場合は Agree の立場であれば、**サイエンス関連科目**（chemistry、biology、technology、astronomy など）を明確にし、そしてこれらを学ぶことによって得られるメリットを中心に書き進めていきます。一方、Disagree の場合も同じで、なぜサイエンス系科目よりも他の科目、つまり**人文学系科目**（history、philosophy、language、art など）の教育に重きを置くべきかと、それらを学習することによるメリットを書くとよいでしょう。では次に、改善が必要なエッセイを一緒に考察していきましょう。

添削前エッセイ

Different people have different opinions about what subjects schools should focus on teaching. Personally, I agree with the idea that science subjects are more important than other ones because they help improve students' skills, and such ① ~~competent~~ students can make a contribution to society.

The main reason why schools should place more emphasis on teaching science-related subjects is that students can develop their ② ~~knowledge~~, such as <u>creative and innovative thinking</u>. For example, ③ <u>chemistry</u> can provide students with extensive knowledge necessary for developing new medicines or effective treatment for particular diseases, whereas studying technology will encourage students to invent items and tools that are useful for society as a whole. In this way, their scientific knowledge can be developed, and this will lead to ④ ~~new~~ **innovations** in a variety of fields, thus improving the quality of people's lives. Furthermore, students with scientific backgrounds are more likely to find better jobs in the future. This is because many industries, such as the healthcare, are suffering from a lack of skilled research staff.

On the other hand, studying other subjects such as history and art are beneficial to students in many ways. For example, history helps students avoid mistakes that occurred in the past. For instance, ⑤ <u>Thomas Edison failed many times in his experiments, but he continued to make efforts. As a result, he successfully made over 1,000 inventions, and it has become easier to create those things now</u>. Also, art subjects are likely to foster students' artistic creativity. For example, music, painting and drama are helpful for developing students' individuality and creativity through artistic activities.

In summary, I agree with the viewpoint that schools should attach more importance to teaching science subjects than to other subjects. This is mainly because science students can make a larger contribution to society and find decent jobs in the future.

(304 words)

評価

Development	Organization	Grammar and Vocabulary	合計
2	3	3	8 / 15

ワンランク UP 添削レクチャー

① 語法のミスです。competent は「有能な」という日本語の意味と少しずれがあり、正確には「何かをこなすための一定のスキルがある」といったニュアンスの語です。つまり competent students は社会貢献するわけではないので、少し全体の表現も変え **high-achieving students can make a great contribution when they grow up** とします。

② **Categorization（分類）**のミスです。A such as B を使う場合は B が A に含まれていなければいけません。下線部の creative and innovative thinking は **knowledge** ではなく **ability** なので、**knowledge and abilities** とする必要があります。

③ 主語と動詞の不一致のミスです。ここは主語を「化学」ではなく「化学を勉強すること」とするのが適切なので、**studying chemistry** のようにします。

④ これは **tautology（類語反復）**のミスで、ここでは **innovation** という単語自体に **new** の意味が含まれており、重複しているため new を削除します。

⑤ これは **relevancy（関連性）**のミスで、内容が逸れている例です。「歴史の勉強の意義」とエジソンの失敗例は関係がありません。このようなミスを防ぐためには、トピックセンテンスとその具体例に論理的な関連性があるかを必ずチェックする習慣をつけましょう。

では最後に模範解答例をご覧いただき、適切な表現や描写方法をマスターしていただきましょう。

モデルエッセイ

It is often pointed out that schools should place more emphasis on teaching subjects related to science rather than on other subjects. I generally agree with this statement because such an education policy can benefit the society as a whole and provide students with better job opportunities after they graduate from college.

On the one hand, science-focused education programs can produce students with high practical knowledge and skills who can make a great contribution to economic growth and future prosperity. Science majors will be better equipped to play an important role in scientific development, including improvement of medicine, transportation and communication. For instance, while new treatment or medicine can help facilitate recovery from illness or alleviate severe pain caused by particular diseases, improved transportation systems can reduce traffic congestion and develop distribution networks. All of these advancements can enhance the quality of people's lives and stimulate the economy as a whole.

Another benefit of science-centered education programs is that it will also provide more job opportunities with higher salaries and better benefits than other types of programs. Taking engineering for example, many countries are suffering a lack of skilled engineers, particularly those who excel in software development and programming. Under these circumstances, engineers are highly likely to receive competitive pay and other appealing fringe benefits than workers with non-science backgrounds. Therefore, science-centered school curriculum are expected to boost students' employment prospects.

On the other hand, studying humanities subjects, such as history and philosophy also bring benefits to students. For example, students can gain important life lessons from historical figures. Learning about their philosophical thinking can be a real asset to students in terms of mental and intellectual development: it can provide great inspiration and motivation for young people, enabling them to think critically and tackle challenges with persistence.

These potential benefits notwithstanding, those benefits are far outweighed by much-needed scientific and technological developments in today's world.

In conclusion, I would argue that schools should prioritize science-related subjects over other subjects. This is mainly because science-focused education can produce students who have the potential to contribute to national economy and scientific development and provide students with better employment opportunities. (358 words)

◇ Words & Phrases

□ fringe benefits　福利厚生　　□ life lessons　人生の教訓
□ historical figures　歴史上の人物　　□ asset　財産
□ persistence　粘り強さ　　□ much-needed　非常に重要な
□ prioritize A over B　B より A を重視する

◇スコア UP ポイント◇
12点以上取るためには350ワード以上のライティングを目指すこと。具体例を挙げる場合は主題との relevancy（関連性）に細心の注意を払うべし！

　いかがでしたか。以上の問題で実践問題編は終了です。だんだんコツがつかめてきましたか。
　それでは皆さん、明日に向かってライティングの道を！
Let's enjoy the process!（陽は必ず昇る！）

著者紹介

植田 一三編著（うえだ・いちぞう）

英悟の超人（amortal philosophartist）、英語の最高峰資格8冠突破・英才教育＆英語教育書ライター養成校「アクエアリーズ」学長。英語の勉強を通して、人間力を鍛え、自己啓発と自己実現を目指す「英悟道」、Let's enjoy the process!（陽は必ず昇る！）をモットーに、36年間の指導歴で、英検1級合格者を約2400名、資格5冠（英検1級・通訳案内士・TOEIC 980点・国連英検特A級・工業英検1級）突破者を120名以上育てる。ノースウェスタン大学院修了後、テキサス大学博士課程に留学し、同大学で異文化コミュニケーションを指導。著書は英語・中国語・韓国語・日本語学習書と多岐に渡り、その多くはアジア5カ国で翻訳されている。

◉──カバーデザイン　　赤谷 直宜
◉──本文校正　　　　　仲 慶次

英語ライティング 至高のテクニック36

2020年1月25日	初版発行
2020年5月 6日	第2刷発行

著者	植田一三・小谷延良・上田敏子・中坂あき子
発行者	内田 真介
発行・発売	ベレ出版 〒162-0832　東京都新宿区岩戸町12レベッカビル TEL.03-5225-4790　FAX.03-5225-4795 ホームページ　http://www.beret.co.jp/
印刷	株式会社 文昇堂
製本	根本製本 株式会社

落丁本・乱丁本は小社編集部あてにお送りください。送料小社負担にてお取り替えします。
本書の無断複写は著作権法上での例外を除き禁じられています。購入者以外の第三者による本書のいかなる電子複製も一切認められておりません。

©Ichizo Ueda 2020. Printed in Japan

ISBN 978-4-86064-607-3 C2082　　　　　　　　　　　　編集担当　脇山和美

（著者紹介）

小谷 延良（こたに・のぶよし）

マッコーリー大学翻訳学・通訳学・応用言語学修士課程（TESOL 専攻）修了。ケンブリッジ大学認定教員資格 CELTA、レスター大学でアカデミック英語指導者学位 PGCert in TEAP を取得。現在東京都市大学講師。テンプル大学、学習院女子大学、昭和女子大学非常勤講師。4ヵ国で50回以上の IELTS 受験経験を有するエキスパート。主な著書に『はじめての IELTS 全パート総合対策』『TOEFL iBT® TEST スピーキング＋ライティング完全攻略』などがある。

上田 敏子（うえだ・としこ）

アクエアリーズ英検1級・国連英検特 A 級・通訳案内士・工業英検1級講座講師。バーミンガム大学院修了、日本最高峰資格「工業英検1級」「国連英検特 A 級」優秀賞取得、英検1級、TOEIC 満点、通訳案内士国家資格取得。鋭い異文化洞察と芸術的鑑識眼を備え、英語教育を通して多くの人々を救わんとする、英語教育界切ってのワンダーウーマン。主な著書に『英語で経済・政治・社会を討論する技術と表現』『英検全級ライティング＆面接大特訓シリーズ』『英語で説明する日本の文化シリーズ』がある。

中坂 あき子（なかさか・あきこ）

アクエアリーズ英語教育書＆教材制作・翻訳部門の主力メンバー。英検1級を取得。トロント大学に留学後、名門府立高校で20年間、英語講師を務めると同時に、アクエアリーズで英検1級、工業英検1級講座などの教材制作担当。美学と音楽に造詣が深く、高い芸術性を教材作りとティーチングに活かした新時代のエジュケーショナルアーチスト。主な著作に『日本人についての質問に論理的に答える発信型英語トレーニング』『Take a Stance』がある。